MINGDAI DILING
SHIKE YANJIU

明代帝陵石刻研究

郑艺鸿◎著

时代出版传媒股份有限公司
安徽文艺出版社

图书在版编目（CIP）数据

明代帝陵石刻研究/郑艺鸿著. —合肥：安徽文艺出版社, 2020.12
ISBN 978-7-5396-7019-5

Ⅰ. ①明… Ⅱ. ①郑… Ⅲ. ①石刻文－研究－中国－明代 Ⅳ. ①K877.404

中国版本图书馆 CIP 数据核字（2020）第 143356 号

出 版 人：段晓静
责任编辑：陶彦希　秦　雯　　　装帧设计：张诚鑫

....

出版发行：时代出版传媒股份有限公司　www.press-mart.com
　　　　　安徽文艺出版社　　www.awpub.com
地　　址：合肥市翡翠路 1118 号　　邮政编码：230071
营 销 部：(0551)63533889
印　　制：合肥创新印务有限公司　　(0551)64456946

....

开本：710×1010　1/16　印张：21.25　字数：400 千字
版次：2020 年 12 月第 1 版
印次：2020 年 12 月第 1 次印刷
定价：68.00 元

....

（如发现印装质量问题，影响阅读，请与出版社联系调换）
版权所有，侵权必究

序

蒋德勤

艺鸿所著之《明代帝陵石刻研究》付梓之际，托我作序，因为一直关注这一成果的进展情况，对其研究内容与过程也有一定的了解，加之几年前曾出席过该书稿的出版筹备会议，故在认真阅读后略说几句。

明代是个话题繁多的朝代，也是文化空前繁荣的朝代，四大名著中的《水浒传》《三国演义》《西游记》皆成于明时，文艺之发展可见一斑。明代给后世留下了珍贵的文物遗产，保存至今的明代帝陵石刻就是其中的重要代表，这些遗产是认识我国古代文化的重要途径和直观载体。《明代帝陵石刻研究》正是一部以石刻为切入点而研究我国古代民族文化遗产的学术著作。

据悉，艺鸿对明代帝陵石刻的关注与研究，始于 2011 年，至今已九年余，可谓是一个漫长的过程。其间，他辗转于皖、苏、京、鄂、豫等地，深入野外实勘，做了大量的实践考察工作，躬身笃行、严格严谨，对采样的标准及要求非常高，体现了他不畏艰苦、脚踏实地的研究态度。鉴于以明代石刻为研究对象的独特性，需要查阅大量的古籍史料，并涉及古代社会制度、文化艺术、宗教风俗等不同层面，注重考证、双向比对，体现了他追本溯源、严肃认真的学术态度。同时，"图文比对""图样标示"的撰写方式，解读到位，使读者易于理解，体现出了作者专业研究的素养和能力。如此等等在著作中都可以深切地感受到。

作者从明陵石刻种类、数量等方面分门别类，对明陵十余类石刻题材、103 对 206 件石刻予以解析，突出了石刻本体这一学术研究的重点，使该著作成为明代大型石刻的专题研究和集中展示的成果。作者以严谨的专业精神和细致的观察力发现了明代内使"花卉纹饰补子"、明代服饰"凤鹤绶织纹样"等，以厚实的专业功底和深刻的分析力比对了明代石柱"覆盆式"柱础与"须弥座式"柱础、"火珠式"柱头与"圆柱帽式"柱头等，具有发现的独特性、论证的创新性和观点的新颖性，一定意义上填补了明代帝陵石刻研究领域的空白，在学术研究上有新突破。

相较于具体的研究内容，该著作所具有的重要学术意义，体现在文物保护与文化传承方面。

习近平总书记曾批示，"文物是历史的见证，保护文物就是保护历史；文物是珍贵的不可再生资源，保护文物就是促进经济和社会的可持续发展"，并强调"像爱惜自己的生命一样保护好文化遗产"。这即是对文物遗产重要性的深刻诠释。该著作对明代帝陵石刻的研究响应了家国情怀、民族历史的时代号召，是提高人们对文物遗产重要性认识的需要，与国家加强文物遗产保护的宗旨相一致，对文物保护有一定的应用价值。

艺鸿作为高校教师，在做好人才培养工作的同时开展人文社科研究，其著作《明代帝陵石刻研究》的研究内容属于我国民族传统文化范畴。这一研究成果，对于我们深化传统文化的认识、加强民族历史文化的宣传，对于我们树立民族自豪感、坚定文化自信心，对于我国传统文化的传承弘扬必然会起到一定的推动、促进作用。艺鸿所具有的艺术研究创作的专业背景和对古代石刻这一研究对象的重要性、时代价值的敏锐把握，成就了这本著作的特色、价值和意义。相信每位读者会有不同的收获和见解。

六百多年前的明代与建校七十周年的我校深有渊源，明代第一处帝陵明皇陵和第一处都城明中都即与我校比邻，故就研究明代文化而言，我校有着地理优势。《明代帝陵石刻研究》是我校明代文化研究的标志性成果之一。

值此书付梓之际,谨向作者、向关心和支持本书撰写及出版的各界朋友致以由衷的敬意!

2020 年 10 月 18 日于中都城畔、龙子湖滨

目录

前言 / 001

内容提要 / 001

引 / 001

第一章 明代帝陵石刻概述 / 001

第一节 明皇陵及其石刻 / 005

第二节 明祖陵及其石刻 / 007

第三节 明孝陵及其石刻 / 009

第四节 明长陵及其石刻 / 011

第五节 明显陵及其石刻 / 013

第六节 明初三陵时间顺序考 / 018

一、明孝陵营建时间考 / 018

二、明皇陵营建时间考 / 020

三、明祖陵营建时间考 / 021

小结 / 022

第七节　明代五陵石刻规制袭变 / 023

章结 / 032

第二章　明代帝陵石刻角兽 / 034

第一节　麒麟略考 / 035

第二节　明代帝陵石刻角兽之麒麟 / 043

一、明皇陵麒麟 / 043

二、明祖陵麒麟 / 046

三、明孝陵麒麟 / 048

四、明长陵麒麟 / 049

五、明显陵麒麟 / 051

小结 / 052

第三节　獬豸略考 / 052

第四节　明代帝陵石刻角兽之獬豸 / 055

一、明孝陵獬豸 / 055

二、明长陵獬豸 / 056

三、明显陵獬豸 / 057

第五节　北宋帝陵与明帝陵角兽之异同 / 058

章结 / 064

第三章　明代帝陵石狮 / 066

　　第一节　狮子略考 / 066

　　第二节　明代帝陵狮子 / 069

　　　一、明皇陵狮子 / 071

　　　二、明祖陵狮子 / 073

　　　三、明孝陵狮子 / 074

　　　四、明长陵狮子 / 076

　　　五、明显陵狮子 / 079

　　章结 / 080

第四章　明代帝陵石柱 / 082

　　第一节　明皇陵石柱 / 084

　　第二节　明祖陵石柱 / 088

　　第三节　明孝陵石柱 / 093

　　第四节　明长陵石柱 / 096

　　第五节　明显陵石柱 / 100

　　第六节　总结及余论 / 104

第五章　明代帝陵石刻马与马官 / 107

第一节　释马 / 107

第二节　明皇陵马与马官 / 114

第三节　明祖陵马与马官 / 119

第四节　马上诸器释 / 124

第五节　明孝陵石马 / 130

第六节　明长陵石马 / 132

第七节　明显陵石马 / 135

第八节　明代五陵马与马官规制之异 / 136

第九节　明陵马与马官雕刻艺术表现 / 137

第六章　明代帝陵石刻虎、羊、驼、象 / 140

第一节　明皇陵石虎 / 140

第二节　明皇陵石羊 / 145

第三节　明陵石刻骆驼 / 149

第四节　明陵石刻大象 / 158

第七章　明代帝陵石刻文官 / 169

第一节　明代帝陵文官基本现状 / 170

一、明皇陵文官 / 170

二、明祖陵文官 / 173

三、明孝陵文官 / 175

四、明长陵文官 / 177

五、明显陵文官 / 180

引问 / 180

第二节　明代帝陵文官服制考 / 181

第三节　明代帝陵文官品级探析 / 190

第四节　石刻设置与史书记载先后之疑 / 203

章结 / 205

第八章　明代帝陵石刻武将 / 207

第一节　明代帝陵石刻武将现状 / 208

一、明皇陵石刻武将 / 208

二、明祖陵石刻武将 / 211

三、明孝陵石刻武将 / 213

四、明长陵石刻武将 / 215

五、明显陵石刻武将 / 217

第二节　明代帝陵武将盔甲服饰 / 220

一、头盔 / 223

二、铠甲 / 226

三、武将服制及身份 / 234

第三节　总结及余问 / 236

第九章　明代帝陵石刻内使与功臣 / 240

第一节　明皇陵内使现状 / 241

第二节　明皇陵内使服饰及职位分析 / 246

一、皇陵内使服制 / 246

二、皇陵内使设立时间 / 252

三、皇陵内使职位 / 253

第三节　明祖陵内使 / 255

第四节　明陵内使的特殊价值 / 262

第五节　明长陵功臣 / 265

第六节　明显陵功臣 / 270

章结 / 275

第十章　明代帝陵石刻本体价值 / 277

一、文献考证的局限性 / 277

二、石刻制度的约束性 / 279

三、石刻表现"硬件化" / 280

四、石刻本体价值体现 / 281

章结 / 285

结语 / 288

　　一、石刻形成原因 / 288

　　二、重点研究内容 / 289

　　三、一点说明 / 291

　　四、几多感触 / 292

　　五、石刻保护与文化传承 / 293

　　六、历史的绝唱 / 294

参考文献 / 296

后记 / 302

前　言

本书在考证、撰写的过程中，曾有两个误区，在一段时间内影响了进度，现略记如下。

其一，开始时研究思路不够清晰，研究内容不够集中、具体，研究目标不够明确。总而言之，开篇布局过大，尚没有形成较为成熟的想法，致使文章结构主线难以凸显。故对前期的工作不甚满意。

本书为明代帝陵石刻研究，涉及明代历史、政治、经济、社会、制度、文化、艺术、宗教等若干领域，五处帝陵时空不同，涉及宋、元、明，尤其是明代初期等不同时间段，也涉及官方记载、民间传说、野史演义等不同资料，可谓包罗万象、一树千枝，而要将其几大内容完整地串联并架构清晰恐非短期之功，亦非数十万字可言明。

因此，本书在量力而行、突出重点的前提下，注重深度，厘清逻辑，调整思路，精简章节，重新拟定撰写大纲，删除可有可无之段落，才有了现在的文章架构。论证逻辑清晰、文字凝练，进一步提高了学术著作的可读性。

其二，古籍文献资料的查阅、考证工作较为繁杂，阻碍撰写进度。本着对所写内容负责的态度，笔者在本书写作的过程中力求严谨、客观、中肯，对相关史料查证明确、追根溯源。但书海浩瀚，笔者所能阅者不过沧海一粟，而与本书相关又可寻者更是少之又少、缺之又缺。因此，一旦陷于探寻原始史料或者原始出处的困境，则举步维艰。如网上有资料说："明孝陵神道的第一对蹲狮，因为靠御河桥太近，1947年曾被军车撞坏，后来经修复并向西移动了位置。"这与明孝陵石刻的布局关系很大，若真如此，则说明现孝陵石刻非原来之位置,乃后人所移;但如此重要的表述难寻出处,令人实难予以正式采用。在撰写的过程中,笔者经常纠结于此类问题,使本书一度停滞不前。

因此,在研究后期笔者不停地告诫自己,要认真但不要太过较真,否则本书就无法进行下去了,因为考证永无止境。只要不是本书结构必需的内容,可不用则不用,有舍才有得。

此外,本书撰写中,注释之页码所标示方式,多随所引文献原样而定,即古籍采用汉字,近刊则用阿拉伯数字。对于引用的内容亦分二类:一是所引"陈述性"的文字记载,一般指史籍资料而言,该类所引内容皆来源于原始资料;二是对"结论性"内容的引用,多指现有研究的观点,有些原研究中并未言明观点如何得来或源自何处,本书也仅做客观引用。

内容提要

明代兼具帝陵规制及神道石刻者共计五处，以今天的行政区划而论，分别为江苏盱眙的明祖陵、安徽凤阳的明皇陵、江苏南京的明孝陵、北京昌平的明长陵、湖北钟祥的明显陵。本文所论主要针对其神道石刻。

所谓神道石刻，专指按一定规制设于神道两侧的各类仪卫性大型雕刻，起着保卫及仪仗作用。这些仪卫性石刻又称"石象生"或"石像生"等，是"侍死如生"的象征。唐封演《封氏闻见记》言："秦汉以来，帝王陵前有石麒麟、石辟邪、石象、石马之属。人臣墓则有石羊、石虎、石人、石柱之属。皆所以表饰坟垄，如生前之象仪卫耳。"[①]此"如生前之象仪卫"，正是对"石像生"的最佳解释。

明代五大帝陵神道石刻数量庞大，其中明皇陵 32 对、明祖陵 22 对、明孝陵 17 对、明长陵 19 对、明显陵 13 对，共 103 对。石刻规模巨大，每块石刻均用一块完整的巨石刻成，除明显陵石刻稍小之外，其他帝陵石刻多高达 3 米以上，重达几吨甚至数十吨。石刻种类繁多，包括角兽、石马、石狮、石虎、石羊、大象、骆驼、石柱，以及马官、文官、武将、内使等。其中角兽又有独角兽与双角兽之分，也有称其为"麒麟"或"獬豸"者；石柱又称"石望柱"或者"华表"。不一而足。

在对明代帝陵石刻的研究中，首要的任务是对各陵每一种石刻进行深入细致的考证，尽量将其置于当时所处的时代背景中，以当时的规制还原石

---

① （唐）封演撰：《封氏闻见记》卷六，辑自王云五主编：《丛书集成初编》，上海：商务印书馆，民国二十五年(1936)，第八十二页。

刻的形成原因,并力求探寻石刻背后的文化与内涵,解析其具体身份、属性与寓意象征。这也是本文的基本研究内容。

在确保完成以上首要任务和基本内容的同时,本文也着重解决以下几个重点问题:

其一,明代帝陵石刻先后关系。

明代帝陵石刻的基本问题是五陵石刻的设立顺序。现有研究对明代五处帝陵石刻设立的时间顺序没有统一的说法,主要是因为对祖陵石刻的时间认定存在分歧,且前后时间跨度达150年,影响到五陵石刻的时间排序。由于缺少史料及史料记载不统一,依据史料判断石刻时间的准确性大打折扣;而反映出当时雕刻者意识形态的雕刻艺术风格却因为能够体现石刻所处时代的普遍属性而更具有说服力,也就是石刻本体带有的信息或者时代印记,对于石刻所属时间的判断,具有特殊的验证价值。

其二,石刻雕刻纹样个体研究。

由于是帝陵规格,雕刻纹饰采用的都是最高级别或比较特殊的图样,如石马之龙凤纹、独角兽之火焰纹、文官之云禽纹、武官之铠甲纹等,都非常珍贵。这些专用的图样精美华丽,是我国古代纹样的典型代表,由于他处少见,更突显明陵石刻纹样的重要性。而图样所包含的传统文化底蕴和历史渊源,是今人应该了解的。只有对其充分了解,才能更好地保护与传承,才能实现对传统文化的继承和发展。

其三,明代帝陵同类石刻比对。

明代帝陵神道石刻数量庞大,种类繁多,体积巨大,五处帝陵同一种类的雕刻在艺术风格、造型特征、装饰纹样等层面上是否相同?其共性是否有所依据?又有哪些差异?其产生变化的原因是什么?本文力求剖析这些问题。

比如石柱,五陵神道皆有设置,但其造型、装饰、结构等都不相同,采用了不同的规制,体现了不同的文化内涵和象征意义。这为丰富石柱个体的样式和石柱构造组合的多样性都提供了良好的范式。

其四,典型性或代表性石刻考证。

明代帝陵中有很多石刻,都具有典型性或者特殊性。如文官石刻,不同帝陵文官采用的装饰纹样是否相同?服式是否相同?如武将石刻,其外在造型是否相同?盔甲结构是否相同?……如果不同,其产生的原因有哪些?这些不同体现了当时社会怎样的变化?这些呈现是否体现了当时的客观状态?在实地勘察的基础上加强对古籍文献的深入考究与比对,才能较为客观地回答这些问题。

其五,明代帝陵石刻袭变考证。

明代五处帝陵石刻是否与宋代帝陵一样,严格地遵循统一的规制?如果不一样,那么它在规制、风格等层面又具有怎样的变化?与之前朝代之间是否具有传承、延续及变异关系?如何体现出承接唐宋、自我发展的创新性和重要性?突显的改变体现在哪类石刻上?将宋陵石刻与之比对,结合史料记载与之验证,进行深入系统的考证,才能将其袭变脉络厘清。

依据以上研究内容的大方向,本书确定了文本架构,将全书分为十章,分别是:

章一,《明代帝陵石刻概述》。

古代帝王之陵从"封土为陵"发展为"因山而陵",故帝陵多与山相于一处,且多依山而建。明代自朱元璋建朝以来,以"孝"治国,以"孝"续国,明代帝陵作为最高级别的工程,历来受到重视,其"五处山陵"成为祭祀之规定内容。重视先陵自然也是"孝"的表现。明俞汝楫《礼部志稿》载:"嘉靖九年更定分祀仪。是年,既分建四郊,遂号:祖陵山曰基运,皇陵山曰翔圣,孝陵钟山曰神烈,显陵山曰纯德,并天寿山,俱从祀方泽,居岳镇之次,仍俱祀于地祇坛。"①说明了祭祀之顺序和地点,说明了大明各代都将前代帝陵视为国家之根本、底蕴,可见对明代五处帝陵的重视程度。

本章所论起始,即为明代五处帝陵及其在历代受重视之情况,因非全书之重点,故概而论之。之后分别对五陵及石刻单独论述,以使读者对各陵石刻设立时期、规制等有基本认知。在此基础上,深入考证明初三陵之营建,以辨析朱元璋洪武时期所建三陵之先后关系。继而深入比对明代五陵石刻规制之异同,与前朝规制亦相比较,以深刻解析明陵石刻对宋陵规制之传承因袭,以及明陵自身的创新与改变。

章二,《明代帝陵石刻角兽》。

明代帝陵石刻角兽是一个统称,细分来说包括两种形态:麒麟、獬豸。其中麒麟分为独角麒麟与双角麒麟,且又有俯卧麒麟和站立麒麟之分;獬豸亦有卧姿与立姿之分。麒麟与獬豸皆是我国古代传统的吉祥神兽,拥有深厚的文化基础和寓意,历来被民众所信仰与崇奉。

神道石刻作为帝陵之仪卫象征,被赋予了多种寓意,如辟邪、吉祥、神权等,为了满足这些象征意义的要求,就需要合适的载体,而最佳代表非角兽莫属。角兽作为宋陵的规制内容,是集等级性、象征性、神秘性为一体的皇家专用题材。至明代时,也延续了这一选择,将被赋予多种寓意的角兽设立在神道之列,且将其在地位、数量、造型等方面做了升级。通过对宋、明帝陵角兽石刻的比较,可见其规制之演变,亦突出了角兽在明代帝陵神道中的重要性。通过对明代五陵麒麟、獬豸的深入比对,剖析其寓意,说明将其设置于神道的必然缘由。

章三,《明代帝陵石狮》。

石狮作为明陵神道中数量最多的一个类别,其勇猛无敌的形象充分体

---

① (明)俞汝楫等编:《礼部志稿》卷二五,《文渊阁四库全书》本,第十五页。

现了帝陵的皇家气象和权势威严。狮子号称"兽中之王",这一形象非常符合古代帝王对其身份的自我定位,加之狮子为佛教之圣兽,历来为佛教所尊崇,被视为"无上法力"之化身,故石狮在明陵神道设立众多,且被孝陵列于神道之首位。

明代五陵石狮自然有其不同之处,如规制上的差异、造型上的差异、所处环境上的差异。本章皆予以深入分析。

而神道石狮的设置形成,实质乃是将狮子所包含的祥瑞属性与"佛教圣兽之法力"融合,而转移到古代君主日常生活之中的应用而已。明代帝陵神道石狮的设置自然也包含着这些美好的寓意,满足了统治阶级的精神需求。

章四,《明代帝陵石柱》。

对于神道石柱,唐代李贤曾对《后汉书》所言之"大为修冢茔,开神道"有所注解:"墓前开道,建石柱以为标,谓之神道。"[1]点明了石柱的功能及作用,即为神道之标志。

明陵石柱较为突出地体现了明代五陵分为二制的特点。其皇陵、祖陵石柱皆为覆盆式柱础、火珠式柱头,二陵为一制;而孝陵、长陵、显陵石柱皆为须弥座式柱础、官帽圆柱式柱头,三陵为一制。

每一制中,又都具有各自的象征表述。如皇陵、祖陵石柱,延续的是唐宋风格,体现的是佛教意味,追寻的是万世根本。如果石柱之珠确为火珠或摩尼珠的话,那么此石刻就增加了较重的佛教意味。"明皇陵的仰莲火珠,加上八棱柱体,是一种典型的体现佛教文化的法物。"[2]而从其"摩尼"之名即可知此佛教之意,"摩尼"即"牟尼"之另一音译,乃佛祖"释迦牟尼佛"之简称。

---

[1] (南朝宋)范晔编撰、(唐)李贤注:《后汉书》卷四二,同治癸酉岭东使署校刊本,第十五页。

[2] 夏玉润著:《朱元璋与凤阳》,合肥:黄山书社,2003年,第416页。

另外，通过对明陵石柱柱础的深入剖析，明确了覆盆式与须弥座式之不同。尤其是须弥座柱础的结构及装饰手法，对于了解明制须弥座之六大组成部分是绝佳的参考物。我们平常多言"宋式须弥座"与"清式须弥座"，独不见"明式须弥座"，而明陵石柱的存在，为我们提供了充足的物证。

章五，《明代帝陵石刻马与马官》。

明代五处帝陵中，石马也是所有神道都有的石刻内容，且数量较为一致，孝陵、长陵、显陵皆为2对，皇陵、祖陵除1对独体石马之外，还各有1组与马官连体雕刻的石马，所以数量也是2对。此外，因为皇陵、祖陵除1对与石马连刻的马官之外，还有3对独体马官，而孝陵、长陵、显陵却无马官，考虑到马官与马的紧密关系，故将马与马官共统于本章。

"马，怒也，武也。"①这主要是形容马的神态与功能。"怒"指其形，昂扬奔腾；"武"指其用，沙场纵横。所以有"鲜衣怒马""金戈铁马"等成语与之呼应。自古以来，马作为被人类较早驯化的动物之一，与人类关系密切，在人类的各项活动中发挥着重要的作用。尤其是在冷兵器时代，马的参与可以说对战争起到了决定性的作用。马对于一国而言，往往上升到国家战略层面，具有举足轻重的地位和影响力，马的数量和质量，对于国家的强弱至关重要，所以，马经常作为贡品或交易品留存于史料记载中。

明代《三才图会》载："仗马。汉，长乐宫朝仪，陈车骑于庭。唐，有立仗马。宋，则以御马十匹，分左右陈于门外。元大朝会，设仗马于内仗之南。今制，以马六匹，鞍勒金，左右各三匹，陈于文武楼南，东西相向。"②说明了历代马作为"仗马"在重大活动中的布局，体现出马在国家、社会及生活各个层面具有不可替代的重要作用。从某种意义上来讲，马在明代帝陵神道

---

① （东汉）许慎记、（北宋）徐铉等校订：《说文解字》第十上，同治十二年（1873）新刻附通检版，第一页。
② （明）王圻、王思义撰辑：《三才图会·仪制卷三》，明万历三十七年（1609）原刊本，第十九页。

以石刻形式出现,本身即是一种仪仗的需求和反映。

此外,本章对皇陵、祖陵之马上鞍辔文化的表现,二陵马官之形象,孝陵、长陵、显陵石马本体的艺术特色等,也都有论述。

章六,《明代帝陵石刻虎、羊、驼、象》。

明代五处帝陵神道石刻中,动物类有角兽、狮子、马、虎、羊、骆驼、大象七大类,其中前三类动物五陵皆有,后四类则不然。虎、羊二者仅明皇陵设有,且数量较多,各4对。骆驼、大象二者则仅孝陵、长陵、显陵设有,三陵数量又有不同:孝陵、长陵之骆驼、大象各为2对,且各为1对卧1对立;显陵之骆驼、大象各为1对,皆为卧姿。本章将零散种类之虎、羊、驼、象合为一章而论,其总数约为五陵皆有种类之一的数量。

作为我国本土意义上的"兽中之王",虎在古代人们思维认知中具有重要的地位。"虎,山兽之君。"[①]李时珍《本草纲目》言:"虎……陈魏之间,谓之李父。江淮南楚之间,谓之李耳,或谓之䖘䖘。自关东西谓之伯都。珍按:李耳当作狸儿,盖方音转狸为李,儿为耳也。"[②]其中"狸儿"与老子之名"李耳"同音,故"李耳"亦成为虎的别称。老子被尊为道祖,故虎与道教亦产生了关系,虎被上升到了神话的层面,被奉为"四神"之一,称白虎,与青龙、朱雀、玄武共同组成四方之神。《三才图会》载:"虎豹,九关注谓,天门九重,虎豹守之。"[③]可见虎豹乃是天庭之守卫,映射在俗世之帝陵神道上,亦为神道之仪卫。

因羊具有"辟鬼魅"及"一岁三生"之功能,故其成为吉祥的象征。明代《三才图会》载:"羊性善群,每成群则以一雄为主,举群听之。……羊之角

---

① (东汉)许慎记,(北宋)徐铉等校订:《说文解字》第五,同治十二年新刻附通检版,第十八页。
② (明)李时珍撰:《本草纲目》卷五一上,《文渊阁四库全书》本,第二页。
③ (明)王圻、王思义撰辑:《三才图会·仪制卷三》,明万历三十七年原刊本,第十八页。

主明目、安心、益气、轻身、辟鬼魅。羊于六畜为易生又繁息之物,一岁之间母既生子,子复生孙,孙又生子,号为一岁三生。"①

羊具有如此吉祥的寓意,其被设置于帝陵神道也就可以理解了。朱元璋增设石羊于其父母之陵的原因,除了"与宋陵同制""兆示吉祥"之外,可能还与自己表达"孝道"的想法有关。明黄省曾《兽经》言羊"知礼行孝":"羔羊跪乳。羔,羊子也。羔饮其母,必跪,类知礼者。乳必跪而受之。"②强调了"羊初生,知跪乳"的"孝行"。不管是有意还是无意,明皇陵设羊之制,给了"以孝传世"的朱元璋一个彰显孝道的契机。

骆驼在明代帝陵神道中的出现,从现在所调查的情况来看,尚属首创。而作为起始者明孝陵,为何会设置骆驼,这成为一个千古之谜。因为此举属于首创,无前朝之参考,其原因又未见具体的记载,故今之所论皆为揣测。

依本书所见,孝陵首设骆驼,应该是为了与之前宋陵所设置的大象相联系。大象作为陆地上现存最大的哺乳动物,被北宋设于帝陵神道并确定为制度,而其时大象之产地主要为南方,代表的是对南方疆域的统治。而大明神道所置大象、骆驼,以南有大象、北有骆驼之区域特产,意指南北无疆矣。这也许正是明孝陵设立骆驼的真正目的。

大象作为古时重大活动的仪仗内容,从汉代起,即排在前面。《宋史》载:"自汉卤簿,象最在前。晋平吴后,南越献驯象,作大车驾之,以载黄门鼓吹数十人,使越人骑之以试桥梁。宋卤簿,以象居先。"③宋代仪制延续了汉制"以象居先",象以其庞然大物之气势列于"卤簿"之制,为明代帝陵将象设置于神道奠定了相应的规制基础。

---

① （明）王圻、王思义撰辑：《三才图会·鸟兽卷三》,明万历三十七年原刊本,第二十页。
② （明）黄省曾撰、周履靖补：《兽经》,辑自王云五主编：《丛书集成初编》,上海：商务印书馆,民国二十五年,第二页。
③ （元）托克托等修：《宋史》卷一四八,《摛藻堂四库全书荟要》本,第一页。

此外，设置大象必然是出于兆示吉祥的美好意愿，而象被视为太平盛世的象征，称为"太平有象"，符合统治者的要求。

章七，《明代帝陵石刻文官》。

明代与我国封建社会历朝历代一样，重视文治武功，以武开国、以文治国，文官具有重要的作用。文官作为朝廷官员形象的代表，列于明代五处帝陵神道，但其衣冠服制、官员等级等，各陵情况不一。

按照《明史》《大明会典》等记载，明代官员衣冠样式主要有四种，即朝服、祭服、公服及常服。皇、祖二陵文官服饰构成有：梁冠、上衣、下裳、中单、革带、大带、蔽膝、佩、小绶、大绶、丝网、履，此外还有笏等。凡此种种，正是明代官服朝服样式的基本组件。故二陵文官着朝服。

而孝陵、长陵、显陵与皇陵、祖陵不同，除了服饰背后飞禽数量等细节不同之外，还比二陵多了脖颈之处的方心曲领这一佩饰。

《大明会典》对朝服、祭服服式有记载："祭服。凡上亲祀郊庙社稷，文武官分献陪祀，则服祭服。洪武二十六年定，文武官祭服。一品至九品，青罗衣，白纱中单，俱用皂领缘。赤罗裳，皂缘。赤罗蔽膝。方心曲领。其冠、带、佩、绶等第，并同朝服。"[①]可见，朝服样式与祭服样式的不同除了颜色之外，另一个就是方心曲领的有无。若有，则为祭服样式。

经过对明陵文官衣冠结构的深入分析，可知皇陵、祖陵文官未佩戴方心曲领，故二陵为朝服样式；而孝陵、长陵、显陵文官佩戴方心曲领，说明三陵采用了祭服样式。

确定了帝陵文官的衣冠样式之后，就可以辨别文官之品级，因为古代官员的等级主要是靠衣冠服饰来区分的。而要分辨其等级，必须先分析其服

---

① （明）李东阳等撰、申时行等重修：《大明会典》卷六一，扬州：广陵书社，2007年影印本，第1057页。

饰纹样,因为不同的级别用不同的纹样,且不同的衣服样式所绣织纹样的位置亦不同。

经考证,明代五陵文官在其所着衣服之大绶部位皆绣有云禽纹样,但禽并不完全一样,孝陵为凤鹤组合纹样,除此之外,其他帝陵皆绣云鹤纹样。而鹤类对应的官员等级为三品。《明史》对官员朝服品级的记载曰:"一品至九品,以冠上梁数为差。……一品,冠七梁,不用笼巾貂蝉,革带与佩俱玉,绶用黄、绿、赤、紫织成云凤四色花锦,下结青丝网,玉绶环二。二品,六梁,革带,绶环犀,余同一品。三品,五梁,革带金,佩玉,绶用黄、绿、赤、紫织成云鹤花锦,下结青丝网,金绶环二。四品,四梁,革带金,佩药玉,余同三品。"①

但对明陵文官等级的考证,不能轻易下结论,否则就会出现问题。明代规定,云禽纹样不是判断官员等级的唯一标准,官员之梁冠梁数、革带材质、绶环用料等,都是判断官员等级的标志。尤其是要更加重视对文官梁冠之梁数的考证,因为其他材质类、颜色类的区别在石刻上是无法体现出来的。这就需要我们仔细确认文官梁冠上的梁数是多少,因其是比云禽纹样更有说服力的证据。

最终根据梁冠为七梁这一条件,将皇陵、祖陵、长陵文官等级定为一品;孝陵梁冠不清,若依据绶织纹样带有凤纹来看,也应该为一品;独显陵文官因为梁冠为五梁,定为三品。

章八,《明代帝陵石刻武将》。

武将并不是自古就有的,武将的出现亦是君权集中制的结果。《尉缭子·原官第十》言:"官分文武,惟王之二术也。"②文武分职是帝王控制国家

---

① (清)张廷玉等撰:《明史》卷六七,北京:中华书局,1974年,第1634页。
② 华陆综注译:《尉缭子注释》,北京:中华书局,1979年,第41页。

大权的重要手段,此后历代都予以采用。帝陵神道既然设置象征"侍死如生"之仪卫性石刻群,自然也就少不了设置在朝堂占据半壁江山的武将这一角色。故明代帝陵五处神道皆设有武将石刻,且数量一致,每陵均为2对,共计10对,比文官之9对尚多1对。

明代五陵中若以雕刻之精美细致、装扮之烦琐复杂而言,最为突出者非石刻武将莫属,这从其所着之盔甲可见一斑。今人对我国古代武将铠甲服饰缺少了解,对其盔甲之组成结构、称呼分类等细节不甚清楚,而明陵武将的存在,正是了解此类古代文化的最佳参照物,且严谨写实的表现手法使其成为直观立体的样本。

此处以长陵武将为例。武将所着有翅头盔,宋、明时期称为凤翅盔。"盔,即胄之属,左右有珥,似翅,故曰凤翅。"①而各式头盔统称为"兜鍪",主要保护脑后颈肩部位的部件称为"顿项",二者即为完整的盔制,称为"兜鍪顿项"。"其制有甲身,上缀披膊,下属吊腿,首则兜鍪顿项。"②盔由盔缨、盔体、凤翅、抹额、顿项五大主要部分组成。

武将之甲,是所有装饰、样式中最为复杂的。《武备志》载:"铠,甲也。釬,臂铠也。铔鍜,头铠也。三者字皆从金,则可知其必以金铸矣。"③可见甲乃金属材质,在明代一般应为铁甲。此处亦分为几部分内容:一是甲之样式,有"山文甲""人形甲""鱼鳞甲"等不同形制;二是服饰服制,"明制将帅主要戎服有衬袍制、衬甲制、袒臂战袍制"④,明陵所着乃属"衬甲制";三是甲之具体结构,具体包括披肩、掩膊、臂鞲(护臂)、勒甲绦、护心镜、胸甲、背

---

① (明)王圻、王思义撰辑:《三才图会·衣服卷一》,明万历三十七年原刊本,第二十四页。
② (北宋)曾公亮、丁度等撰:《武经总要》卷十三,明万历二十七年(1599)刊本,第三十四页。
③ (明)茅元仪辑:《武备志》卷一〇五,明天启元年(1621)刻,清初莲溪草堂修补本,第二十一页。
④ 黄辉著:《中国历代服制服式》,南昌:江西美术出版社,2011年,第258页。

甲、腹部兽吞、护腰、甲裙、护裆、鹘尾、战裙、胫甲、战靴等部件,每一部件皆与明陵武将相对应。

《大明会典》记载了各类仪卫将领在"值班"时的装扮之制:"凡大朝贺,御殿,掌领侍卫官俱凤翅盔、锁子甲、悬金牌、佩绣春刀。一员殿内东,一员殿内西……凡常朝,御皇极门,掌领侍卫官,俱凤翅盔、锁子甲、悬金牌、佩绣春刀,直左右阑干首。锦衣卫将军二十四人,明盔甲、悬金牌、佩刀、执金瓜,列阑干内。"①此处之装扮与神道武将一致,说明明陵武将的造型应该来源于"掌领侍卫官"或"锦衣卫将军",抑或是二者之组合。"凡掌领侍卫,侯、伯、驸马等官六员。一员管锦衣卫大汉将军,及勋卫、散骑舍人、府军前卫带刀官。四员管神枢营红盔将军。一员管五军营义刀将军。"②点明了武将乃"侯、伯、驸马"这一个等级的,此即为明陵武将的身份及品级。

章九,《明代帝陵石刻内使与功臣》。

把内使与功臣放在一章中,因为二者都位于神道之末,相较其他石刻而言又位于距陵寝最近处,从某种意义上来说,此二者最为帝王所亲近或者信任。内使仅设于皇陵、祖陵,功臣仅设于长陵、显陵。

明陵内使的保存情况虽然不尽如人意,但是其毕竟是设于明代洪武初期,对于了解当时的内官制度而言是稀有的珍贵资料,亦体现出了明初内使的服饰服制及职位品级。

《明史》关于"内使冠服"载:"明初置内使监,冠乌纱描金曲脚帽,衣胸背花盘领窄袖衫,乌角带,靴用红扇面黑下桩。各官火者,服与庶人同。洪武三年谕宰臣,内使监未有职名者,当别制冠,以别监官。礼部奏定,内使监

---

① (明)李东阳等撰、申时行等重修:《大明会典》卷一四二,明万历十五年(1587)内府刊本,第五页。
② (明)李东阳等撰、申时行等重修:《大明会典》卷一四二,明万历十五年内府刊本,第一页。

凡遇朝会,依品具朝服、公服行礼。其常服,葵花胸背团领衫,不拘颜色;乌纱帽;犀角带。无品从者,常服团领衫,无胸背花,不拘颜色;乌角带;乌纱帽,垂软带。"①显示了内使服制有两个时间段的内容:一为明初所定,一为洪武三年(1370)所定。

明陵内使因无曲脚,故不符合明初之制,而对其胸背花是否为葵花的辨别就成为判断其是否为洪武三年之制的关键。经考证,明陵内使花样为蜀葵花样,与洪武三年记载之"葵花胸背团领衫,不拘颜色;乌纱帽"之制相符合。

确定了内使服制及其年代之后,可以反推测、反证内使的设置时间:洪武三年之后。

明代《万历野获编》载:"太祖定宦官之制,亦历五次而始有成规:其初吴元年,内史(使)监至有正三品者;洪武四年降为正五品,其长曰令;十七年又降其长为正六品。"②说明吴元年(1367)至洪武四年(1371)之间内使最高等级为正三品,洪武四年至洪武十七年(1384)为正五品。

因为皇陵马官、文官、武将都是按照"高配"的标准设置的,也就是说都是条件允许下的最高等级,按照这个规律分析,明陵内使应为正五品,其具体身份应为"内使监监令"。

尤其值得重视的是,祖陵内使出现了难得一见的"补子花卉纹饰",这是不同于文武官员之"禽补"与"兽补"的补子图案,极有可能为国内所仅存。因此明陵石刻所显示的关于明初内使的信息,尤为重要。

明陵功臣的设置,仅在长、显二陵。其衣饰服制与各陵文官基本一致,仅有一点不同,即其冠式。功臣在原本文官的基础上加戴笼巾貂蝉冠。这

---

① (清)张廷玉等撰:《明史》卷六七,北京:中华书局,1974年,第1646—1647页。
② (明)沈德符撰:《万历野获编·补遗卷一》,北京:文化艺术出版社,1998年,第875页。

是一种功勋的体现。

《大明会典》载:"公冠八梁,加笼巾貂蝉,立笔五折,四柱,香草五段,前后用玉为蝉;侯冠七梁,加笼巾貂蝉,立笔四折,四柱,香草四段,前后用金为蝉;伯冠七梁,加笼巾貂蝉,立笔二折,四柱,香草二段,前后玳瑁为蝉。俱左插雉尾。驸马冠与侯同,不用雉尾。"①

功臣除了冠式比文官复杂之外,其衣裳样式与文官是一样的,即由上衣、下裳、中单、革带、大带、蔽膝、佩、小绶、大绶、丝网、履(靴)等构成,此外还持笏,以及佩戴方心曲领。故其服样式为祭服。

而要分析功臣身份,需要对"立笔""香草"进行考证,但其已缺失,故在现有的条件下,长陵功臣身份是侯是伯,难下定论。而对显陵功臣的判定就更为复杂,因为按照规制,一品以下不再加笼巾貂蝉,而显陵为五梁冠,即为三品,却加戴笼巾,不知何故。

章十,《明代帝陵石刻本体价值》。

时间先后是研究明代五陵石刻最为基本的问题。现有研究对明代五大帝陵石刻的设置先后顺序一直没有统一的说法,本书依据史料记载考证了明代五处帝陵石刻的设立时间,即皇陵石刻设于洪武二年(1369)或洪武十一年(1378),祖陵石刻设于嘉靖十三年(1534),孝陵石刻设于洪武十四年至永乐十一年之间(1381—1413),长陵石刻设于宣德十年(1435),显陵石刻设于嘉靖六年(1527),从而将明五陵石刻先后顺序确定为皇陵、孝陵、长陵、显陵、祖陵。

但这一结论毕竟全从石刻自身之外的因素得来,石刻本体的作用却完全没有发挥,难道石刻本体就不能给出有价值的信息吗?如果有,则会给石刻所属时间的判断增加重要的证据,使论证视野更加全面,使所得结论更有

---

① (明)李东阳等撰、申时行等重修:《大明会典》卷六一,明万历十五年内府刊本,第一页。

说服力。

因为现有研究对祖陵石刻的设立时间存在分歧,有洪武中后期与嘉靖十二年至十五年(1533—1536)之说,时间差距大,影响到五处帝陵石刻的先后关系,故对祖陵石刻的时间确定就非常关键。如其为洪武期,则为五陵石刻顺序之前位;如其为嘉靖期,则为五陵石刻之后位。

本书以洪武期间设立的皇陵石刻为参照,来比对祖陵同类石刻,如二陵狮子、石柱、内使等的异同,以此确定二陵是否属于同一时期。这与收藏品的鉴定工作是一个道理,就是分析石刻本体的信息。通过比对结果,得出祖陵石刻与皇陵的差异性较大,二陵同期的可能性不大。而祖陵石刻与嘉靖期石刻具有更多的共性,故推断其设于嘉靖期。再结合记载,可以确定其设于嘉靖十三年。如此,石刻本体为确定五陵时间顺序增添了重要的证据,体现了石刻本体的价值。

最后的总结部分,总结了明代帝陵石刻设立的几大原因,包括制度方面、思想方面、感情方面等原因;梳理了本书所解决的主要问题,包括明代五处帝陵及其神道石刻的先后关系、石刻所代表的各种"祥瑞"的寓意属性、对明代帝陵石刻纹饰的解析等多个方面的内容。

以上即为本书主要内容,同时在各章中,笔者也对石刻造型、蕴含的思想及宗教属性做了一定的分析研究。

因时间紧张、学识有限,本书所论难免出现疏漏,敬请各位有志者指正。

引

大明王朝从朱元璋1368年建朝始起,历经276年,出现16位帝王,开创了"无汉唐之和亲,无两宋之岁币""天子御国门,君主死社稷"的新气象、新篇章,其间出现了"永乐盛世""仁宣之治""弘治中兴""万历中兴"等新盛世、新局面。至1644年,李自成攻入北京,明思宗朱由检在煤山自尽,明朝走向了灭亡。

但明朝毕竟在我国历史上书写了精彩的华章,也给现在的我们留下了灿烂辉煌的历史文化遗产。其帝陵神道石刻正是大明文化遗产中的重要组成部分。

明代帝制规模之陵共有十八处,分建于北京、江苏、安徽、湖北等地,其中北京昌平区天寿山明代诸帝陵规模最为集中,称"明十三陵"。明代十八处帝陵中,设有神道及仪卫石刻的仅有五处,分别为位于现今江苏盱眙的明祖陵、安徽凤阳的明皇陵、江苏南京的明孝陵、北京昌平的明长陵、湖北钟祥的明显陵,五处帝陵都具有极高的地位和重要性。明皇陵、明祖陵分别于1982、1996年被国务院公布为全国重点文物保护单位,成为国家级保护遗产。明显陵于2000年率先入选《世界遗产名录》,明孝陵、明长陵及所属的十三陵群落也都于2003年入选《世界遗产目录》,成为世界级保护遗产。

明代五处帝陵神道设置有极具规模的大型石刻,这些石刻排列整齐、体积庞大、气势宏伟,且布局较为集中,都设置于各自的陵前神道那一段间隔固定的位置上,显示出了大型群雕的视觉震撼力。由于时间久远,明代帝陵中的建筑群多已被损毁或者重建,能历经种种困难而留存下来的真正的明代遗产,某种意义上来说也就仅剩其神道石刻。这种结果的出现,得益于石刻的石质材料。与帝陵中的建筑被打砸拆毁或者烧毁的命运不同,神道上的石刻因用一整块巨石雕刻而成,而免于被彻底损毁,当然也有部分损坏甚至损坏较为严重的,但因为其巨大、沉重——重者七八十吨(如孝陵、长陵之大象等石刻,按照高约3.5米、长约4.2米、宽约2.1米,每立方米重2.5吨计算,可以得知大体数据)——无法随意搬运,也不易恣意破坏,故受损最小。

从法国著名考古学家、汉学家维克多·谢阁兰(Victor Segalen)于1909年拍摄的照片来看,长陵、皇陵、孝陵等帝陵,除了神道上矗立的石刻之外,其他区域一片荒芜,地上建筑基本上是荡然无存的。这使得这些留存下来的石刻更显珍贵,它们已经不仅仅是具有艺术价值的雕刻那么简单,还是我国古代风云变幻和朝代更迭的见证者,已经具有了历史的气息,是时光流转不息的承载者,是世事发展变迁的见证者。

尽管历经苦难,但它们依然矗立着,因此可以说,这些石刻是帝陵的精华,是珍贵的文化艺术遗产,代表了中国古代石刻的伟大成就,是值得好好研究和精心保护的。

明代帝陵神道的所有石刻,因为处于"陵"这样一种属于"阴"的环境之中,故而,石刻就有一个要求或者说特点,即所有的人物、动物,无论文官、武将、功臣还是内使、马官,无论麒麟、狮子、獬豸、骆驼、大象还是石马、石羊、石虎,都是按照雄性的形象雕刻的,都属于"阳"性。这是否就是我国古代传统所言之"阴阳对立统一""天地万物皆为阴阳"的体现?抑或是对我国本土宗教——道家的"太极阴阳"的追崇?现在还不得而知。

但我们还是可以从中看出一些端倪,明陵神道石刻,尤其是明祖陵神道石刻中都有一些带有"太极阴阳鱼"图案的装饰纹样,这必然不是巧合,而是刻意为之,是为了体现"一阴一阳之谓道"的自然法则和发展理念。

明代五处帝陵神道石刻，还具有一个较为特殊的现象，即除了武将、内使之外的其他所有人物类，皆装饰一致。这是什么概念？明陵神道石刻共计103对206件，其中人物类共计34对68件，除了武将10对、内使4对之外，其他人物类包括马官、文官、功臣共20对40件，都装饰有相同的纹样，即云禽纹样。

这一云禽纹样出现的频率如此之高，占据各陵石刻的比重如此之大，五陵共计出现40次，成为明代帝陵石刻群非常突出的一个特殊现象。而云禽纹样包含了怎样的特殊性，才能被如此频繁地使用、多次出现？这些都值得去探讨研究。

明陵石刻有意思的地方当然不止以上这些，还有很多，如我们经常说的麒麟，它们在明陵中的形象就出现了两种，一种是独角，一种是双角。这些神兽的形象对我们考证其传说、研究其文化都具有重要的价值。

再如明陵石刻中武将的服饰服制，我们能了解多少？对它的结构又知道多少？而神道石刻武将的存在，为我们提供了与古代将军沟通的途径和载体，是我们探究古代将军盔甲服制的钥匙。

再如明代洪武时期的帝陵如皇陵、祖陵，其神道石刻只有一种角兽即麒麟，而后面的几处帝陵不但设有麒麟，还增添了另外一种角兽獬豸，且与麒麟大同小异，这又是为何？

……

明陵石刻值得深入研究的内容很多，本书的研究可能只是接触了皮毛，但无论如何，都希望通过对这些古代遗产的研究讨论，尽可能地宣传、普及我国古代传统文化，尽可能地传递出这些古代遗产所蕴含的强大的文化能量，让我国古代文化在新时期迸发出新的生命力。只有让广大民众对中华传统文化、对传统民族文化有一定的了解，才能使其认识到这些古代遗产的珍贵，从而真正地从内心深处重视它们，将这些遗产好好地保存下去。

此外，这也是明代艺术精华传承与保护的需要。只有正确合理地认识、了解明陵石刻的艺术特征与价值，对现存明代艺术给予应有的历史定位，才能更好地继承它的精华，根据其艺术本身的特点进行修复完善，更好地保护以其为代表的历史文化，从而使社会和文化整体和谐地发展。

综上而言，本研究对于保护明代遗产具有重要的现实意义，对于古代传统文化的传承有一定的积极作用。

遥看祖国的壮丽山川，憧憬华夏民族的强盛辉煌，追寻古人行至千里的足迹，感叹时空亘古不变的转换，探究神道石刻不为人知的内涵，与古代文明对话，与历史风云交流，所有的这些，都是为了更快更好地实现中华民族伟大复兴的中国梦！

这正是本书撰写的内在精神动力。

第一章　明代帝陵石刻概述

所谓帝陵，指帝建、帝制之陵。本文所谓帝陵石刻，乃专指帝陵神道两侧按一定规制设置的起着保卫及仪仗作用的大型石刻群，包括石人、石兽、望柱等，是帝王生前地位尊崇、死后如生的象征，这些仪卫性石刻群又称"石象生""石像生"或"石像牲"。《朱元璋与凤阳》《明祖陵的营建及其神道石刻》《凤阳明皇陵及其石刻研究》《明孝陵神道石象生考》等资料称为"石象生"，《明代帝王陵墓制度研究》《帝王陵》《明十三陵》《明朝帝王陵》《北宋帝陵石像生研究》《凤阳县志》《明显陵探微》等称为"石像生"，《明中都遗址考察报告》称为"石像牲"。本书统一以"石刻"称之。

明代兼具帝陵规制及神道石刻者，计有五处，以今天的行政区划而论，分别为江苏盱眙的明祖陵、安徽凤阳的明皇陵、江苏南京的明孝陵、北京昌平的明长陵、湖北钟祥的明显陵。需要说明的是，五陵中仅孝陵和长陵是名副其实的帝陵，祖陵、皇陵、显陵都是后期按帝陵规制改建或者重修的。五陵中祖陵、皇陵、孝陵都和明朝开国皇帝朱元璋有着密切的关系：祖陵是朱元璋为其祖辈所建，皇陵是朱元璋为其父辈所建，孝陵则是朱元璋自己的陵园，因之三者合称为"明初三陵"；长陵乃明成祖永乐皇帝朱棣的陵园；显陵则为明世宗嘉靖皇帝朱厚熜为其父母所改建的陵园。

古代帝王之陵从"封土为陵"发展到"因山而陵"，故陵多与山相与一处，且多依山而建。"从汉代起，'陵'开始成为帝王墓葬的特定称谓，如高祖墓称'长陵'，文帝墓称'霸陵'等，使'陵'字又从单纯的封土象山之义扩充为指代帝王墓葬之全部及其附属设施。"[1]

谭希思《明大政纂要》卷四十九载：

---

[1] 刘毅著：《明代帝王陵墓制度研究》，北京：人民出版社，2006年，第3页。

> 嘉靖十年辛卯……二月,上躬祭历代帝王于文华殿……诏改定四陵山名。上谕内阁:"文皇既封黄土山为天寿山,今又拟显陵为纯德山,而独钟山如故,于理未安。朕惟祖陵,宜曰基运山,皇陵宜曰翊圣山,孝陵宜曰神烈山。"[1]

将五陵一并升为"山陵"。《明世宗实录》卷一二二"嘉靖十年二月"条对以上内容也有类似记载:

> 戊寅,上谕内阁:昨因议追祖陵、皇陵二山名,朕思孝陵在钟山,亦宜同体。文皇既封黄土山为寿山,今又拟显陵为纯德山,而独钟山如故,于理未妥。朕惟祖陵宜曰基运山,皇陵宜曰翔圣山,孝陵宜曰神烈山,并方泽从祀。以基运、翔圣、天寿山之神设于五岳之前,神烈、纯德山之神位次于五镇之序。[2]

《明史·志第三六》"谒祭陵庙"部分载:

> 初,成祖易黄土山名天寿山。嘉靖十年,名祖陵曰基运山,皇陵曰翊圣山,孝陵曰神烈山,显陵曰纯德山,及天寿山,并方泽从祀,所在有司祭告各陵山祇。[3]

上述之天寿山乃指长陵(十三陵乃后世称之,其时并未有十三陵及此称),纯德山为明显陵处,基运山为明祖陵处,翊(翌)圣山(《明实录》作"翔圣山")为明皇陵处,神烈山乃指明孝陵处,此为五陵并于一处所记载。

---

[1] (明)谭希思撰:《明大政纂要》,辑自《元明史料丛编》第三辑,清光绪思贤书局刊本,台北:文海出版社,1984年,第3556—3561页。
[2] 《明世宗实录》卷一二二,台北:台湾"中央研究院"历史语言研究所,1962年,第2928页。
[3] (清)张廷玉等撰:《明史》卷六〇,北京:中华书局,1974年,第1474页。

虽然上面几处都有五陵山名记述,但内容基本相同,估计是对某一记载的延续使用。此外,明代典籍中也从律例、祭祀等方面对五陵有所记载。如《大明会典·律例九》规定:

> 凡凤阳皇陵、泗州祖陵、南京孝陵、天寿山列圣陵寝、承天府显陵,山前山后各有禁限。①

明俞汝楫编《礼部志稿》中"祠祭司职掌·分祀"部分也有记载:

> 嘉靖九年更定分祀仪。是年,既分建四郊,遂号:祖陵山曰基运,皇陵山曰翔圣,孝陵钟山曰神烈,显陵山曰纯德,并天寿山,俱从祀方泽,居岳镇之次,仍俱祀于地祇坛。②

此几处也将明代五处山陵一并列载,说明五大帝陵出现之后,其地位、等级都是一致的。这为本书将其并列增加了原始证据。

明代五处帝陵作为我国古代封建社会等级最高的陵寝遗产具有极高的地位和重要性。其中皇陵、祖陵为全国重点文物保护单位,属于我国最高级别的保护文物;显陵、孝陵、长陵不仅是全国重点文物保护单位,更是世界文化遗产,属于全世界、全人类最高级别的保护遗产。今天看来,五大帝陵拥有这样高的地位自是理所当然、可以理解的,它们毕竟是当时以举国之力营建的最大规模的工程,又经历了五六百年的风吹日晒雨淋,能保留下来实属不易。

五陵虽然已是国家级乃至世界级遗产,但保存现状并不令人满意。陵园整体布局之遗迹尚较为完整,但其地上建筑多已损毁,整个陵园现存之最珍贵、最具有价值的遗产,首推保存较好、精雕细刻的神道石刻群。因此,五陵遗产地位的确定,主要归功于神道石刻。同时,石刻作为帝陵的精华,是珍贵的艺术文化

---

① (明)李东阳等撰、申时行等重修:《大明会典》卷一六八,明万历十五年内府刊本,第四页。
② (明)俞汝楫等编:《礼部志稿》卷二五,《文渊阁四库全书》本,第十五页。

遗产,也代表了中国古代石刻的高超水平,在雕刻历史及陵寝石刻领域具有极其重要的地位,对于整个山陵的布局和规制也起到了决定性的作用,可以说是中国古代伟大文明的承载者和参照物。而随着时间的流逝,石刻风化日益严重,因此当前对帝陵石刻的研究及采样有着重要的现实意义。

本书所言之石刻,专指设于神道两侧的各类仪卫式雕刻,其皆用大型石材刻成。何为神道?《北宋帝陵石像生研究》言:"所谓神道,即陵园宫城正南门之南的大道。神道的特点是置华表(石柱、望柱)和石像生。"[①]古代社会称皇称帝者自诩为"天子",幻想死去化神升天,而通向其陵前的大道就称为"神灵之道",故曰"神道"。帝陵设置神道,应该源自东汉光武帝刘秀之原陵,"帝陵石刻出现较晚,西汉帝陵无石刻,东汉只光武帝陵前有少量石刻"[②]。而帝陵神道设置石刻的目的又是什么?唐封演《封氏闻见记》"羊虎"部分有言:"秦汉以来,帝王陵前有石麒麟、石辟邪、石象、石马之属,人臣墓则有石羊、石虎、石人、石柱之属。皆所以表饰坟垄,如生前之象仪卫耳。"[③]此"如生前之象仪卫",正是对"石像生"的最佳解释。

汉光武帝原陵神道及两侧石刻皆开一代之风,多为后世所效仿,其石刻规模至唐代兴盛,至北宋定制,明代在此基础上又不断创新发展。所存者即我们今天之所见,亦即本书之所论。

明代五处帝陵神道石刻数量庞大,其中明皇陵32对、明祖陵22对、明孝陵17对、明长陵19对、明显陵13对,共103对。石刻形体巨大,每块石刻均用一块完整的巨石刻成,除明显陵稍小之外,其他四陵石刻多高达3米以上,重达几吨至数十吨。如孝陵石刻大象,长约4.2米、宽约2米、高约3.5米,体积达30立方米,如按照每立方米重2.5吨计算,则重约70吨。明陵神道石刻种类繁多,包括角兽、石马、石狮、石柱、马官、文官、武将、功臣、内使以及石虎、石羊、骆驼、大象等类别。其中角兽又有独角兽与双角兽之分,也有具体地称呼其为麒

---

① 孟凡人著:《北宋帝陵石像生研究》,《考古学报》,2010年第3期,第323页。
② 孟凡人著:《北宋帝陵石像生研究》,《考古学报》,2010年第3期,第324页。
③ (唐)封演撰:《封氏闻见记》卷六,辑自王云五主编:《丛书集成初编》,上海:商务印书馆,民国二十五年,第八十二页。

麟及獬豸者;石柱又称"石望柱"或"华表"。明代帝陵石刻具体种类、数量参见下表。

附表1:明代帝陵石刻种类、数量统计表

明代帝陵名称	石刻种类及数量												
	1	2	3	4	5	6	7	8	9	10	11	12	13
皇陵	麒麟2对	石狮8对	石柱2对	握鞭马官1对	马及马官2对	握鞭马官1对	石马1对	无鞭马官1对	石虎4对	石羊4对	文官2对	武将2对	内使2对
祖陵	麒麟2对	石狮6对	石柱2对	握鞭马官1对	马及马官2对	握鞭马官1对	石马1对	无鞭马官1对			文官2对	武将2对	内使2对
孝陵		石狮2对	獬豸2对	骆驼2对	石象2对	麒麟2对	石马2对	石柱1对			武将2对	文官2对	
长陵	石柱1对	石狮2对	獬豸2对	骆驼2对	石象2对	麒麟2对	石马2对				武将2对	文官2对	功臣2对
显陵	石柱1对	蹲狮1对	獬豸1对	卧驼1对	卧象1对	麒麟2对	石马2对				武将2对	文官1对	功臣1对

第一节 明皇陵及其石刻

明皇陵是大明王朝开国皇帝朱元璋为其父母修建的陵园,位于朱元璋出生地钟离,钟离也就是今天的凤阳。郎瑛《七修类稿·国事类·皇陵碑》载:"皇考五十居钟离之东乡,而朕生焉。"[1]"朱元璋(1328—1398),字国瑞,濠州钟离(今安徽凤阳)人。"[2]

皇陵修于丙午年春,景泰时编纂的《寰宇通志》卷九《山陵》载:"皇陵,在府

---

[1] (明)郎瑛撰:《七修类稿》卷七,上海:上海书店出版社,2009年,第71页。
[2] 安徽省凤阳县地方志编纂委员会编:《凤阳县志》,北京:方志出版社,1999年,第771页。

城西南十五里太平乡,国朝仁祖淳皇帝、淳皇后陵也。岁丙午春诏修。洪武二年建皇陵卫指挥使司守护,围以禁城。有御制碑文。"①此"御制碑文"即为《七修类稿》中之"皇陵碑"。丙午年即公元1366年,与龙凤十二年、至正二十六年实为同一年。

皇陵之名也并非一次确定。《明太祖实录》卷三九载:洪武二年(1369)二月,"乙亥,诏立皇陵碑。先是命翰林侍讲学士危素撰文,至是文成,命左丞相宣国公李善长诣陵立碑。丁丑,上仁祖淳皇帝陵名曰英陵。初,礼部尚书崔亮以为历代诸陵皆有名号,今仁祖陵宜加以尊名。上乃定曰英陵"②。卷四二载:"洪武二年五月,甲午朔日有食之。更英陵曰皇陵,立皇陵卫以守之。"③《明史》卷六〇"谒祭陵庙"部分载:"洪武元年(1368)三月遣官致祭仁祖陵。二年加号英陵。……英陵后改称皇陵。"④以上记载中的"仁祖"也就是朱元璋的父亲朱世珍,"明皇陵"定名也正是由这些记载中而来。

明皇陵"元至正二十六年始建,明洪武十二年(1379)告竣","皇陵规模宏大,极为壮观"。⑤有唐顺之《皇陵行》诗句"壮哉兹陵从古无"为证,说明了其是明代最早期最具规模的皇家陵园。

对于明皇陵陵前神道石刻设置时间,史料略有记载,如《凤阳新书·刘继祖传》记:"洪武……二年,命临濠府加修寝园,厚封广植,崇列华表,始称皇陵。"⑥洪武二年所立皇陵碑也记载:"姑积土厚封,势若冈阜,树以名木,列以石人石兽,以备山陵之制而已。"⑦而《凤阳新书》又记:"洪武十一年(1378)……四月,命江阴侯吴良督建殿宇、城垣,植冢木,立华表,树石人、石兽,勒石建亭。"⑧对

---

① (明)陈循等撰:《寰宇通志》卷九,辑自《玄览堂丛书续集》,明景泰内府刊初印本,第七页。
② 《明太祖实录》卷三九,台北:台湾"中央研究院"历史语言研究所,1962年,第788页。
③ 《明太祖实录》卷四二,台北:台湾"中央研究院"历史语言研究所,1962年,第827页。
④ (清)张廷玉等撰:《明史》卷六〇,北京:中华书局,1974年,第1471—1472页。
⑤ 安徽省凤阳县地方志编纂委员会编:《凤阳县志》,北京:方志出版社,1999年,第662页。
⑥ (明)袁文新修:《凤阳新书》卷二,天启元年刻本,第四十五页。
⑦ (明)郎瑛撰:《七修类稿》卷七,上海:上海书店出版社,2009年,第72页。
⑧ (明)袁文新修:《凤阳新书》卷四,天启元年刻本,第五十六页。

石刻设置时间的记载并不一致,有洪武二年和洪武十一年之说。对于这一点,明史专家王剑英先生有言:

> 可以判断,石人、石兽是早在洪武二年甚至丙午年就雕刻、竖立了的,只是到洪武八年(1375)筑皇陵城或迟到洪武十一年改建皇陵的时候,由吴良经办,把石人、石兽、华表重新进行了安排。《凤阳新书》则把吴良经办的这些工程,统统一笔记到了洪武十一年,这是不确切的。[①]

关于明皇陵石刻数量,《凤阳新书·宗祀篇·皇陵》载:"华表并石人、石兽共三十六对,在北城门内,两旁直抵金门外御桥北止。"[②]而现存皇陵石刻的数量则与《凤阳新书》所载"三十六对"不符,是记载有误还是遗失了,有待考证。经实地考察,皇陵石刻从北往南,东西对列,依次为:麒麟(独角兽)2对,立姿;石狮8对,坐姿;华表2对;马官1对、马及马官2对、马官1对、石马1对、马官1对,立姿;石虎4对,坐姿;石羊4对,卧姿;石人6对(文官、武将、内使各2对),立姿。共计32对。即使比记载少了4对,32对64件仍为大明历代帝陵石刻数量之最。之后对其他各陵的实地考察也验证了这一点。

明皇陵石刻是皇陵中地位极其重要、最具艺术价值的组成部分,1982年2月23日被国务院列为第二批全国重点文物保护单位。

第二节 明祖陵及其石刻

明祖陵是朱元璋为其祖辈所建之陵寝,包括高祖、曾祖、祖父三代,位于现江苏盱眙。《明史》卷三载,洪武十九年(1386)"八月甲辰,命皇太子修泗州盱眙祖陵,葬德祖以下帝后冕服"[③],明确记载了修陵葬冕服,说明祖陵乃为衣冠冢。卷五十八也有记载:"太祖即位,追上四世帝号,皇祖考熙祖,墓在凤阳府泗

[①] 王剑英著:《明中都研究》,北京:中国青年出版社,2005年,第93页。
[②] (明)袁文新修:《凤阳新书》卷四,天启元年刻本,第五十七页至五十八页。
[③] (清)张廷玉等撰:《明史》卷三,北京:中华书局,1974年,第43页。

州玭城北,荐号曰祖陵。……十九年命皇太子往泗州修缮祖陵,葬三祖帝后冠服。"①与前述一致。此处所言"四世",即指朱元璋追封其父亲为仁祖、祖父为熙祖、曾祖为懿祖、高祖为德祖。其父之陵称为皇陵,"三祖"之陵称为祖陵,并非一处。此外,包遵彭主纂之《明史》卷三也收录了该记载:洪武十九年"八月甲辰,命皇太子修泗州盱眙祖陵,葬德祖以下帝后冕服",加之《寰宇通志》卷九《山陵》亦载:"祖陵,在泗州城北十三里。国朝洪武十九年诏修设祠祭署,奉祭官及陵户二百九十三家,以供祀事。"②说明明祖陵的修建乃在洪武十九年。

对于祖陵石刻,《明世宗实录》卷一六九记载:"嘉靖十三年(1534)十一月己卯,先是洪武中建祖陵……至是奉祀朱光道具疏,请用故积黄瓦更正殿庑,及增设陵前石仪,与凤阳皇陵同制。礼部复如其奏,上从之。"③《帝乡纪略》卷一《帝迹志·祖陵兴建》记载:"嘉靖十二年(1533),奉祀朱光道以殿庑门廊皆黑琉璃瓦苫,议照皇陵更换黄瓦,增设仪位……三年而后讫工,规制因以大备。"④此二点比较明确地说明了设立石刻的时间为嘉靖十二、十三年,并且要求按照明皇陵的规制设置。但现存的明祖陵神道石刻与皇陵仍然略有差异。

实地考察可见,明祖陵神道石刻从南向北依次为:麒麟2对,立姿;石狮6对,坐姿;望柱2对;马官1对(握马鞭),立姿;马及马官2对(马、人连体雕刻,人无马鞭),立姿;马官1对(握马鞭),立姿;独体石马1对,立姿;马官1对(无马鞭),立姿;文臣、武将、内使各2对,立姿。共22对。在数量上比皇陵少了10对,为2对石狮、4对石虎、4对石羊;在种类上比皇陵少了两类,即石虎和石羊。

很多研究都将明祖陵石刻计算为21对,是因为在计算数量时采用了与明皇陵石刻不同的标准。祖、皇二陵之马官、石马及二者组合的规制相同,都是按照马官(握鞭)、马人连体(无鞭)、马官(握鞭)、马、马官(无鞭)的顺序雕刻的,如按照一马二人为1组计算,则明祖陵和明皇陵都为2组(对),如按照单个计

---

① (清)张廷玉等撰:《明史》卷五八,北京:中华书局,1974年,第1445—1446页。
② (明)陈循等撰:《寰宇通志》卷九,《玄览堂丛书续集》,明景泰内府刊初印本,第七页。
③ 《明世宗实录》卷一六九,台北:台湾"中央研究院"历史语言研究所,1962年,第3699页。
④ (明)曾惟诚撰:《帝乡纪略》卷一,见蒋中健著:《明祖陵浅探》,《东南文化》,1988年第1期,第125页。

算则都为6对。本书为便于比较及阐述,按一人一马单个计算,如此,明祖陵神道石刻为22对,明皇陵石刻为32对。

由于明祖陵石刻体积巨大、纹样精美、保存较好,故1996年11月被国务院列为第四批全国重点文物保护单位。

第三节　明孝陵及其石刻

明孝陵是朱元璋的陵寝,与父辈明皇陵、祖辈明祖陵相比,是真正的明代第一皇帝陵,位于现江苏南京。对于明孝陵的营建,史籍记载不详。清夏燮《明通鉴》卷七"洪武一三年庚申(1380)至一五年壬戌(1382)"记载,洪武十五年"十二月己卯,以营孝陵功,封中军都督府佥事李新为崇山侯"[1];《明史》卷一三二《列传第二十·李新》中也有类似记载:洪武"十五年,以营孝陵,封崇山侯,岁禄千五百石"[2]。上述记载虽然提及孝陵,但并未对其营建时间有所说明,而某些文献对此却有所论断。如南京博物院编著的《明孝陵》言"洪武十四年(1381),朱元璋五十四岁时开始营建陵墓。第二年葬入皇后马氏,大约因马皇后的谥号是'孝慈'的缘故,被命名为'孝陵'。洪武十六年(1383)孝陵落成,前后用了两年时间"[3],如《明孝陵释疑》言"明孝陵从洪武十四年开始营建,由中军都督府佥事李新主管,征集十万军工民夫前后历时三载才告竣工。建墓第二年马娘娘病死,先葬入墓中。15年后,朱元璋驾崩,入葬明孝陵"[4]等,都是以洪武十四年为营建之始。

对于明孝陵的营建时间,虽然多处文献阐述为洪武十四年,但并未说明其依据出自何处以及建陵具体日期为几月几日。关于明孝陵具体营建时间的论述,详见本章第六节论述。

对于孝陵石刻,王焕镳《明孝陵志·规制第二》载:

---

[1] (清)夏燮撰:《明通鉴》卷七,上海:上海古籍出版社,1990年,第90页。
[2] (清)张廷玉等撰:《明史》卷一三二,北京:中华书局,1974年,第3870页。
[3] 南京博物院编著:《明孝陵》,北京:文物出版社,1981年,第1页。
[4] 朱煊著:《明孝陵释疑》,《档案与建设》,2001年第1期,第36页。

大金门内,为神功圣德碑,有碑亭。碑北为神道,有大石桥一。桥下之水,通霹雳沟。曲水流波,潺湲斜注于东涧,是曰御河。桥以北有石兽六种,首为狮子,次獬豸,次橐驼,次象,次麒麟,次马。每种有四,皆两立两蹲,东西相向,森然若卤簿焉。石望柱二,白如玉,雕镂云龙文。石人凡八,高可四五丈。四将军,介胄执金吾;四文臣,朝冠秉笏,若祗肃而候灵辂者。神道尽,为棂星门三道。①

　　此处所言石刻种类、数量皆与今所见一致,唯有神道方向与今不同。实地考察得知,神道石刻先东西(非正西,略偏西北)走向,再折向南北走向。因明孝陵神道石刻未呈现直线走势,故其顺序是从陵区入口至陵寝方向记录的,由东向西依次为:石狮1对坐、1对站;獬豸1对坐、1对站;骆驼1对卧、1对站;石象1对卧、1对站;麒麟1对坐、1对站;石马1对卧、1对站。共计12对。每对俱南北相对,与《明孝陵志》所言之"东西相向"有异。之后转向,由南往北依次为:石望柱1对,武将、文臣各2对,均为立姿,皆东西相对应;神道石刻共计17对。

　　此外,王焕镳《明孝陵志》中"獬豸"插图部分又说:"獬豸位狮北,相距一十六丈二尺,余皆称是。"也点明了獬豸、狮子是按南北走向分布的,且"余皆称是",这与东西走向的现状不符。对于此疑问,笔者也查阅了各种资料核对,现存最早的孝陵石刻照片为清末所拍摄,照片中显示石兽与望柱并不是一条直线,而是有明显转折的,这就与《明孝陵志》中的记载出现了矛盾,是何原因还待考证。

　　明孝陵石刻的具体营建时间还未见到明确记载。

　　明孝陵1961年3月被列为全国重点文物保护单位;2003年7月,明孝陵作为"明清皇家陵寝"的拓展项目,被正式列入《世界遗产名录》,成为南京唯一的世界文化遗产。

---

① (民国)王焕镳撰:《明孝陵志》,南京:南京出版社,2006年,第11页。

第四节　明长陵及其石刻

长陵为明成祖朱棣之陵，位于今北京昌平之天寿山，成祖之后明代十二位帝王之陵皆选址于此，建于长陵之左右，故明代之后，将此处总称为"明十三陵"，实际就是明朝迁都北京后大明王朝的帝陵群落。十三陵按照时间顺序依次为长陵（明成祖）、献陵（明仁宗）、景陵（明宣宗）、裕陵（明英宗）、茂陵（明宪宗）、泰陵（明孝宗）、康陵（明武宗）、永陵（明世宗）、昭陵（明穆宗）、定陵（明神宗）、庆陵（明光宗）、德陵（明熹宗）、思陵（明毅宗）。对于十三陵之始建，也就是朱棣长陵的营建，顾炎武在其《昌平山水记》中有记载：

> 天寿山在（昌平）州北一十八里。永乐五年（1407）七月乙卯，皇后徐氏崩，上命礼部尚书赵羾以明地理者廖均卿等往，择地得吉于昌平县东黄土山。及车驾临视，封其山为天寿山，以七年（1409）五月己卯作长陵。十一年（1413）正月成，仁孝皇后梓宫自南京至，二月丙寅葬。二十二年（1424）七月辛卯，上崩于榆木川，十二月庚申葬。自是列圣因之，皆兆于长陵之左右而同为一域焉。①

说明了长陵建于永乐七年至十一年，即1409至1413年。《明太宗实录》卷九二与卷一三六分别载：

> 永乐七年五月……己卯营山陵于昌平县。时仁孝皇后未葬，上命礼部尚书赵羾以明地理者廖均卿等择地，得吉于昌平县东黄土山。车驾临视，遂封其山为天寿山。②

---

① （明末清初）顾炎武撰：《昌平山水记》，北京：北京古籍出版社，1980年，第4—5页。
② 《明太宗实录》卷九二，台北：台湾"中央研究院"历史语言研究所，1962年，第1202页。

> 永乐十一年春正月……己酉……是月天寿山陵成,命名长陵。①

明末清初梁份《帝陵图说》也载:"永乐七年营天寿,又因山为城。"②与前所述相符合。

以上记载可见,长陵的营建时间是确定的,即始自永乐七年五月(1409 年 5 月),至永乐十一年正月(1413 年 1 月)止。由于十三陵为明代帝王之总陵,其结束时间应以大明最后一个皇帝崇祯葬入为止,即为崇祯十七年(1644)。故十三陵的兴建自永乐七年始,至崇祯十七年止,其间历时 230 多年。

十三陵虽然有十三个帝陵,却仅有一个共用的神道,而石刻也仅设于此处,即长陵神道石刻。因十三陵实际是以最早营建的长陵神道为主轴的,后期所建帝陵以长陵神道为总神道,仅仅引建分道至各个陵寝处,并未单独设置神道石刻,因此可以说长陵神道就是十三陵神道。

对于长陵神道石刻设置时间,史料亦有记载,且鲜有地明确清晰。《明英宗实录》卷四载:"宣德十年夏四月……辛酉……修葺长陵、献陵,始置石人石马等于御道东西。"③顾炎武《昌平山水记》亦载:"宣德十年四月辛酉,修长陵、献陵,始置石人、石马等于御道东西。十月己酉,建长陵神功圣德碑,是时仁孝皇后之葬二十有三年,太宗文皇帝之葬亦十有一年矣。"④关于石刻设置时间的记载很统一,即为宣德十年(1435)四月。

而对长陵石刻之内容,史载也很具体、精确。顾炎武《昌平山水记》载:

> 又前可二里为棂星门,门三道,俗名龙凤门。门之前有石人十二:四勋臣、四文臣、四武臣。石兽二十四:四马、四麒麟、四象、四橐驼、四獬豸、四狮子(各二立二蹲,近者立,远者蹲)。石柱二,刻云气,并夹侍神路之旁,

---

① 《明太宗实录》卷一三六,台北:台湾"中央研究院"历史语言研究所,1962 年,第 1660 页。
② (清)梁份撰:《帝陵图说》卷二,汪鱼亭藏书本,第四页。
③ 《明英宗实录》卷四,台北:台湾"中央研究院"历史语言研究所,1962 年,第 87 页。
④ (明末清初)顾炎武撰:《昌平山水记》,北京:北京古籍出版社,1980 年,第 5 页。

迤逦而南,以接乎碑亭。①

明《大明会典》卷二〇三《山陵》篇亦记载了长陵石刻数量、种类:

> 石像生十八对,统于长陵神道。各陵无。坐立狮子二对,坐立兽二对,立卧骆驼二对,立卧象二对,立卧麒麟二对,立卧马二对,带刀执瓜盔甲将军二对,朝衣冠文像二对,朝衣冠武像二对。②

经实地考察,长陵神道石刻由南向北为:石望柱1对;石狮1对蹲,1对立;獬豸1对蹲,1对立;骆驼1对卧,1对立;石象1对卧,1对立;麒麟1对蹲,1对立;石马1对卧,1对立;武将、文臣、功臣各2对,均为立姿。共19对。与《昌平山水记》所载完全一致,只是其记述的顺序由北向南;与《大明会典》所载也基本一致,只是其未将石望柱列入,此外记述之"坐立"与"立卧"前后不统一,而按其顺序应为"坐立"与"卧立",估计此处是无心之失。

1961年3月,明十三陵被国家列为第一批全国重点文物保护单位。2003年7月,明十三陵作为"明清皇家陵寝"的一部分被列入《世界遗产名录》,成为世界级的保护遗产。

第五节　明显陵及其石刻

明显陵是明世宗嘉靖皇帝朱厚熜为其父母修建的陵园,位于今湖北钟祥,明时称该地为安陆州、承天府。明正德十四年(1519)六月十七日,嘉靖帝之父兴献王朱祐杬病逝,选定松林山修建园寝,于次年春修建完工③,兴献王墓就是后来的显陵雏形。

---

① (明末清初)顾炎武撰:《昌平山水记》,北京:北京古籍出版社,1980年,第5页。
② (明)李东阳等撰、申时行等重修:《大明会典》卷二〇三,明万历十五年内府刊本,第二页。
③ 周红梅著:《明显陵探微》,香港:中国素质教育出版社,2011年,第156页。

相比于之前帝陵修建时皇帝一声令下，举国之力投入修建，显陵的形成则颇费周折，这从嘉靖改建显陵的过程可以看出。由兴献王王墓到帝陵，其间约经历了三个大的阶段。

第一阶段乃是嘉靖生父由王到帝的身份上的升级。朱厚熜登基后，于嘉靖元年（1522）即开始了将其父王墓变为帝陵的升级之路，而欲成其事先正其名，想要修为帝陵，必先追为帝称，使其生父拥有皇帝的身份。嘉靖帝先是将其父由兴献王升为"兴献帝"，继而加"皇"字，变为"本生献皇帝"，之后去"本生"二字，尊为"献皇帝"。拥有帝称之后的朱祐杬，其墓园自然也需按帝制而改建。实际上第一阶段主要是礼制上的认可过程，尚未进入真正的工程时期。而史上著名的"大礼议"事件就发生在这一阶段。

第二阶段则是由王墓到帝陵的升级扩修阶段。该阶段属于施工环节，通过施工使扩建后的建筑能与陵寝规制相符合。据《明世宗实录》载，"嘉靖二年（1523）四月，兴献帝陵庙当易黄瓦，上令于南京官窑造办"①，黄瓦乃为皇家专用；嘉靖三年（1524）三月"丁丑，诏定安陆州松林山陵为显陵"②，时三月丙寅朱祐杬已获"本生皇考恭穆献皇帝"③之称，故其墓改"显陵"，以与其称相匹配；到八月即有建议升级其陵者，"丙午，显陵司香太监杨保言：陵殿门墙规模狭小，乞照天寿山诸陵制更造"④，欲将其陵升为与天寿山诸帝陵同一规制，被工部尚书赵璜阻止，但赵璜建议添设明楼石碑、神宫监及显陵卫。"工部尚书赵璜等言：陵制当与山水相称，恐难概同。今殿墙已易黄瓦，但宜添设明楼石碑，及改司香衙门为神宫监，设置护卫曰显陵卫，其余未备房屋，应创新者另为添造，应仍旧者止加修饬，不必大为改作。上从部议。"⑤就陵园本身而言，此时一举扩建到位并不现实，一点一点增置反而更为合理。因此嘉靖认可了赵璜之言。

嘉靖六年（1527），筹划已久的嘉靖开始了对显陵的全面改建。《明世宗实

---

① 《明世宗实录》卷二五，台北：台湾"中央研究院"历史语言研究所，1962年，第708页。
② 《明世宗实录》卷三七，台北：台湾"中央研究院"历史语言研究所，1962年，第924页。
③ （清）谷应泰撰：《明史纪事本末》卷五〇，上海：商务印书馆，1936年，第55页。
④ 《明世宗实录》卷四二，台北：台湾"中央研究院"历史语言研究所，1962年，第1095页。
⑤ 《明世宗实录》卷四二，台北：台湾"中央研究院"历史语言研究所，1962年，第1096页。

录》载:嘉靖六年十二月,"命修显陵如天寿山七陵之制"①,对显陵进行了大改造。嘉靖十年(1531),又将显陵提高到和明祖陵、明皇陵一样的地位,使明代五大"山陵"同尊。十年二月,"戊寅,上谕内阁:昨因议追祖陵、皇陵二山名,朕思孝陵在钟山,亦宜同体。文皇既封黄土山为寿山,今又拟显陵为纯德山,而独钟山如故,于理未妥。朕惟祖陵宜曰基运山,皇陵宜曰翔圣山,孝陵宜曰神烈山,并方泽从祀"②。一年多后,显陵的改修工程进行到了尾声,以立碑作为完结:嘉靖十一年(1532)十月甲午,"以修理显陵香殿暖阁及纯德山阳春台,立碑,工完"③。至此,经过约10年的不断改造,显陵改建工程暂时告一段落。而彼时之显陵虽已称"陵",但还仅仅是嘉靖父亲"献皇帝"之陵,远非之后父母合葬之格局。

第三阶段才是嘉靖父母合葬形成的最终格局。嘉靖十七年(1538)底,嘉靖生母蒋太后去世,嘉靖亲择吉地,欲于天寿山大峪支山营建显陵,并拟将其父陵北迁,与其母合葬于此:

> 乙巳,上敕谕礼、工二部曰:朕皇考献皇帝显陵在湖广承天府粤……朕周览川原,于我成祖长陵之西南,得一支山曰大峪,林茂草蔚,因阜丰衍别,在诸陵之次,实为吉壤,朕心惬焉。兹欲启迎皇考梓官,迁祔于此……其即分天寿山大峪处建造显陵,亟择日恭闻于祖宗列圣,启事兴工。一面南奉皇考梓官来山合葬,庶慰朕二亲之灵,以伸朕以礼终事之情。④

若如此,则无现今之钟祥明显陵。但之后又改变了这一计划,而准备将其母南奉与其父合葬。原因在于嘉靖考虑到了其父陵北迁的诸多不便:"矧奉藏体魄将二十岁,忍启露于风尘之间,撼摇于途路之远,朕心既不妥宁,我皇考亦

---

① 《明世宗实录》卷八三,台北:台湾"中央研究院"历史语言研究所,1962年,第1857页。
② 《明世宗实录》卷一二二,台北:台湾"中央研究院"历史语言研究所,1962年,第2928页。
③ 《明世宗实录》卷一四三,台北:台湾"中央研究院"历史语言研究所,1962年,第3337页。
④ 《明世宗实录》卷二一九,台北:台湾"中央研究院"历史语言研究所,1962年,第4501—4502页。

必不宁,我圣母又大不宁也。兹决以礼之正、情之安,奉慈南宫诣合葬。"①与迁父陵相比,此说较为合理,但诸臣又以"万一果有未善,一山风气相去不远,别选吉地仓卒定难。慈宫既南不可复返,此甚可虑也"②为由而反对,加之先期派去显陵查看的赵俊回报说显陵进水——"已而锦衣指挥赵俊自承天旋,言启视显陵玄宫有水"③。这促使嘉靖决定南巡显陵亲勘。

于是成就了明史上嘉靖最后的远巡,只是这次出巡是为双亲。嘉靖南巡行程匆匆,自十八年(1539)二月十六日带队出发,于三月十二日抵达钟祥。在进行了显陵拜祭、设计、动土开工等活动后,嘉靖辞行父母神位,于三月二十四日启程返京,四月十五日抵京。返程之后嘉靖对建陵之事又有了想法,加之大峪玄宫已成,便想将父母分葬,即父留显陵,母归大峪,并拟定了奉母大峪的仪程。

> 丙辰,上谕辅臣曰:朕复思大峪之工,玄寝已成,不奉梓宫早安,恐夏月大雨漫流而入,可不枉费人力?兹二十四日奉谢礼毕,二十七日仍可发引,卿等即与礼官面议之,寻复择五月三日子时发引。仍谕礼部曰:大峪玄宫不可久虚,且时维夏雨流漫之候,即奉皇妣慈宫安居,便具仪遵,朕亲择日时行事。……礼部乃具上发引仪注:五月三日发引,是日梓宫驻清河,四日驻沙河,五日抵玄宫,七日神主回京。诏如仪。④

但等到四月二十七日嘉靖再次亲临大峪后,又放弃了分葬的想法,决定仍用前议,奉母南祔,于次日召严嵩交代:"乙丑,上召礼部尚书严嵩于行宫,谕之曰:朕南巡,因谒陵寝,及视大峪已毕,然峪地空凄,岂如纯德山完美,决用前议,奉慈驾南祔,引发吉辰别候。"⑤原因就是嘉靖将大峪和纯德山做了比较后觉得原显陵所在更加完美。至此,奉母南祔之议方得确定。

---

① 《明世宗实录》卷二一九,台北:台湾"中央研究院"历史语言研究所,1962年,第4518页。
② 《明世宗实录》卷二一九,台北:台湾"中央研究院"历史语言研究所,1962年,第4519页。
③ 《明世宗实录》卷二二〇,台北:台湾"中央研究院"历史语言研究所,1962年,第4549页。
④ 《明世宗实录》卷二二三,台北:台湾"中央研究院"历史语言研究所,1962年,第4632—4633页。
⑤ 《明世宗实录》卷二二三,台北:台湾"中央研究院"历史语言研究所,1962年,第4639页。

五月初八，嘉靖令拟发引之期，并令改用"水行"。"乙亥，先是上自山陵还京，谕礼部，恭奉梓宫引发吉日，用今月十七日子时，奠献使等官仍用原定者，一切礼仪亦姑依原拟行之，如有增损临期酌拟，但奉梓宫改水程行。"①七月十五日新玄宫完成："庚辰……显陵二圣玄宫成。"②此即指重修一玄宫，加之之前即成"一陵两冢"。闰七月蒋太后慈宫至，于二十五日合葬："庚申，二圣梓宫合葬于显陵新寝。"③至此，蒋太后葬礼完成，显陵之最终格局——"一陵两冢""前后宝城""内外明塘""新旧红门""龙鳞神道"等独特景观终成。

对于显陵石刻的设置，史籍记载较为概括。嘉靖三年九月，工部尚书赵璜曾提议增设石刻："显陵已更黄瓦、建楼树碑及设神宫监、显陵卫，臣请增刻诸象卫皆如二陵制，足以垂不拔之基。"④与此相比，记载较为具体者乃《大明会典》，其中记载："兴都显陵，嘉靖六年，特敕修理，各项规制，俱照天寿山，添设石像生、碑亭。八年，工完。"⑤此次修葺，将显陵的规制提升到与天寿山诸帝陵完全一样的级别，工程历时2年，至嘉靖八年结束，其中明确说明了添设石刻等内容，但关于石刻种类、数量等缺少记载。

实地查看可见，现今之明显陵石刻为13对，从南向北依次为：望柱1对；石狮1对，蹲；獬豸1对，蹲；骆驼1对，卧；大象1对，卧；麒麟2对，1对蹲，1对立；马2对，1对卧，1对立；武将2对；文臣1对；功臣1对。

因独特的景观设计、保存较好的遗址，1988年1月，明显陵被国务院列为第三批全国重点文物保护单位。2000年11月，明显陵作为"明清皇家陵寝"项目组成部分被列入《世界遗产名录》，成为最早入选世界遗产的明代帝陵。

---

① 《明世宗实录》卷二二四，台北：台湾"中央研究院"历史语言研究所，1962年，第4650页。

② 《明世宗实录》卷二二六，台北：台湾"中央研究院"历史语言研究所，1962年，第4697页。

③ 《明世宗实录》卷二二七，台北：台湾"中央研究院"历史语言研究所，1962年，第4719页。

④ 《明世宗实录》卷四三，台北：台湾"中央研究院"历史语言研究所，1962年，第1110页。

⑤ （明）李东阳等撰、申时行等重修：《大明会典》卷二〇三，明万历十五年内府刊本，第三页。

第六节　明初三陵时间顺序考

"明初三陵",即是指明朝初期营建的三个皇家陵园——明祖陵、明皇陵、明孝陵。这三个陵园都和明朝开国皇帝朱元璋有着密切的关系:明祖陵是朱元璋为其祖辈所建之陵寝,位于江苏盱眙;明皇陵是朱元璋为其父辈所建之陵寝,位于安徽凤阳;明孝陵则是朱元璋自己的陵寝,位于江苏南京。

由于朱元璋是明代第一位逝世的皇帝,故朱元璋及其父辈、祖辈的陵寝是明代陵寝中修建得较早的,即皇陵、祖陵、孝陵作为明代早期建立的三个皇家陵园显然是无异议的。但是三陵的修建时间一直是存有争议的,这就使得后人对明初三陵的时间顺序也产生了争论。

那么为何不对明长陵、明显陵产生怀疑呢?这是因为关于长、显二陵修建时间的记载较为统一、明确,这从前文论述可见。另外,长、显二陵与明初三陵显然不是一个时期,没有比较的必要。而同为朱元璋负责的明初三陵,其时间顺序却有必要探讨清楚,以理顺三陵的先后关系。

实际上,作为国家最高级别的保护文物以及世界遗产,明代帝陵的重要性不言而喻,其修建时间与先后顺序乃是一个最为基本的问题,但就是这个基本的问题一直争议不断,没有明确的答案,本书试考证如下。

一、明孝陵营建时间考

对于明初三陵修建时间的考证,本书从相关记载最少的孝陵开始。

对于明孝陵的营建时间,现有研究多认为是洪武十四年(1381)始建。如,南京博物院编著的《明孝陵》记:"洪武十四年,朱元璋五十四岁时开始营建陵墓。第二年葬入皇后马氏,大约因马皇后的谥号是'孝慈'的缘故,被命名为'孝陵'。洪武十六年孝陵落成,前后用了两年时间。"[①]孝陵的设置时间虽然记为"洪武十四年",但并没有指出依据或者出处。南京博物院的论断应该是权

[①] 南京博物院编著:《明孝陵》,北京:文物出版社,1981年,第1页。

威的,而多数的研究文章也都是这种结论。如更早的同名文章《明孝陵》记述了"明洪武十四年,朱元璋开始营建孝陵。第二年,皇后马氏去世,就安葬在这个陵墓里。第三年,孝陵建成"[①];此外,如《明孝陵神道演变考》记,"孝陵始建于洪武十四年,为朱元璋寿陵,次年葬入皇后马氏"[②];《明孝陵释疑》记,"明孝陵从洪武十四年开始营建,由中军都督府佥事李新主管,征集十万军工民夫前后历时三载才告竣工。建墓第二年马娘娘病死,先葬入墓中。15 年后,朱元璋驾崩,入葬明孝陵"[③];《明孝陵神道石象生考》记,"一般认为洪武十四年,朱元璋五十四岁时开始营建陵墓。次年皇后马氏病逝,同年九月庚午,葬孝慈皇后于孝陵"[④];《明孝陵的历史地位》记,"从洪武十四年搬迁蒋山寺和宝公塔开始,到永乐十一年明成祖朱棣增建大明神功圣德碑亭完成,才结束孝陵的修建工程,为时 33 年"[⑤]等也持这种结论。

　　以上所列文章,总的来说,关于明孝陵的营建时间结论是基本一致的,都认为是洪武十四年,但是也存在两个疑问。第一,其依据出自何处以及建陵具体月日,以上所有研究一直没有说明。笔者遍查史料,也无法找到具体记载。仅找到迁移蒋山寺的时间,记载有两处:其一,民国王焕镳所作《明孝陵志》,记载了明代葛寅亮《金陵梵刹志》所记"宋元嘉中,僧宝志建道林寺。……国初,名蒋山寺。因塔迩宫禁,洪武十四年敕改今地,赐额灵谷禅寺。《洪武十四年敕谕》:蒋山寺住持仲羲奏迁蒋山寺及宝公塔于东冈,改赐寺额曰灵谷寺,榜外门曰第一禅林"[⑥]。其二,《明太祖实录》卷一三九记载:"洪武十四年九月……改建蒋山太平兴国禅寺为灵谷寺。初,太平兴国禅寺在宝珠峰之阳,梁僧宝公塔在焉。至是住持僧仲羲奏请迁之,遂诏,改建于京城东独龙冈之左。既成,赐额曰灵谷,榜其外门,曰:第一禅林。又赐田一百五十余顷。"[⑦]此二处说到了洪武

---

① 苏文轩著:《明孝陵》,《文物》,1976 年第 8 期,第 88 页。
② 丁宏伟著:《明孝陵神道演变考》,《东南大学学报》,1996 年第 6 期,第 130 页。
③ 朱煊著:《明孝陵释疑》,《档案与建设》,2001 年第 1 期,第 36 页。
④ 秦浩著:《明孝陵神道石象生考》,《东南文化》,1987 年第 3 期,第 91—92 页。
⑤ 季士家著:《明孝陵的历史地位》,《江苏地方志》,2004 年第 5 期,第 35 页。
⑥ (民国)王焕镳撰:《明孝陵志》,南京:南京出版社,2006 年,第 1 页。
⑦ 《明太祖实录》卷一三九,台北:台湾"中央研究院"历史语言研究所,1962 年,第 2189 页。

十四年迁移蒋山寺。第二个疑问是"中军都督府佥事李新主管"此话出自何处,查不到具体记载,仅在清夏燮《明通鉴》卷七中有相关记载:洪武十五年"十二月己卯,以营孝陵功,封中军都督府佥事李新为崇山侯"①。《明史》卷一三二《列传第二十·李新》中也有类似记载:"十五年,以营孝陵,封崇山侯,岁禄千五百石。"②而不见其主管孝陵营建之记载。

其他则难以找到有关记载,故此,把迁移蒋山寺的时间作为建陵起始时间,之后各研究基本都传承了这一观点。而因为洪武十五年李新以营建孝陵受封,故推断为十四年营建一事由李新主管。

明孝陵营建具体时间的记载虽然没有,但是,洪武十五年葬马皇后入陵却有明确记载:《明史》卷三《本纪第三·太祖三》载,洪武"十五年……八月……丙戌,皇后崩。……九月……庚午,葬孝慈皇后于孝陵"③;《明太祖实录》卷一四八载,"洪武十五年九月……庚午,孝慈皇后梓宫发引。……命所葬山陵曰孝陵"④;《明通鉴》卷七也记载,洪武十五年"八月……丙戌孝慈马皇后崩。……九月……庚午葬孝慈皇后于孝陵"⑤。由此可以看出,马皇后从逝世到入葬不过一个月的时间,其陵寝绝不会是这一个月就能营建完成并使用的。因此可以说,孝陵肯定是在马皇后逝世之前营建的,故将明孝陵开始营建时间推论为十四年迁移蒋山寺之时。

二、明皇陵营建时间考

除明孝陵之外,明初三陵营建顺序争议较大者,主要集中在皇、祖二陵。对于明皇陵营建时间,多以丙午年为主。如王剑英《明中都研究》依据景泰时编纂的《寰宇通志》卷九所载"皇陵在府城西南十五里太平乡,国朝仁祖、淳皇后陵也。岁丙午春诏修",以及《明史》等记载论证皇陵修建于龙凤十二年;如孙

---

① (清)夏燮撰:《明通鉴》卷七,上海:上海古籍出版社,1990年,第90页。
② (清)张廷玉等撰:《明史》卷一三二,北京:中华书局,1974年,第3870页。
③ (清)张廷玉等撰:《明史》卷三,北京:中华书局,1974年,第40页。
④ 《明太祖实录》卷一四八,台北:台湾"中央研究院"历史语言研究所,1962年,第2342页。
⑤ (清)夏燮撰:《明通鉴》卷七,上海:上海古籍出版社,1990年,第88—89页。

祥宽《凤阳明皇陵及其石刻研究》依据《中都志》卷四记载"丙午年春,命故臣汪文、刘英随大军回濠州,修饬金井园陵,召集亲邻赵文等二十家看守",论证明皇陵始建于至正二十六年,至洪武十二年竣工。以上所记龙凤十二年、至正二十六年以及丙午年实为同一年,即1366年。以上记载较统一,较为清晰地记载着皇陵修建时间为丙午年。

此外,《明史》卷一《本纪第一·太祖一》载,二十六年"夏四月……甲子,如濠州省墓,置守冢二十家,赐故人汪文、刘英粟帛。置酒召父老饮极欢,曰:'吾去乡十有余年,艰难百战,乃得归省坟墓,与父老子弟复相见。'"[1],记录了朱元璋离开凤阳后的第一次省墓,既然置守二十家,皇陵必然已经有所修建。其他如《明通鉴》卷一记载,洪武元年"三月……遣官祭告仁祖陵"[2]。"仁祖"即为朱元璋父亲之庙号。《明史》卷六〇《谒祭陵庙》载"洪武元年三月,遣官致祭仁祖陵,二年,加号英陵……英陵后改称皇陵"[3],也说明了皇陵的营建在洪武元年之前就已开始,且已经有一定规模,故才能"致祭"。因此,明皇陵于至正二十六年始建的观点较为可信。

综上,对皇陵营建时间的论述,是有史籍记载作为依据的,使其增添了说服力和可信度。

三、明祖陵营建时间考

对于明祖陵之营建时间,各家观点不一:

《明祖陵建造时间考》一文依据《朱元璋系年要录》,论证明祖陵建于至正二十一年至至正二十三年,即1361至1363年[4],那么该时间就早于至正二十六年明皇陵营建的时间。

其他研究中,认为祖陵营建时间为洪武十七年(1384)之后的较多,如《明祖陵的地位和影响》依据《帝乡纪略》所载,论证祖陵修建时间为"洪武十七年

---

① (清)张廷玉等撰:《明史》卷一,北京:中华书局,1974年,第14页。
② (清)夏燮撰:《明通鉴》卷一,上海:上海古籍出版社,1990年,第46页。
③ (清)张廷玉等撰:《明史》卷六〇,北京:中华书局,1974年,第1471—1472页。
④ 李世源著:《明祖陵建造时间考》,《东南文化》,1988年第1期。

……可知此时是开始修陵的时间。两年后,即洪武十九年十月"修完①;《朱元璋与凤阳》也以此论证"祖陵开工的时间为洪武十七年……洪武二十二年(1389),祖陵正殿——享殿建成。这标志着营建祖陵的工程已经完成"②。

而《明祖陵的营建及其神道石刻》同样以《帝乡纪略》作为依据,却得出了不同的结论,认为"明祖陵始建于洪武十八年"③;《论明祖陵遗址的保护利用》则以《凤泗皇陵记》为依据论述:"洪武十八年(1385),懿文皇太子朱标受命修陵,率文武群臣、诸色工匠开始了声势浩大的营建工程。……至永乐十一年祖陵建筑大致完备"④。孙祥宽论证明祖陵为洪武十九年始建,依据则为《中国大百科全书·考古卷》"明皇陵和祖陵"条所记"洪武十九年于其地建祖陵……次年建享殿"⑤。

以上结论各执一词,使今人对明祖陵营建时间难以把握。但以上研究证明,洪武十七年之后的观点是占优势的,也就是说晚于明皇陵的营建时间。具体到哪一年,依本书来看,祖陵营建应为洪武十九年,依据为张廷玉《明史》卷三《本纪第三·太祖三》所记载:"洪武十九年,'八月甲辰,命皇太子修泗州盱眙祖陵,葬德祖以下帝后冕服。'"⑥明确记载了修陵葬冕服。这也与之后卷五八《山陵》所载"十九年命皇太子往泗州修缮祖陵,葬三祖帝后冠服"⑦相统一。此外,包遵彭主纂《明史》卷三也收录了该记载:洪武十九年"八月甲辰,命皇太子修泗州盱眙祖陵,葬德祖以下帝后冕服",故可信度较大。

小　结

如果按照以上考证时间,则明皇陵始建于至正二十六年,即公元1366年,明孝陵始建于洪武十四年,即公元1381年,明祖陵始建于洪武十九年,即公元

---

① 周致元著:《明祖陵的地位和影响》,《东南文化》,1999年第4期。
② 夏玉润著:《朱元璋与凤阳》,合肥:黄山书社,2003年,第500—502、504页。
③ 秦士芝著:《明祖陵的营建及其神道石刻》,《东南文化》,1999年第2期。
④ 龚良著:《论明祖陵遗址的保护利用》,《东南文化》,2002年第3期。
⑤ 孙祥宽著:《凤阳明皇陵及其石刻研究》,《东南文化》,1991年第2期。
⑥ (清)张廷玉等撰:《明史》卷三,北京:中华书局,1974年,第43页。
⑦ (清)张廷玉等撰:《明史》卷五八,北京:中华书局,1974年,第1446页。

1386年。祖陵之建为何会在三者最后？按照辈分不是应该先祖辈再父辈吗？这主要是因为其祖所葬的原地点一直未被找到,朱元璋营建祖陵必定得有比较确定的地点才能开始动工,这个地点是在得到朱贵献图之后才确定下来的。对此,《朱元璋修建明祖陵》依据《帝乡纪略》《天府广记》,进行了比较详细的论述：

> 祖陵号已荐好,但祖陵应建在什么地方,祖父尸骨葬在何处,朱元璋确实一无所知,这可给登极后的祭祀带来了困难。据《帝乡纪略》卷之一《帝迹志·祖陵兴建》中记载："洪武元年追上尊号,后因制祀典,号称祖陵,而未知所在。"……《天府广记》卷之四十《陵园·附蒋德璟凤泗记》中记载："高皇帝龙飞,定鼎金陵,追尊四代,已建仁祖淳皇帝陵于凤阳,因命皇太子至濠泗祭告祖考妣于泗州。然未识玄宫所在。时向城西濒河凭吊,岁时遣官致祭。"……洪武十七年,朱贵献祖陵图,祖陵的遗址才真正准确知晓。[1]

此处说明朱元璋一直没有确定祖陵的地点,自然无法进行营建；父之父母称祖,已故者称祖考、祖妣；泗州主要是指今天的盱眙、明光、泗洪一带,盱眙就是今天祖陵所在地。以上所述指出明皇陵已建,而泗州祖辈原玄宫还未知所在,已经说明了皇陵的营建早于祖陵。

虽然孝陵营建的具体时间没有明确记载,但是大致时间是明确的,各研究的结论是一致的,即洪武十四年。因此,如果按照本文所论,明初三陵营建的时间顺序则是：明皇陵最先,明孝陵次之,明祖陵再后。准确与否,希望各位有志者再加探讨。

第七节　明代五陵石刻规制袭变

从实地勘察来看,明代五陵神道石刻的设置有一定的规则,一般以神道为

---

[1] 宋立本著：《朱元璋修建明祖陵》,《江苏地方志》,2007年第2期。

中线,同一种类及造型的一对石刻分别设置在神道两侧,面向神道相对而设。其石刻规模庞大、形体巨大,每块石刻均用一块完整的石料刻成,除明显陵稍小之外,其他帝陵单块石刻多高达3米以上,重达几吨至几十吨;石刻种类繁多,总的来说包括角兽、石马、石狮、望柱、文臣、武将以及石虎、石羊、大象、骆驼、马官、内使等类别。

而具体到每个帝陵的石刻数量和种类,无疑是研究明代帝陵石刻最基本的问题。从调研数据来看,按照一人一马单个计算的标准,明皇陵石刻共32对,包括麒麟、石狮、望柱、马官、石马、石虎、石羊、文臣、武将、内使,共10大类;明祖陵石刻共22对,包括麒麟、石狮、望柱、马官、石马、文臣、武将、内使,共8大类;明孝陵神道石刻共17对,包括石狮、獬豸、骆驼、大象、麒麟、石马、望柱、武将、文臣,共9个种类;明长陵石刻共19对,有望柱、石狮、獬豸、骆驼、大象、麒麟、石马、武将、文臣、功臣,共10类;明显陵石刻共13对,包括望柱、石狮、獬豸、骆驼、大象、麒麟、石马、武将、文臣、功臣,也是10个类别。五陵之间并不相同,存在着或多或少的变化。而这一变化正是明代五大帝陵石刻规制有异的主要体现。

我国君主专制时期,为了保障统治者的权力,为了更好地给统治者做好服务,在帝王出生、登基、祭祀等重大事项上,都制定了各种规章制度。营建山陵当然也是大事,前典祖制都要考虑到位,其中帝陵神道石刻的设置自然也有其规制。通常提起明代帝陵之规制,尤其是明初期,现有研究的结论多是明承宋制,此处之"宋"主要是指北宋,这实际上强调了明代对之前朝代的承续关系。从时间来看,明代之前与北宋相距最近的当属元代。由于元代是中国历史上少数民族统治的时代,其葬制与汉族不同,元代帝王采用传统葬制,实行秘葬,不建立地上陵墓、神道,自然也无石刻设置之说;元之前为南宋时期,而南宋几代皇帝颠沛流离,因为一直抱有期望回归中原皇陵的理想,南宋诸帝陵于江南暂行"攒宫制",因此也没有设置神道石刻;因此距明陵石刻时间最近的则为北宋帝陵石刻。这就是明承宋制的缘由。

既然牵涉北宋帝陵,我们就有必要来了解一下宋陵石刻之制,看看其与明陵石刻的关系如何。经考察,北宋帝陵之陵园建筑包括鹊台、乳台、神道、宫城、下宫等几大部分,其石刻分散于几处,如神道、宫城东西南北四个城门、下宫等处皆有设置。因此,为了与明陵神道石刻相对应,本文所论述的宋陵石刻,仅指其神道石刻而言,即在乳台至陵寝这一路段两侧,按一定规制置放的望柱、石兽、石人等起着仪仗及保卫作用的石刻群,包含宫城南门石狮,但宫城东、西、北三神门门狮,下宫南神门门狮及所有上马石不计算在内。这是由于宫城东、西、北三神门以及下宫俱与神道不在同一路线上,而上马石又非矗立形大型雕刻。对于很多研究者没有把南门外石狮计算在神道石刻中的做法,笔者有不同看法,因为其是排列在文官与将军之间的,将军既然计算在内,此石狮也该计算在内。而由此处亦可以看出,宋、明帝陵陵园建筑规制是不同的。首先体现在陵园规划布局与建筑构成方面,明代帝陵并无鹊台、乳台等,而是由大金门、神道、棂星门、御河桥、明楼、宝城等建筑组成;其次体现在石刻的设置上,明陵石刻仅设置于神道,集中明了,与宋陵之分散有较大差异。而具体到宋、明石刻规制的关系,还要用数据来说话。

通过对河南巩义北宋"七帝陵"的实地考察,详细记录了七陵神道石刻的排列、类别、数量等具体情况,可以看出北宋具有非常完善且统一的石刻制度(参见附表2)。

附表2:北宋帝陵石刻顺序及数量

北宋帝陵名称	石刻顺序及数量													
	望柱	象	象奴	瑞禽	角端	马官	马	虎	羊	客使	武官	文官	狮	将军	宫人
永昌陵	2	2	1	2	2	5	4	4	4	2	2	4	2	2	1
永熙陵	2	2	2	2	2	8	4	4	4	6	4	4	2	2	4
永定陵	2	2	2	2	2	8	4	4	4	6	4	4	2	2	4
永昭陵	2	2	2	2	2	8	4	4	4	6	4	4	2	2	4
永厚陵	2	2	1	2	2	4	4	4	4	5	4	4	2	2	4
永裕陵	2	2	2	2	2	3	4	4	4	6	4	4	2	2	
永泰陵	2	2	1	2	2	8	4	4	4	6	4	4	2	2	1

首先,大宋开国皇帝宋太祖赵匡胤永昌陵的石刻数据为:望柱2,象2,象奴

1，瑞禽2，角端2，马4，马官5，虎4，羊4，客使2，武官2，文官4，狮2，将军2，宫人1；之后第二任皇帝宋太宗赵光义永熙陵在此基础上增加象奴、马官、客使、武官、宫人的数量，使其分别达到了2、8、6、4、4件。比较二者可见，宋太宗永熙陵虽然数量上有所增加，但种类与永昌陵完全一致，且永昌陵象奴、马官、宫人等为单数，这极不符合神道石刻对称的要求，故推测永昌陵此类石刻有所遗失或损毁。而客使与武官，永熙陵多出的数量较大，至于是永昌陵有所遗失还是永熙陵有所增加还待考证。之后北宋的五处帝陵石刻种类、数量一概同于永熙陵，除了永厚陵象奴缺少了1个，永裕陵、永泰陵象奴与宫人有所缺少之外，其他莫不相同（具体比对参见附表2）。由此可见，北宋帝陵从太祖永昌陵始就制定了石刻数量、种类、顺序等规制，经太宗永熙陵完善统一，之后沿袭不变。相关文献也可佐证，如研究北宋帝陵较为权威的资料——河南省文物考古研究所所编之《北宋皇陵》，对于石刻记述如下：

> 诸帝陵上宫石雕像皆为60件，除东、西、北神门门狮外，其余多集中于乳台以北、宫城以南的神道两侧。石雕像东西相向，两两对称，由南向北依次是：望柱2、象与驯象人各2、瑞禽石屏2、角端2、马4、控马官8、虎4、羊4、客使6、武官4、文官4、南门狮2、武士2、上马石2、神门内及陵台前宫人4。[①]

此处将上马石计算在内，但没有计算东、西、北及下宫神门门狮。此外，还有对宋陵石刻记述较为全面的资料：

> 帝陵上宫石雕永昭陵之前（永安陵除外）完整者均为60件，其中神道石像生46件，从南向北依次为望柱2、象2、驯象人2、瑞禽石屏2、角端2、马4、控马官8、虎4、羊4、客使6、武官4、文官4、武士2件。若加上南神门外上马石2，则为48件。此外，南神门内和陵台前各有两身宫人，宫城四神

---

① 河南省文物考古研究所编：《北宋皇陵》，郑州：中州古籍出版社，1997年，第21页。

门外各置一对石狮,加在一起共 60 件。帝陵下宫南神门外置一对石狮,与前述相加为 62 件。自仁宗永昭陵以下,又在下宫南神门外加置一对上马石,这样帝陵石雕总数又达 64 件。①

从以上来看,除了因神道范围界定的不同而对门狮、上马石是否计算在内有所不同之外,神道石刻顺序、种类、数量的记述都是一致的,因此北宋帝陵神道石刻的规制是清晰、明确的。如果按照本书对宋陵神道的界定方式,则其石刻之制乃为 26 对 52 件。

而至明代,如果不出意外,帝陵石刻也应该遵循前代规制,这主要是因为不管哪个朝代,设置神道石刻的根本目的是一致的:古代封建帝王为体现皇权的至高无上,在其陵寝前设置神道及石刻,象征其生前至尊地位及死后如生的意志追求,即事死如生,象征着帝王即使逝世后也要拥有生前一样的权力和地位。出于这样的目的,帝王在设立石刻时,为了彰显自己的最高皇权,对石刻种类和数量的选择就成了不可回避的议题,使其规制尽可能地符合帝王的要求。而之后的帝王面临这一问题时,自然会考虑到前代帝陵的规制,考虑到前朝帝王所采用的石刻的题材、数量等,于是代代相传,其中的某些通用题材无疑会成为之后帝陵石刻的首选。按照这个道理来说,明陵石刻应该与宋代帝陵石刻规制一致。但是事实并非如此。通过比对以上宋、明帝陵石刻,从类别及数量这一基本规制来看,明陵对宋制有所传承,但也做了较多的创新与改革。

首先是明陵石刻对宋陵石刻的传承,实际上这也正是明承宋制的具体体现,即明陵石刻保留了宋陵石刻中的诸多题材,如石望柱、大象、狮子、马及控马官、虎、羊、文臣、武将等,因袭沿用前朝通用题材。其次,明陵石刻产生了诸多变化,这是与对宋陵石刻的传承相比较而言的。如宋陵石刻之瑞禽,明陵则无;宋陵之客使,明陵亦无;宋陵中的角兽为独角,称为角端,而明陵中的角兽有了独角和双角之分,称为麒麟或者獬豸,与宋陵之角端已非一物;宋陵无骆驼,而明陵中不仅增设了骆驼,且有卧、立的动态变化;宋陵有大象,及象奴,明陵仅有

---

① 孟凡人著:《北宋帝陵石像生研究》,《考古学报》,2010 年第 3 期。

大象,少了象奴,但增加了卧象的造型。

由此可见,明代帝陵石刻与北宋帝陵石刻有着一定的传承关系,但这种传承并非修建帝陵的统治者所必须遵循的。虽然我们说明代的丧葬制度沿袭了唐宋,但那主要体现在丧葬礼仪层面,而在陵园建制方面唐宋制度不见得有多大的约束力,因为各个时期的统治者或者统治阶级仍然是以自己的意愿为主的,并据此制定相应举措,尤其是体现在陵园建制之一的神道石刻方面,其改变的频率及意愿更加自我。因此,便出现了明陵石刻对宋陵石刻既因袭又改变的情形。

明与宋毕竟朝代不同,其帝陵石刻制度发生改变在所难免。而同属大明的五处山陵,其石刻种类、数量亦各不相同,这之间又是如何因袭与改变的?要理顺这一关系,就需要先清楚五陵石刻设置的先后顺序。

关于明皇陵神道石刻,洪武二年诏立的旧皇陵碑[1]碑文中的"始积土厚封,势若冈阜,树以名木,列以石人石兽,以备山陵之制"[2],已经说到了石人石兽的设立;《凤阳新书》卷二中"洪武……二年,命临濠府加修寝园,厚封广植,崇列华表,始称皇陵"[3],说到了华表(即望柱)的设立。王剑英先生在其学术巨著《明中都研究》中也认可这一点:

> 洪武二年二月丁丑,荐号"英陵",五月甲午朔,更名"皇陵"。因此,皇陵陵墓未曾改葬,石人、石兽、皇陵碑等到洪武二年,都已竖立。[4]

即使关于皇陵石刻的设立时间还有"洪武十一年"之说,但其所在时间段为洪武前期是无异议的。

关于明祖陵神道石刻设立时间,《明世宗实录》卷一六九记载:"嘉靖十三

---

[1] 《明太祖实录》卷三九载:"洪武二年二月……乙亥,诏立皇陵碑。"见《明太祖实录》,台北:台湾"中央研究院"历史语言研究所,1962年,第787—788页。
[2] (明)郎瑛撰:《七修类稿》卷七《国事类·皇陵碑》,上海:上海书店出版社,2009年,第72页。
[3] (明)袁文新撰:《凤阳新书》卷二,天启元年刻本,第四十五页。
[4] 王剑英著:《明中都研究》,北京:中国青年出版社,2005年,第405页。

年十一月己卯,先是洪武中建祖陵……至是奉祀朱光道具疏,请用故积黄瓦更正殿庑,及增设陵前石仪,与凤阳皇陵同制。礼部复如其奏,上从之。"①此处明确说明了石刻的设立时间。

关于孝陵石刻的设立时间尚无确切记载,现研究多认为在永乐时期。"明孝陵神道石象生完成于永乐初年,距孝陵初建之年为30年时间"②,"明孝陵建于洪武十四年……永乐十一年建成大明孝陵神功圣德碑。因此,整个孝陵建设工程前后延续了30多年时间才完成"③等,以上都持"永乐时期"说,但未见其具体依据。本书将其石刻营建时间暂时归入孝陵营建开始与终结之间,即洪武十四年至永乐十一年。

有关长陵石刻设置时间的记载非常明确,也很统一,即宣德十年四月。《明英宗实录》卷四载:"宣德十年夏四月……辛酉……修葺长陵、献陵,始置石人石马等于御道东西。"④顾炎武《昌平山水记》载:"宣德十年四月辛酉,修长陵、献陵,始置石人、石马等于御道东西。十月己酉,建长陵神功圣德碑。是时仁孝皇后之葬二十有三年,太宗文皇帝之葬亦十有一年矣。"⑤

关于显陵石刻的营建时间也有明确记载,《大明会典》卷二〇三《山陵》部分"显陵"一栏载:"嘉靖六年,特敕修理,各项规制,俱照天寿山,添设石像生、碑亭。八年,工完。"⑥说明其设置时间为嘉靖六年至嘉靖八年。

按照以上论述,明皇陵石刻设于洪武二年或洪武十一年,祖陵石刻设于嘉靖十三年,孝陵石刻设于洪武十四年至永乐十一年之间,长陵石刻设于宣德十年,显陵石刻设于嘉靖六年,明代五陵石刻先后顺序为皇陵、孝陵、长陵、显陵、祖陵。

确立了明代五陵石刻设置的先后关系,就可以有序地分析它们的因袭变

---

① 《明世宗实录》卷一六九,台北:台湾"中央研究院"历史语言研究所,1962年,第3699页。
② 夏玉润著:《朱元璋与凤阳》,合肥:黄山书社,2003年,第504页。
③ 束有春著:《南京明孝陵》,《寻根》,2003年第5期。
④ 《明英宗实录》卷四,台北:台湾"中央研究院"历史语言研究所,1962年,第87页。
⑤ (明末清初)顾炎武撰:《昌平山水记》,北京:北京古籍出版社,1980年,第5页。
⑥ (明)李东阳等撰、申时行等重修:《大明会典》卷二〇三,明万历十五年内府刊本,第三页。

化。明陵石刻设置最早的是皇陵，其石刻种类及数量也为五陵之最，包括望柱1类2对、石兽5类20对、人物4类10对，共10类32对。之后设置的为孝陵，二者石刻相比，变化较大：望柱变为1对；兽类中不再使用虎、羊，狮子减少了6对，增加了2对獬豸、2对骆驼、2对大象；人物中减少了4对马官和2对内使。

长陵石刻相比孝陵而言，多了2对功臣，望柱的位置变为神道石刻首位，其他与孝陵完全一致。显陵与长陵相比，狮子、獬豸、骆驼、大象各少1对，文臣、功臣也各少1对，其他种类、顺序完全一致。

而祖陵石刻为：望柱1类2对、石兽3类10对、人物4类10对，共8类22对，种类上比皇陵石刻仅少了虎、羊，其他与皇陵完全一样；数量上，狮子变为6对，比皇陵少了2对，虎、羊二类各4对整体缺少，其他也与皇陵一样。（明陵石刻的袭变参见附表1）

以上可见，明代五陵石刻规制不同，其间有着或多或少的变化。从皇陵到孝陵因袭较少，差异较大。这主要是由于皇陵、孝陵营建的时代背景不同：皇陵乃朱元璋登基之初为父母所改建，其时新朝初建，诸多规制并未成形，在石刻设置上多引前朝之制，如宋陵必用石虎、石羊，皇陵继续使用，且成为明代五陵中所仅用；宋陵之马官，皇陵继续沿用。从这几点可以看出皇陵与宋陵的渊源。而到孝陵时期，朱元璋有时间也有计划着手进行制度的修订，故孝陵之建实行了重大的改革。它打破了南北一条直线的束缚，采用了曲线的神道布局，与原始山势地形相结合，较好地保存了原始自然风貌。《明史·本纪第三·太祖三》记载了朱元璋的旨意："孝陵山川因其故，勿改作。"[1]说明了朱元璋有突破前代规制的气魄和改革决心。因此，在整个孝陵改制的大环境下，其石刻也相应地做出了布局、种类、数量上的调整。

从孝陵到长陵再到显陵，石刻设置因袭脉络较为清晰，算是规制一致，仅稍有变化，如石望柱由孝陵中间位置改为长陵起始位置，应该是为了更好地彰显神道的仪式感，毕竟望柱的作用就是"墓前开道，建石柱以为标"[2]，同时也更加

---

[1]（清）张廷玉等撰：《明史》卷三，北京：中华书局，1974年，第55页。
[2]（南朝宋）范晔编撰、（唐）李贤注：《后汉书》卷四二，同治癸酉（1873）岭东使署校刊版，第十五页。

符合宋陵石刻的惯例。之后的显陵则是按照天寿山帝陵规制而设的："各项规制，俱照天寿山，添设石像生、碑亭。"①因此，与长陵一致。而最晚之祖陵石刻，反而与最早之皇陵最接近，这主要是因为嘉靖修建祖陵时"与凤阳皇陵同制"②，其石刻设置依照皇陵的规制，二者一脉相承。

以上同属明代的各陵石刻虽有所传承，但规制不一，这是因为明代初期并没有形成完整或者明确的神道石刻制度，因此对于之后设置的各陵石刻而言也就无所谓严格的遵循：

> 明朝对于宗室王爵的石像生制度可能根本就没有做过明确的规定，所以才有今日所见诸王陵前石像生多少不一、有无不一的现象。……无定制的主要原因，是因为迄于洪武末年皇帝陵前的石像生制度尚未完全确立，而仁宗献陵以下诸陵又皆无独立的神道石像生，所以对于王陵也无法做出相应的规定。③

上述引文虽针对明代王陵而言，但也说明了明代帝陵石刻形制各不相同的主要原因，这也是与宋陵石刻规制相区别的主要原因。

综合以上所言，明陵石刻制度的袭变主要可以分为两块：一是皇陵、祖陵归为一制，皇陵因袭宋陵规制较多，而祖陵又因袭皇陵，二者因袭脉络清晰。二是孝陵、长陵、显陵归为一制，孝陵做出重大改革，长陵袭之，至显陵略有数量方面的变化，其他皆一致，三者因袭脉络清晰。此二制之中，各陵石刻在因袭的基础上又有细微的变化，从而充分体现出了各自的独特性和五陵之间的差异性。而明代五处帝陵石刻也因为这些特性成为中国古代雕刻史上最具价值的代表作。

---

① （明）李东阳等撰、申时行等重修：《大明会典》卷二〇三，明万历十五年内府刊本，第三页。
② 《明世宗实录》卷一六九，台北：台湾"中央研究院"历史语言研究所，1962年，第3699页。
③ 袁邦建著：《江西明代藩王墓葬文化探究》，江西师范大学硕士论文，2011年，第20—21页。

结　章

　　弘一大师的"人生三境界",其一为物质境界,其二为精神境界,其三为宗教境界。第一境界是人类赖以生存的基本物质需求;第二境界是人类思想的探索与表述;第三境界的实质就是对人生的终极拷问,思考人生的本源、宇宙的无穷奥妙,悟天问道。明代帝陵神道大型石刻群的设立,也有相同的寓意。帝王之家自不会有物质之忧,不会对基本的物质问题产生过多的兴趣和疑问,帝王的兴趣就是如何延长生命,甚至想长生不老,说到底就是拥有权力的同时追求权力的尽可能延续。封建社会帝王掌控天下,自然不会主动放弃掌握在手中的权力,而是想尽一切办法、用尽一切手段来维护,这从我国历次朝代更迭中就可以得到证明。而生老病死的自然规律对谁都是公平的,是不可能改变的,当帝王逝去,面对的也依然是尘归尘土归土。这个时候,帝王依然不会主动放弃对权力的拥有和掌控,而是想通过某些媒介、平台、途径来保护来延续,神道大型石刻群就是这种愿望的具体体现。

　　神道石刻的设置不仅仅是帝王等级、地位至高无上的外在体现形式,更是帝王追求权力永固的内在精神寄托。虽然已经认识到生老病死不可避免,却希望死后仍可享受到如生前一般的帝王生活,这就是"事死如生";虽然已经认识到朝代更迭的不可改变,却期望帝王之位在自己的子孙手中一直沿袭下去,这就是"江山永固"。帝王陵寝的神道石刻正是这些意愿象征的载体。从某种意义上来讲,神道石刻与埃及金字塔一样,有殊途同归之意。故此,古代帝王对陵寝之事无比看重。

　　对明代五处帝陵的考证,涉及帝陵营建先后的比较,本书往往先考证始建时间,注重起始时间的比较,而不是结束时间。这主要是由史料记载的情况决定的。史籍中对于帝陵及石刻的营建起始时间,记载一般较为具体,而记载结束时间的相对较少,还有的起始与结束时间都无明确记载,如孝陵,故现今所论都是"以为合理"的推测。关于这一点,从上文中即可以看出。此外,对于帝陵何时修建结束,则可以有两种范畴的理解。一种是指这一工程本身从修建到完成,通常这是一个连续不间断的过程,如孝陵的营建。还有一种则是指后期维修与改建工程的完成,这也可以称为结束,而这种修建则是间断不连续的,如显陵由王墓变为帝陵,就是改建的结果。一般来说,后一种没有一个具体的时间点,因为后期断断续续的维修和改建根本无法计数,尤其是新帝登基后通过祭祀先帝山陵达到彰显先帝之功、宣示己身之孝、继承大统之正等各种目的,因此每一朝帝王对之前的帝陵大兴土木进行修缮成为常态,实在是难以判定何时结束。但是对于十三陵来说,又有不同之处,因为自明代最后一位帝王崇祯皇帝之后,已是朱家陨落、明清易代,不会再有朱氏君主堂而皇之地大行祭祀及修葺,十三陵成为大明朝曾经辉煌的见证。而自永乐七年五月始建长陵,到崇祯十七年明朝最后一帝崇祯葬入思陵止,历时230多年。故此,以起始时间作为比较依据,更为适合一些。

而对明代五处帝陵及石刻进行实勘,也会发现一些较为特殊的现象。比如:明代最早期的明皇陵及神道石刻具有一个特点,就是其神道是从北向南的,神道建在了陵墓的北面,这与古代帝王遵循的"坐北朝南"不一致,违反了面南向阳的常规,包括明皇陵的大门也是以北门为正门的。故明皇陵成为皇家陵园中神道石刻以北为起始的一个特例。

再如:明显陵也具有非常鲜明的特色,其整个陵园建筑呈现金瓶形的外罗城,园内御河呈九曲回环姿态,神道称为"龙鳞神道",璀璨绚丽的琼花双龙琉璃影壁、罕见的内外双明塘等,都是明陵中仅见的孤例。尤其是显陵"一陵两冢"的陵寝结构,在历代帝王陵墓中是绝无仅有的。

其他,如长陵神道石刻之保存完好、孝陵神道之曲线走势、祖陵石刻之精美细节等,都是各陵特色、魅力的体现。

以上这些现象对于帝陵研究而言是有利的,也使得本书的研究充满了吸引力。

但也有对于帝陵研究不利的因素,如现在研究使用的"复制粘贴"手法,对某一观点改头换面进行重复演绎等现象较为严重。鉴于此,本书对明代五处帝陵及所设置的神道石刻的考证,秉持的标准为:尽量直接以古籍中的原始记载为依据和引证,减少或避免对多次重复或者演绎观点的再次引用。

第二章　明代帝陵石刻角兽

　　明代帝陵石刻角兽乃指各陵石刻中有角之兽。此角非我们现今所言牛羊之角，而是"肉角"。我国古代即对角兽有所记载："角兽。东山有一角兽者，瑞兽也。六合同归、天下太平则此兽乃至也。"[①]可见角兽乃昭示天下太平之瑞兽，寓意非凡。在封建社会，为了体现出皇家与臣、民的等级差别，帝陵神道石刻的规模、制度必须体现出皇家的统治地位及级别，因此有些石刻种类、题材被皇家所垄断。角兽象征天下、象征太平，故为皇家帝陵所专用。

　　神道石刻作为帝陵之仪卫象征，被赋予了多种寓意，如"辟邪""吉祥""神权"等，而为了体现出这些象征意义，就需要按照统治者的要求将包含统治者意愿的载体雕刻出来，而这一载体的最佳代表亦非角兽莫属。（我国古代社会，龙、凤作为帝王专用题材，一般多见于图腾、纹样、浮雕、线刻、图形等形式中，极少以大型圆雕单体石刻的形式出现，究其原因，主要是圆雕龙凤难以表现及保存。）因此，角兽是集等级性、象征性、神秘性为一体的皇家专用题材。在明代帝陵神道石刻中，角兽占有突出的地位。我们可以通过宋、明帝陵角兽石刻的演变验证此点。

　　明陵角兽又分为独角兽及双角兽。按照现今各帝陵对各自神道角兽的命名，主要有"麒麟""獬豸"两种称呼。结合神道角兽造型来看，此处之"角"，多贴于脑部，非今常言之耸立或伸出头部之角，意即与现今所指的角质类"角"（此类角以牛、羊角等为代表）及骨质类"角"（此类角以梅花鹿角等为代表）不同，乃是指"肉角"。而不管是哪种角兽，其来源都为我国古时之传说，意即此二种角兽实际乃传说中的神兽，是人们理想世界中的动物，是由古代人们创造出来并不断完善的满足自身需要的思想外化形态。

---

① （明）王圻、王思义撰辑：《三才图会·鸟兽卷四》，明万历三十七年原刊本，第十七页。

第一节　麒麟略考

对于麒麟,我国古时称呼有"麢""麒""骐驎"等,亦简称为"麟"。如世界上最早的词典、我国最早的训诂书《尔雅》,对其有所解释:"麢,麕身、牛尾、一角。角头有肉。《公羊传》曰:'有麕而角。'"①东汉时所成之文字工具书《说文解字》也采用了此说:"麒麟,仁兽也。麕身、牛尾、一角。"②至明代《六书总要》对其有更加丰富的描述:"麒,音奇,仁兽也。牡曰麒,牝曰麢。陆玑云:麕身牛尾,黄色圆蹄,角端有肉,音中钟吕,行中规矩,王者至仁则见,以征祥瑞。"③

以上记载虽以"麢""麒"等不同名称称之,但所述形态一致,可见"麢""麒"二者所言乃为一物。而我国东汉时期的著作《论衡》对此角兽则以"骐驎"称之:

> 儒者说凤皇、骐驎为圣王来,以为凤皇、骐驎仁圣禽也,思虑深、避害远,中国有道则来,无道则隐。称凤皇、骐驎之仁知者,欲以褒圣人也,非圣人之德不能致凤皇、骐驎。此言妄也。④

因该书为"辩论"之作,故其与其他文献单纯褒扬不同,是对骐驎之"仁圣"感知有所怀疑,认为"此言妄也"。但通过"圣王之仁"的定义,仍然可以推断出此处所言"骐驎"与之前"麢""麒"亦指一物。

明代所成之绘图类书《三才图会》,对麒麟亦有所考阅:

> 《大戴礼》:毛虫三百六十,而麒麟为之长。《说文》:牝曰麒,牡曰麟。

---

① (晋)郭璞注:《尔雅》卷下《释兽第十八》,日本天保十五年(1844)羽泽石经山房景宋本,第十三页。
② (东汉)许慎记、(北宋)徐铉等校:《说文解字》第十,同治十二年新刻附通检版,第八页。
③ (明)吴元满撰:《六书总要》卷五《鸟兽第十》,明万历十二年(1584)刊本,第八页。
④ (东汉)王充撰:《论衡》卷一七《指瑞篇》,宋孝宗时期浙江刊本,第一页。

牡鸣曰游圣,牝鸣曰归和。春鸣曰扶幼,秋鸣曰养绥。《春秋感精符》:王者不刳胎,不破卵,则麒麟出于郊。《孙卿子》曰:王者好生恶杀,则麟游于野。或云,麟有角,麒似麟而无角。宋均曰:麒麟,色青黄。《说苑》云:麒麟,麕身牛尾,马足圆蹄,一角,角上有肉。①

汇总前代之言后,亦有自己的解说:

> 麐,土畜也。信而应礼,以足至者也。轩辕大角之兽,狼额,赤目,五蹄,含仁怀义,音中钟吕,行中规矩,不群居,不旅行,不入陷穽,不罹罗网,王者至仁则出,盖太平之符也。故麐似麟,牡麒牝麐。阴主含音,故牝曰麐也。②

而对麒麟最为全面的总结,在笔者所考资料中,要属清代官修大型类书《渊鉴类函》,这当然也是由于该书将前贤所述考集一处,并用长篇大论,从五个部分对麒麟做全面记述。因为《渊鉴类函》是以明代所编《唐类函》为蓝本的,故书中将《唐类函》原有之文字,在前面注"原"字以标示,新增续补的引证部分则注以"增"字。本文兹录于下:

> 麟一
> 【原】《毛诗义疏》曰:麟,麕身,马足,牛尾,黄色,圆蹄,一角,角端有肉。音中钟吕,王者至仁则出。
> 许慎《说文》曰:麒麟,仁兽也。
> 何法盛《征祥记》曰:麒麟者,毛虫之长,仁兽也。牡曰麒,牝曰麟。牡鸣曰游圣,牝鸣曰归昌。夏鸣曰扶幼,秋鸣曰养绥。
> 《广雅》曰:麟者,行步中规,折还中矩,游必择土,翔必后处。不履生

---

① (明)王圻、王思义撰辑:《三才图会·鸟兽卷三》,明万历三十七年原刊本,第二页。
② (明)王圻、王思义撰辑:《三才图会·鸟兽卷三》,明万历三十七年原刊本,第三十一页。

虫,不折生草,不群居,不旅行,不犯陷阱,不罹罘网,文章彬彬。

《大戴礼》曰:毛虫三百六十,而麟为之长。

《礼记》曰:麟、凤、龟、龙,谓之四灵。麟以为畜,则兽不狘。

《春秋保乾图》曰:岁星散为麟。

《春秋运斗枢》曰:机星得其所,则麒麟生,和平合万民。

《春秋感精符》曰:麟,一角,明海内共一主也。王者不刳胎,不割卵,则出于郊。一本曰:德及幽隐,不肖斥退,贤人在位则至。明于兴衰,武而仁,仁而有虑。禽兽有陷阱,非时张猎则至。一本曰:明王动则有义,静则有容,乃见。

《说苑》曰:帝王之著,莫不致四灵焉。德盛则以为畜,治平则至矣。麒麟,麇身牛尾,圆头一角,含信怀义,音中律吕,步中规矩,择土而践,彬彬然,动则有容仪。

《孝经援神契》曰:德至鸟兽,则麒麟臻。

《礼斗威仪》曰:君乘金而王,其政平,麒麟在郊。

《孙卿子》曰:古之王者,其政好生恶杀,麟在郊野。

《春秋繁露》曰:恩及羽虫,则麒麟至;张网焚林,则麒麟去。

《鹖冠子》曰:麟者,元枵之兽,阴之精也。德能致之,其精毕至。

蔡邕《月令章句》曰:天宫五兽,中有大角轩辕麒麟之星。凡麟,生于火,游于土,故修其母,致其子,五行之精也。视明礼修,则麒麟见。

《孙氏瑞应图》曰:一角兽者,六合同归则至。一本曰:天下太平则至。

【增】又曰:青曰耸孤,赤曰炎驹,白曰索冥,黑曰甪端,黄曰麒麐。

【原】《淮南子》曰:麒麟斗,则日月蚀。

【增】《春秋孔演图》曰:麟斗,则日无光。(注:麟龙少阳精,斗于地,则日月亦将争于上。)

【原】《毛诗》曰:麟趾美太平公子,皆信厚如麟趾之仁。麟之趾,振振公子,吁嗟麟兮。

【增】《谭子化书》曰:麒麟出,亡国土之象也。观我之义禽必不义,以彼为祥禽必不祥。

麟二

【原】《尚书中候》曰：帝轩提像，配永修机。（永，长；修，从也。黄帝观摄提，配而行之，以长从升机故也。）麒麟在囿，鸾凤来仪。

【增】《唐传》曰：尧时，麒麟在郊薮。

《孔丛子》曰：唐虞之世，麟凤游于田。

《吴越春秋》曰：禹时，麒麟步于庭。

《宋志》曰：成王时，麒麟游苑。

【原】《左传》曰：鲁哀公十四年春，西狩获麟。叔孙氏之车子锄商获之，以为不祥，以赐虞人。仲尼观之，曰："麟也。"然后取之。

《汉书》曰：终军从上幸雍，获白麟，一角五蹄。又得奇木，支旁出，辄复合。上异之，终军对曰："野兽并角，明同本也；众支内附，示无外也。若此之应，殆将有解编发，削左衽，袭冠带，要衣裳，而蒙至化者焉。"由是改年曰元狩。后越地及匈奴名王率众来降。

《东观汉记》曰：章帝时，麟五十一见。又，安帝三年，颍川上言麟见。

王隐《晋书》曰：泰始元年，白麟见。又，咸宁五年，白麟见平原。

《凉州记》曰：吕光时，张掖金泽有麟见，群兽皆从，改年麟嘉。

【增】《路史》曰：石季龙开华林郡国，上苍麟二八，爱俾张司虞调之，以驾芝盖。

《孔氏帖》曰：前蜀王建武成元年十月，麟见璧州。永平二年六月，麟见文州。三年，麟见永泰。四年，麟见昌州。

《吴越备史》曰：天祐二年冬十月，有兽入吴兴，一角而麟趾。

《燕翼贻谋录》曰：太平兴国九年，十月癸巳，岚州献兽，一角，似鹿，无斑，角端有肉，性驯善。诏群臣参验，徐铉、滕中正、王佑等上奏曰："麟也。"宰相宋琪等贺。

元《五行志》曰：至大年，大同宣宁县民家，牛生一犊，其质有鳞无毛，其色青黄若麟者，以其鞹上之。

夏原吉《赋序》曰：永乐十有二年秋，榜葛剌国来朝献麒麟。今年秋，记麻相国复以麒麟来献。

麟三

【原】木精,仁兽。(《春秋孔演图》曰:苍之灭也,麟不荣也。麟,木精也。)

狼头,牛尾。(何法盛《晋中兴征祥记》曰:麟,麕身,牛尾,狼头,一角,黄色,马足也。)

一角,五蹄。(上详麟一《说苑》,下详麟二《汉书》。)

驾六飞,吐三卷。(《春秋命历序》曰:《洛书·摘亡辟》曰,次是民没六皇出,天地命易以第绝。宋均曰:次民没,民始穴处之世终也;六皇,此下人数者也。辰放,大头四乳,号曰皇次屈地敄。辰放,次屈之名也;地敄,地名。驾六飞麟,从日月。飞,麒麟有翼能飞者;从日月,谓循其度也。治二百五十岁。《孝经古契》曰,孔子夜梦丰沛邦有赤烟气起,颜回、子夏侣往观之,驱车到楚西北范氏之庙,见刍儿捶麟,伤其前左足,束薪而覆之。孔子曰:"儿来,汝姓为谁?"儿曰:"吾姓为赤松,字时侨,名受纪。"孔子曰:"汝岂有所见乎?""吾所见一兽,如麇,羊头,头上有角,其末有肉方,以是西走。"孔子发薪下麟视。孔子趋而往,麟蒙其耳,吐三卷书。孔子精而读之。亦载《搜神记》。)

四灵之畜,五行之精。(上详麟一《礼记》,下详麟一蔡邕《月令章句》。)

毛虫之长,岁星之精。(上详麟一《大戴礼》,下详麟一《春秋保乾图》。)

在郊薮,饮玉英。(《礼》曰:凤皇、麒麟在郊薮。《瑞应图》曰:麟,王者嘉祥也,含仁抱义,不群居,不旅行,彬彬乎其有文章,食嘉禾之实,饮珠玉之英。)

不至,可羁。(《史记》:仲尼曰:"刳胎杀夭,则麒麟不至。"《楚辞》:麟可系而羁兮,岂异夫犬羊?)

不群,先兆。(麟者,止不群,行无侣,不践生虫,不噬生草,不食生肉,寿三千岁。吉之先兆。)

定,角。(《毛诗》:麟之定,振振公姓。学如牛毛,成如麟角。)

肉角,麕体。(麟,角端有肉,示有武不用。下见郭璞赋。)

伤足,蒙耳。(《家语》:锄商于大野获麟,折其左足。孔子观之,曰:

"孰为来哉?"反袂拭面,泣涕沾襟。子贡问曰:"何泣?"子曰:"麟为明王出,非其时见,害以伤足。"下详前"吐三卷"注。)

作歌,为畜。(《汉武》:纪五畤,获白麟,一角五蹄。因作白麟歌,荐宗庙也。《礼》:麟,以为畜。)

瑞中国,游灵畤。(《公羊》:麟,非中国之兽,嘉祥中国。《文选》:濯濯之麟,游彼灵畤。)

大野获,九真献。(《左传》曰:西狩大野,获麟。《注》云:麟者,仁兽,王者之嘉瑞也。时无明王,出而遇获。仲尼伤周道之不兴,感嘉瑞之无应,故修《春秋》,为中兴之教也。绝笔于"获麟"之一句,所感而起,所以为终也。故曰感麟而作《春秋》也。汉宣时九真国献麟。)

解罘放,凿井得。(《东京赋》:解罘放麟。齐中兴二年二月,监南兖州萧日南上言:广陵宣城内凿井,得镂麒麟一枚。)

四灵之首,百兽之先。

【增】金瑞,兽圣。(京房:麟,金兽之瑞。《论衡》:麒麟,兽之圣者也。)

身五彩,寿千岁。(《瑞应图》曰:麟,羊头,狼蹄,圆顶,身有五彩,腹下黄,高一丈二尺。《抱朴子》曰:麟,寿三千岁。《广雅》:麟,寿一千岁。)

吐玉书,驾芝盖。(《拾遗记》曰:孔子未生时,有麟吐玉书于阙里人家,文曰:"水精之子,系衰周而素王。"征在贤明,知为神异,乃以绣黻系麟角,信宿而去。至敬王末,鲁人锄商获麟,系角之黻犹在焉。《晋书》:石虎命司虞张昌调苍麟以驾芝盖,列乎充庭之乘。)

昭昭,踆踆。(上见麟五韩愈《获麟解》。杜甫《西岳赋》:麒麟踆踆而在郊。)

麟四

【原】吐哺。(费祎曰:"凤凰来翔,麒麟吐哺。")

引取。(《穀梁》曰:西狩获麟,其言引取之也。《注》云:麟自为孔子来也,不为鲁,鲁引而取之,不与鲁之乱也。)

【增】寿人。(《春秋运斗枢》曰:机星得,则麒麟生,万人寿。)

示武。(《埤雅》:角端有肉,示有武而不用也。)

画阁。（杜甫诗：早闻黄阁画麒麟。）

象尼。（杜甫诗：伤麟泣象尼。）

宗麟。（《孔丛子》：言偃问曰："飞者宗凤，走者宗麟，为其难致也。敢问今见其谁应之？"）

如麟。（《牟子理惑论》：昔人未见麟，问尝见麟者曰："麟何类乎？"曰："麟如麟也。"问者曰："若吾尝见麟则不问子矣，而曰'麟如麟'，宁可解哉？"见者曰："麟，麇身牛尾，鹿蹄马背。"问者霍解。）

为明王。（《援神契》：非有明王，则五灵不至。孔子曰："麟之至也，为明王也。"）

兆赤刘。（《孝经援神契》：麟吐书三卷，广三寸，长八寸，每卷二十四字，其言赤刘当起。孔子精而读之。）

骊山石麒麟。（《西京杂记》：五柞宫前有梧桐楼，楼下有石麒麟二枚，刊其文词，是秦始皇骊山墓上物也。头高一丈三尺，东边者前足折，折处如血。）

天上石麒麟。（《三国典略》曰：徐陵年数岁，家人携以见沙门宝志，志摩其顶曰："此天上石麒麟也。"）

麟五

【增】诗 唐李峤《麟》诗曰：汉祀应祥开，鲁郊西狩回。奇音中钟吕，成角喻英才。画像临仙阁，藏书入帝台。若惊能吐哺，为得凤皇来。

【增】赋 明夏原吉《麒麟赋》曰：丰骨神异，灵毛莹洁。霞明龙首，云拥凤臆。星眸眩兮焜燿，龟文灿兮煜熠。牛尾拂兮生风，麇身动兮散雪。蹴马蹄兮香尘接腕，耸肉角兮玉山贯额。

【原】颂 后汉蔡邕《麟颂》曰：皇矣大角，降生灵兽。视明礼修，麒麟来孚。春秋既书，尔来告就。庶士子锄，获诸西狩。

吴薛综《麒麟颂》曰：懿哉麒麟，惟兽之伯。政平观景，否则戢足。德以卫身，不布牙角。屏营唐日，帝尧保禄。委体大吴，以昭遐福。天祚圣帝，享兹万国。

西凉武昭王《麒麟颂》曰：一角圆蹄，行中规矩。游必择地，翔而后处。不入陷阱，不罹网罟。德无不王，为之折股。

【原】赞 晋郭璞《麟赞》曰：麟惟灵兽，与麝同体。智在隐踪，仁表不抵。孰为来哉？宣尼挥涕。

【增】宋黄庭坚《麟趾赞》曰：麟有趾而不踶，仁哉麟哉！有定而不抵，仁哉麟哉！有角而不触，仁哉麟哉！

【增】解 唐韩愈《获麟解》曰：麟之为灵，昭昭也。咏于《诗》，书于《春秋》，杂出于传记百家之书，虽妇人、小子，皆知其为祥也。然麟之为物，不畜于家，不常有于天下。其为形也不类，非若犬豕豺狼麋鹿然。然则虽有麟，不可知其为麟也。角者吾知其为牛，鬣者吾知其为马；犬豕豺狼麋鹿，吾知其为犬豕豺狼麋鹿。惟麟也不可知。不可知，则其谓之不祥也亦宜。虽然，麟之出，必有圣人在乎位。麟为圣人出也。圣人者必知麟，麟之果不为不祥也。又曰：麟之所以为麟者，以德不以形。若麟之出不待圣人，则谓之不祥也亦宜。

【增】表 唐李峤《贺麟趾表》曰：惟此仁兽，独冠毛群。识变知机，通灵感化。悟金轮之欲转，即见殊祥；知玉辇之方游，先呈瑞迹。九九为数，明历算之无疆；濯濯咸歌，见休明之有应。五蹄显五方之会，一角彰一统之符。

张仲素《贺麟见表》曰：异质卓荦，奇彩光明。顾步幽岩，发闻郡国。神物自生于圣日，灵编徒载其嘉名。[1]

以上所载，不但对"麒麟"的外形做了概括、形容，如具有"麋身牛尾、马足圆蹄"等特征，亦对其功能做了分析、界定，如具有"王者之仁""祥瑞""太平"等含义。同时，也以几千年来的丰富记载说明了麒麟在我国具有悠久的历史和深厚的文化基础，其所代表的仁君、明主等寓意为历代统治者所重视；其所象征的长寿、

---

[1] （清）张英等编撰：《渊鉴类函》卷四二九《兽部一》，清康熙四十九年（1710）序刊本，第一至七页。

祥瑞等寓意又为各个阶层所共同期盼。可以说,麒麟是我国传统的吉祥神兽。

正因为麒麟具有种种祥瑞的象征含义,故被皇家采用,设置于明代帝陵神道,以彰显皇家陵寝的特殊性。

至于麒麟之角,以上所载多为"一角",亦有言其"无角"者。而在《论衡》中,也有"两角"的记载:

> 孝宣之时,九真贡,献骥,状如獐而两角者,孝武言一角,不同矣。春秋之麟如獐,宣帝之骥言如鹿。鹿与獐小大相倍,体不同也。①

可见"一角"者为多数,"两角"者较为稀少。这一情况在明代帝陵石刻角兽上也有体现。这从下文章节对各陵麒麟的分析中可以得到验证。

第二节 明代帝陵石刻角兽之麒麟

麒麟在明代五处帝陵神道石刻中占有重要的地位,共计20件,每陵中数量相同,各为2对4件,但排列顺序不同。皇陵麒麟在其所有石刻种类中排在第一位(本文排序以帝陵正门朝向为始),设置于神道石刻顺序之第一对、第二对,可见其地位之高。祖陵麒麟排列位置同皇陵。孝陵麒麟位于第九对、第十对位置。长陵麒麟位于第十对、第十一对位置。显陵麒麟位于第六对、第七对位置。

五陵之麒麟因其刻制时期不同,其造型及雕刻手法自然有所差异。本书以前面"石刻之制的袭变"所分,按照皇陵、祖陵、孝陵、长陵、显陵的顺序对其石刻麒麟依次论析。

一、明皇陵麒麟

明皇陵麒麟俱为独角,居于神道石刻之起始位置,自然说明其重要性。前

---

① (东汉)王充撰:《论衡》卷一六《讲瑞篇》,宋孝宗时期浙江刊本,第二十页。

后两对姿态不同。第一对为站姿,呈动势,东一麒麟左前、后足与西一麒麟右前、后足均是从容自若地前迈一小步,东、西相对称,也就是位于南边位置的前、后足向前,位于北面位置的前、后足保持挺立蓄力之动作,展现出引吭高歌、昂首前进、表情沉醉的雍容优雅姿态(见图1。本书用图除说明外,皆为作者实地采集)。第二对为站姿,前后双足均持平行位,因有"麒麟送子"之说,东二麒麟左前腿、左后腿均被当地人为取石粉而刮磨致损,几近断裂(见图2)。与第一对相比,第二对头部竟然有稍微下垂的细微变化,虽呈现静止姿势,但给人的感觉是蓄势待发,静中寓动。

图1

图2

两对麒麟皆是双目圆睁,鼻角上仰,启唇闭齿,第一对头部微昂,第二对头部微颔,其势如一攻一守,皆威武有力,彰显了大明王朝初建时天下归顺、四海臣服的非凡气势。《说苑》云:"帝王之所著,莫不致四灵焉。德盛则以为畜,治平则时气至矣。故麒麟,麇身牛尾,圆顶一角,含信怀义,音中律吕,行步中规,折旋中矩,择土而践,位平然后处,不群居,不旅行,纷兮其有质文也,幽闲则循循如也,动则有容仪。"[1]明皇陵石刻麒麟与以上记载形象非常吻合,尤其是"幽闲则循循如也,动则有容仪"的动与静的表现非常到位,充分体现了现实与理想的统一性。

从细节看,皇陵麒麟面部、额部、头部饱满圆润,全刻鱼鳞(亦可称为"龙

---

[1] (西汉)刘向编、(北宋)曾巩校:《说苑》卷一八《辨物》,明嘉靖二十六年(1547)何良俊刊本,第七页。

鳞")纹,躯干、腿后部位亦满布鱼鳞纹,寓示其为龙属。麒麟是应龙的孙辈,《淮南鸿烈解·坠形训》言:"毛犊生应龙,应龙生建马,建马生麒麟,麒麟生庶兽,凡毛者,生于庶兽。"① 故麒麟与传说中的龙一样,全身鳞片。

皇陵麒麟嘴角含火焰纹,寓意可以喷火,肩部、四腿侧面俱刻大火焰纹,显示其为火系、火属,故常言"火麒麟",与蔡邕《月令章句》所言之"五行之精"相符合:"天宫五兽,中有大角轩辕麒麟之信。凡麟,生于火,游于土,故修其母而致其子,五行之精也。"②

其脸腮后部为"伞状膜"(此处结构,查阅资料未见有相关记述者,本书以其他动物类似结构相比较,今存物种伞蜥"颈部四周长有舌骨所支撑的伞状领圈皮膜",无论是生长部位还是形状皆与麒麟此结构相近,据此,故称其为"伞状膜"),因其形状又似叶片,推测可能喻示其又为"木精"、为"土畜",具"土德",是繁荣之象征。这与《春秋孔演图》所言之"木精"相符合:"苍之灭也,麟不荣也。麟,木精也。宋均曰:麟,木精。生水,故曰阴。木气好土,土黄木青,故麟色青黄。不荣谓见绁也。"③

图3

皇陵麒麟之麟毛整齐顺滑,于耳下后方分组垂落,其"彬彬然"之感跃然而生;胸部中间刻横线纹,两侧刻有稀疏之毛根痕迹,腿部正前亦刻横线纹;下为其足,蹄形似马蹄,呈圆形,但中间有分趾痕迹,又似牛足偶蹄;尾粗而垂,尾毛蓬松顺长,毛纹清晰,不似牛尾之无毛状,却具马尾之蓬散形(见图3)。与史籍所载之"马足,牛尾"并不相符。

整体而言,皇陵麒麟造型圆润,形体转折自然,寓方于圆,前胸、中腹、后臀饱满有力,腿、足位置恰当,重心稳固。其高约2.7米(此处尺寸测量受各种因素限制,如石刻属于非物质文化遗产不能攀爬,游客较多,等等,故有些尺寸难以测量

---

① (西汉)刘安撰,(明)茅坤、茅一桂辑评:《淮南鸿烈解》卷四,明刊朱墨套印本,第十页。
② (唐)徐坚等撰:《初学记》卷二九《兽部》,明嘉靖十年锡山安国桂坡馆刊本,第五页。
③ (唐)徐坚等撰:《初学记》卷二九《兽部》,明嘉靖十年锡山安国桂坡馆刊本,第五页。

精确,取其约数。下文皆有如此情况),长约3.2米,宽约0.8米,体块巨大,头、躯体、四肢比例合适。虽是我国传说中的精神神兽,但给人的感觉真实自然。

按照王剑英先生《明中都研究》所记:"华表及石人、石兽'文化大革命'前完好,'破四旧'中遭到严重破坏。"[1]其附图也可以验证这一点。依据王先生1973年9月对石刻的调查记录,东二为"一腿断、两腿损",除此之外,其余3件皆为"四腿断",全面地显示了皇陵独角兽麒麟当时的状况。由此可知,今之所见麒麟,都是做过局部修补的。

二、明祖陵麒麟

祖陵麒麟均为站姿,独角,全身鳞片,高约2.5米,长约3.1米,宽约0.8米,两腿并列,前后并行,身躯粗壮,脊椎隆起,骨节突出,颈短头圆,五官集中。眼珠、鼻部、嘴唇圆润饱满,鼻头尤其圆大。眼如圆球,圆睁外瞪;眉纹成旋,上缀火焰纹饰,眉间带"凹"字形隆包(见图4)。嘴唇紧闭,后咧至腮,嘴角附火焰纹,上唇外凸,左右各露一尖牙。耳似牛耳(此耳与马、牛、羊、狗之耳相比较,与牛、羊耳最为相似:一是耳朵生长位置接近,位于头部两侧眼睛后方,而马耳却是位于眼睛上方头顶两端最高处;二是形状接近,都是椭圆尖角形),但其耳沿上部下遮较大,且向后上方紧贴于头部(估计为雕刻易操作及利于保存之故),并不似平常牛、羊之耳自然张开状。长须贴于下颌,往颈处左右分绺。圆顶肉角,脑后鬃毛长至肩背(见后图5)。胸前部、腿前部刻横弧形纹,四肢上方体侧位刻大型火焰波浪纹,身躯其余部位满刻鳞纹。尾呈马尾状,长疏下垂至地。

祖陵麒麟与皇陵麒麟相较,二者诸多细节有异。前者身躯粗壮,脖颈短,胸部平缓;后者

图4

---

[1] 王剑英著:《明中都研究》,北京:中国青年出版社,2005年,第417页。

身躯较为修长,脖颈挺立,胸部隆起。前者眉间有"凹"字形隆起,高于眉骨,上唇无须,下颌左右分须成绺,耳朵较大,斜向后上方;后者眉骨宽大高耸,眉间有凸形隆起(见图6),上唇单须多根,下颌组须多份,耳朵小,略斜向后下。前者嘴唇紧闭,仅左右各龇一牙,后者上下两排牙齿皆露,所龇之牙不明显。前者火焰纹宽大,后者火焰纹细长。

图5

此外,祖陵麒麟与皇陵麒麟尺寸接近,但因前者较为粗壮,故估计前者更重。而身被鳞纹、粗壮马尾形、圆蹄分趾等特征,以及具有火焰纹、脸腮后叶片形角膜等结构,二者相同。

依据实地考察记录,以及南京博物院文物保护研究所陶保成等人的《明祖陵神道石刻二期保护的修复技术》

图6

与《明祖陵石刻加固保护竣工报告》两篇资料的介绍,本书将祖陵麒麟1981年修复前原貌整理如下:东一"底座断为三截,两前腿断,腹腰、嘴、右后腿部分残"。东二身躯断裂,脊背缺损,"基座连左前蹄"缺损,胸前及腹下皆有所缺,全身有较多碎裂处。西一脑部、背部有所缺损,右后腿断,臀、尾及底座皆损。西二"断为4块,断裂处有多处残缺,右前腿残缺",尾及底座皆损。现在所看到的麒麟石刻已经做了修复。

三、明孝陵麒麟

孝陵麒麟为2对，独角，俱用红筋石材雕刻。该石材色泽较重，主体呈青灰色，局部呈红棕色，密度亦大于普通石料。前后两对麒麟姿势不同，前一对为蹲姿，后一对为立姿。

蹲麒麟长约2.3米，高约1.7米，底座宽约0.7米，前腿直立，后腿弯曲，小腿后部着地，尾呈卷曲状贴于后腿旁，挺胸抬头平视，胸部隆起呈圆弧状，嘴部突出呈长方体带圆角状，鼻部附于上唇，眼睛凹陷于额，耳朵向后平贴于脑侧部，一肉角生于顶。蹲坐之状感觉较似犬类。鬣毛旋卷成球状刻于腮后颈处，脸部无纹，嘴角缀一点火焰纹，四肢也有火焰纹，但其形不显，身躯布刻鳞纹较为清晰。圆蹄，中间略刻分趾（见图7）。

图7　　　　　　　　　图8

立麒麟亦为一角，长约2.5米，高约1.9米，底座宽约0.8米，四肢并行而立，抬头挺胸平背，躯干为圆柱状。上半身为犬类状：嘴巴凸长，头部长圆。下半身为牛类状：腿短粗壮，腹部略有隆起（见图8）。尾巴长粗，如马尾状，曲于一侧腿边。与前一对蹲麒麟相比，仅有站立动作上的差异，其他基本一致。

整体来看，孝陵麒麟采用圆刻手法，造型简洁拙朴，注重大的形体把握，耳、眼、独角等半浮雕于形体之上，其他鳞片、唇形等多以线刻表现。此外，因所用石材坚固,加之雕刻浑圆,少细节类刻画,故保存较为完整,仅角、背、腿、蹄等部位微残。

四、明长陵麒麟

长陵麒麟位于整个神道石刻之第十对及第十一对位置,前为蹲坐,后为站立。蹲麒麟高约2米,长约2.2米;立麒麟高约2米,长约2.6米。石材以白色为主,略带青灰色。从正面看:头部方圆,额头隆起,左右双角,角中间有鬣毛堆积,五官立体,处于不同的空间纵深位置(见图9)。上、下唇缘明显,蹲麒麟嘴唇闭合不露齿,立麒麟嘴唇微龇而牙齿微露(见图10),鼻唇连接处及脸腮隆起明显。从侧面看:头部略斜向下,嘴巴突出,嘴唇上部两侧隆起之处成为侧面最凸点,唇间留有缝隙,侧面各龇一牙,嘴角咧至腮部,后刻火焰纹;鼻梁挺拔,鼻翼后缘刻痕清晰;眼窝较深,眼珠圆凸,眉骨横长,上缀火焰;耳位较高,与眉弓平,耳朵短小,斜向后上方,耳下腮后须毛卷曲为三组,呈球状上下并列;卷毛球后为尖叶状角膜,耳后及膜下具厚层鬣毛,毛呈波浪式倾斜向上,汇集于脑后上方,攒尖成山,成为全身最高点(见图11)。

图9　　　　　图10　　　　　图11

长陵麒麟之角,与别陵不同,为双角,且正面刻纵向纹,呈圆棱带状,侧面刻较为密集之横线纹,其间有分角凸起。故此角似带有骨质感,不似肉角,从形状看似鹿角或龙角。

长陵麒麟全身刻饰鳞片纹,排列规整,遍布于颈、胸、腿、躯干、臀部等处,局部火焰纹,主要位于腿部侧位,以四肢为根,舒展于肩部及胯部,覆于鳞片之上(见图12);脊椎高凸,以段分节,由颈部连至尾部(见图13);臀部圆润、饱满,尾脊凸于其上、中分左右;尾形状似牛尾,两侧布满小鳞片,尾尖膨胀,簇集尾毛(见图14);腿后窝聚二卷毛,蹄腕部有二退化分趾,蹄呈圆形,蹄前面分趾间隙明显,后面分趾间隙较浅。

图12　　　　　　　　图13　　　　　　　　图14

整体来看,长陵麒麟因头形似狼,故具有蹲坐如犬、站立如狼的气质。局部来看,长陵麒麟则又兼具其他动物之形态:因嘴巴凸出,鼻如人鼻形,故脸似猴类;其脖颈较长,背腹浑圆,状似马身;四肢似牛类,但较为短粗。总体来说,除了具备鹿角、猴脸、马身等特征之外,与牛类接近者较多,如牛耳、牛蹄、牛尾等。

而其狼头一说,虽感觉与麒麟相差很大,难以将二者联系在一起,但实际不然,因早在史料中就有记载。如何法盛《晋中兴征祥记》即言:"麟,麇身牛尾,狼头一角,黄色马足也。"[①]已经提到了麒麟狼头之说。

---

① (唐)徐坚等撰:《初学记》卷二九《兽部》,明嘉靖十年锡山安国桂坡馆刊本,第五页。

五、明显陵麒麟

显陵麒麟为2对,位于神道第六对、第七对之位置。前一对为蹲姿,后一对为立姿。东六蹲麒麟,五官较为模糊,全身鳞纹,毛纹较为完整,脊椎凸起于背,较为明显,尾巴弯曲于右后腿部(见图15)。东七麒麟为立姿,头部全毁,仅剩残躯,呈横圆柱形,置于破损严重的四肢之上,已无任何可辨认的特征。

西六麒麟为蹲姿,头、角部及面部已被砸损,五官全失,身部鳞纹等模糊不清,隐约可见,只有蹄部因与底座相接且处于地面处,加之右后蹄估计曾埋于土中,故脚趾部保存较好。西七麒麟呈立姿,角部、耳部稍损,背部风化磨损较为严重,纹理已平,从背部往腹部鳞纹保留了下来,至腹部已能看清,其火焰纹尚较为完整(见图16)。

| 图15 | 图16 |

显陵麒麟俱为雄性。前一对虽然呈蹲姿,但脊背倾斜度并不大,故蹲坐感不强,不若孝陵、长陵麒麟蹲姿明显;后一对之立姿,背平腿直,与长陵麒麟等较为一致。显陵麒麟形体较其他帝陵的要小很多,虽然一蹲一立,但大小相差无几,高约1.2米,长约1.6米。

显陵麒麟头部平抬,顶部左右双角,中间鬣毛攒尖。其颈部较短,仅起到连接身体与头部的过渡作用。嘴吻前突,耳下腮须鬣髦成球状,后与伞状角膜相配,之后鬣毛波浪流线型斜向上汇于脑后。全身鳞片纹,胸部、膝部正中横刻波浪纹,腿部外侧刻火焰纹。背部脊椎凸起,从颈部直至臀部与尾部相连为一体,尾形似牛尾,刻小型鳞纹,仅尾末无鳞纹,为尾毛簇集,其他躯体部位俱为大型鱼鳞纹覆盖。圆蹄特征突出,中间分趾。站立之麒麟腿直、身平,身体呈圆柱状;蹲姿之麒麟躯干呈横"豸"字形,与现今之犬类蹲姿相像。

显陵麒麟形体结构与长陵麒麟接近。如头生双角,头部顶端左右各生一角,向后平排,中有凸起,且角之形状等特征与长陵麒麟较为相似;如鬣毛攒尖,头顶鬣毛斜上堆积,高耸如山,成为整体最高处,这一造型也与长陵麒麟极为相似;其他如五官、腮鬣髯毛、尖叶伞状角膜等细节亦与长陵麒麟极为一致。这些说明,二陵麒麟之相似绝非偶然,亦可以作为具体实证,与本书前面所述之"二陵一制"的观点相互对应、相互验证。

小　结

五陵麒麟数量相等,但造型各异。相较而言,皇陵麒麟最为优雅,具君子之风;祖陵麒麟粗壮呆萌,显豪华之气;孝陵麒麟浑厚沉稳,含怀仁之意;长陵麒麟苍劲质朴,雕刻精湛,集众兽之长,呈"五精"之象;显陵麒麟温润淡然,寓明德之功。而五陵中保存最为完好者,乃长陵麒麟也。

第三节　獬豸略考

獬豸,古时常被称为"解廌""獬廌",亦被称为"任法",被视为法律、公正、公平的化身与象征。《说文解字》对"獬豸"的解释为:"解廌,兽也。似山牛,一角,古者决讼,令触不直。"[①]有资料引用我国早期的神话集类著作《神异经》说:"东北荒中有兽,如牛,一角,毛青,四足似熊,见人斗则触不直;闻人论则咋不正,名曰解豸,一名法兽。"《神异经》为西汉东方朔所撰,但作者查阅了马俊良所辑之清乾隆世德堂重刊《龙威秘书》本、湖北崇文书局光绪纪元本、文渊阁《四库全书》本等几个版本的《神异经》,都未找到此内容。而汉代杨孚所撰之

---

① （东汉）许慎记、（北宋）徐铉等校:《说文解字》第十上,同治十二年新刻附通检版,第七页。

《异物志》言:"东北荒中有兽,名獬豸,一角,性忠。见人斗,则触不直者;闻人论,则咋不正者。"①与上述《神异经》中所说内容基本一致。

明代成书的《六书总要》也采用了此说法,并加以补充:"解廌,义兽也。似山牛,一角。'古者决讼,令触不直'者,故今宪司官衣廌补。相如《赋》:椎飞廉、弄解廌。(其字)象一角蹲踞形。俗与豸混。"②

以上言獬豸似牛,但《论衡》与以上所说有所区别,言其为羊类:

> 觟𧣾者,一角之羊也,性知有罪。皋陶治狱,其罪疑者,令羊触之,有罪则触,无罪则不触。斯盖天生一角圣兽,助狱为验,故皋陶敬羊,起坐事之。此则神奇瑞应之类也。③

到明代《三才图会》,亦言此兽似羊:

> 獬豸。东望山有獬豸者,神兽也。尧前有之,能触邪,状如羊,一角四足。王者,狱讼平则至。《御史台故事》云:"御史法冠,一名獬豸,神羊也,有一角。楚王尝获之。"④

有言似牛,有言似羊,说法虽不一,但其一角之形象及被视为律法之神兽是相同的。

清《渊鉴类函》对此前与獬豸相关的记载做了考证,并分三部分做了汇总:

獬廌一

【增】獬廌,《广韵》作"𤠔𤡩",一名解𢑑。《酉阳杂俎》曰:开元二十一年,富平县产一角神羊,肉角当顶,白毛上捧,议者以为獬豸。

---

① (东汉)杨孚撰、(清)曾钊辑:《异物志》,上海:商务印书馆,民国二十五年,第五页。
② (明)吴元满撰:《六书总要》卷五,明万历十二年刊本,第八页。
③ (东汉)王充撰:《论衡》卷一七,宋孝宗时期浙江刊本,第十页。
④ (明)王圻、王思义撰辑:《三才图会·鸟兽卷三》,明万历三十七年原刊本,第四页。

獬豸二

【原】奇兽,神羊。(《说文》:獬豸,神奇之兽,一名任法,状如羊,古者决讼,令之以触不直。黄帝时有遗者,帝问何食饮,曰:食荐,春夏处水泽,秋冬处松柏。《舆服志》:獬豸,神羊也。)

触邪,识罪。(《神异经》:獬豸性忠,而邪则触之,困则未止,故立狱皆东北,依所在也,东北荒之兽也。《论衡》:獬豸,一角羊也。青色四足,或曰似熊,能知曲直,性识有罪,狱疑者令羊触之。皋陶敬羊,跪坐事也。)

【增】为冠,铭笏。(《类林》:獬豸,见不直者触之;穷奇,见不直者啗之:均是兽也,其好恶不同。故君子以獬豸为冠,小人以穷奇为名。魏徵《笏铭》:獬豸荐角,比干献骨。合以愤烈,在公为笏。)

獬豸三

【原】毛为帐。(《田俅子》:尧时有獬豸,缉其毛为帝帐。)

【增】不识字。(武后时,侍御史侯思止,以告密进用。高元礼教之曰:"如问君不识字,宜对以獬豸不识字而能触邪。"思止以对,后大悦。)①

可见,獬豸乃一角四足之神兽,有似羊、似牛、似熊等说法。与麒麟相比,关于獬豸的记载要少很多,但獬豸有自己的特殊功能,即为"法兽",为象征法制、律法的正直无私之兽。

由于獬豸自古被视为"法"的化身并且达到了约定俗成的程度,故獬豸被当成正直、公正的执法象征,成为相关领域如监察、司法等的重要标志。獬豸出现在帝陵神道中,也是帝王自我标榜的一种手段。

---

① (清)张英等编撰:《渊鉴类函》卷四三〇《兽部二》,清康熙四十九年序刊本,第十八页。

第四节　明代帝陵石刻角兽之獬豸

獬豸与麒麟不同,仅设置于孝陵、长陵、显陵神道,皇、祖二陵则无,推测其因有三:獬豸虽也为神兽,但不及"四灵之首"麒麟传播广远、影响力大,故朱元璋、李善长等在营建明皇陵时,未将其列入;而祖陵之建设,遵循的是"与皇陵同制"的要求,故祖陵亦未设置。此为一也。朱元璋极为重视律法,这从其下诏编修《大明律》《明大诰》等可以窥见。而獬豸乃为"法"之化身,故至明孝陵时,加以獬豸以强调朱元璋之"重法",之后明长陵袭之,而明显陵又袭之,故三处皆有。此为二也。朱元璋善于变革,关于明代帝陵如何营建并未知晓且未和北宋一样形成定制遗传后世,后代也就无章可循,加之神道石刻多在建陵后补建,故五处帝陵石刻难免会出现排列顺序及种类上的变化。此为三也。

一、明孝陵獬豸

明孝陵獬豸共 2 对,位于神道石刻第三对、第四对处,前一对蹲坐,后一对站立。二者多处特征相同:一角生于顶部,为最高位。双耳贴于脑部,脑后鬣毛披至颈部,下颌微颔,目光前视,头如犬首,嘴巴凸长,呈方形,上唇尤其宽厚,鼻子附于其上,鼻梁略凸,鼻翼以线刻,鼻孔略显,嘴唇略有间隙,左右各龇一牙,眼珠大且突出,给人眼皮难以包裹之感。额头短小平缓,与脑部连接,腮后须毛倒卷向上呈旋涡状。胸部隆起,身躯如马,脊椎基本磨平。尾巴披长毛,侧甩于腿部,粗细较为均匀。四肢较短,其上端尤其粗壮。蹄为圆形,中间刻有分趾线。

蹲、立二者也略有差异:站立者似马(见后图 17),但较为矮壮,尤其是四肢较为短粗;蹲坐者似犬(见后图 18),但略显粗壮。蹲坐者比站立者抬头的幅度更大一些,其嘴部、眉眼、双耳更趋于水平;而站立者颔首的力度更大一些,耳、鼻、眼、口有一定角度的倾斜。此外,蹲坐者后背浑圆如猫,其后腿弯折,臀部着地,感觉其后腿长于前腿。

明孝陵蹲坐獬豸长约 2.2 米,宽约 1 米,高约 1.7 米;站立獬豸长约 2.3

图 17　　　　　　　　　　　图 18

米,宽约1米,高约1.9米。二者周身均有深浅不一的裂痕,耳部微残。由于人为触摸及攀爬,所有獬豸,尤其是立獬豸之背部、嘴部、尾部等处被摩擦抛光,透出红筋及底色,呈现出厚重的红棕质地。

南四獬豸腿部有残,北四腿部残缺,现今所见均为补修之后。

二、明长陵獬豸

长陵獬豸亦为2对,位于神道第四对、第五对位置,前者蹲后者立。蹲獬豸高约1.9米,长约2.2米;立獬豸高约1.9米,长约2.5米。除个别腿部、尾部有残,耳部微损之外,其他保存完好。

蹲、立二者样貌基本一致,嘴巴外凸如包,嘴角后咧,宽须,末端变尖,下颌有须连至脖颈处;眼窝深陷,眼珠突出;耳朵似牛耳形,斜向后上方;中顶一角,其角平卧高耸,为最高处,角似鹿角,具横纹,中有分角凸起;脑部鬣毛分组,弯曲自然,呈波浪状,后披至颈肩部;耳后鬣毛又多一层,分组较小,尺寸较短,局部覆盖于长鬣毛之上;腮部须毛上卷为球,共五组,于耳下呈弧形顺腮缘排列;眉弓高突,长至耳根部,眉毛分组向上贴于额头,内侧卷曲,眉间隆起;嘴巴略开,中间露齿,左右各龇一牙,紧压下唇(见图19)。

侧看嘴凸如猴,正看鼻挺如人,上唇有星尖状胡须,至嘴角呈放射状。蹲坐者如犬,但较孝陵獬豸身躯瘦,更显修长;站立者如马,但比马更为矮壮,尤其是

图 19　　　　　　　　　　　　图 20

腿部与马腿之细长差异较大（见图20）。后肘与后膝各生长毛，或卷或束。四肢粗壮，腿骨清晰，蹄圆如碗，倒扣于底座，蹄部各有分趾。胸部隆起，裸身无纹。脊椎有凸起。尾骨结实，其形如牛尾，末端聚毛，甩于腿侧。

三、明显陵獬豸

明显陵獬豸仅为1对，为蹲坐状，位于神道石刻第三对位置。其石料不佳，石质发灰易碎。头部如狮，有局部隆起之状。独角生于头顶，前后顺长，圆形，角为最高点（见图21）。眼窝较深，眼如圆珠，眉弓外凸，眉毛不清。鼻部隆起，鼻翼、鼻孔皆不清。嘴唇紧闭，左右各龇一牙。唇鼻间高高凸起，与上唇连为一体，下颌有须，长至脖颈。耳朵与眼处于同一高度，耳根与眼珠距离近，耳朵斜向后上方，略有残缺。耳下腮缘须毛曲卷成圆锥形，共计三组，脑后鬣毛下披至颈部，呈波浪状。前腿挺立，后腿屈蹲。尾巴无毛，长如狮尾，弯于后腿一侧，尾尖上翘，略为膨大。胸部隆起，脖颈较粗，身躯瘦长，腹部上缩呈弧形（见图22）。蹄呈圆形，较腿部膨大，蹄部未见分趾线。

明显陵獬豸长约1.7米，高约1.3米，因石料材质及风化原因，面部五官细纹已不显，其身躯无纹饰，结构类部分如躯干、四肢、蹄等保存尚算完整。

图 21　　　　　　　　　图 22

第五节　北宋帝陵与明帝陵角兽之异同

角兽的设置及存在不是从明代开始的,因为角兽的祥瑞及象征寓意历来为统治者所重视、所使用,故本书也将明帝陵石刻与此前的北宋帝陵神道石刻一并考察,以做比较。

首先,北宋帝陵与明帝陵角兽的地位有所不同。

通过对北宋帝陵石刻的实地考察可以看出,北宋七大帝陵石刻规制统一,石刻种类、顺序也一致,由南向北为望柱、立象、象奴、瑞禽、独角兽、控马官、立马、坐虎、卧羊、客使、武官、文官、立狮、镇陵将军、宫人等。以体形大小论,除大象之外以独角兽为大;若以造型而论,最特异、最具神话色彩者也非独角兽莫属。北宋帝陵将此独角兽称为"角端",这说明角兽在北宋帝陵中的地位较为特殊,但毕竟仅设有 1 对,与明代帝陵对角兽的推崇仍有差距。

明代帝陵中角兽的地位得到进一步提升。明代帝陵中皇陵、祖陵二陵取消了北宋帝陵中另一传说中的神物瑞禽,使具有神话色彩的神兽仅为独角兽,并将此独角兽刻于神道石刻起始位置,列于所有石刻第一对的位置,在数量方面也由北宋帝陵的1对增为2对。二陵将其称为"麒麟"。至孝陵、长陵、显陵三陵,则在保留独角兽的基础上,又增加了一种双角兽,使其角兽升为两种,并以不同的造型展现出来,其主要差异在于鳞片与角:一为有鳞,一为无鳞;一为独角,一为双角。并且其数量亦增加了:孝陵、长陵角兽增为4对,显陵角兽增为3对。其中孝陵4对皆为独角兽,长陵独角兽、双角兽各为2对,显陵1对独角兽,2对双角兽。三陵根据有无鳞片将其定为不同的类别,将其中有鳞者称为"麒麟",无鳞者称为"獬豸"。

由此可见,明代帝陵角兽从地位、数量上进行了升级,与北宋帝陵角兽所处顺序及只有1对的数量相比较,角兽在明代帝陵神道中的重要性及地位更加突出。

其次,北宋帝陵与明帝陵各角兽并非同一物种。

虽然北宋帝陵与明帝陵都有角兽这一重要角色,但并非一物。诚然,北宋帝陵与明帝陵神道石刻角兽都具有相同的特征——额顶有角,且为肉角,都可以归属为角兽,但是否属于同一物种,研究界的结论并不统一,从今人之研究将北宋帝陵角兽称为"角端",将明帝陵角兽称为"麒麟"或"獬豸"[1]等可见端倪。史书对角兽形体特征的记载较为笼统,此类神兽究竟类似何种动物难有定论,以至于产生出似羊、似鹿、似牛、似马、似猪、似熊、似犀等多种版本。

对于角兽,相关记载多从功能角度而言,有些也辅以某类动物作为参照。如角端,《史记集解》郭璞注释曰:"角端,似猪,角在鼻上,堪作弓。"[2]《清稗类钞》对角端的记载为:"角端产瓦屋山,不伤人,惟食虎豹,山僧恒养之以自卫。"[3]对于獬豸,宋《太平御览·人事部一三七·斗争》引用了《神异经》的说法:"东北荒中有兽焉,其状如羊,一角,毛青,四足似熊,性忠而直。见人斗,则

---

[1] 对于此类石刻,其所在之陵均有所介绍,名称亦各有所定。此外,现有相关研究称此类石刻时所用名称基本与各陵所定一致。此类研究名称,本书不一一列举。
[2] 徐海晓著:《郭璞注书内容及体例》,《语文学刊》,2010年第6期。
[3] (清)徐珂编撰:《清稗类钞》第12册《动物类》,北京:中华书局,1986年,第5557页。

触不直；闻人论，咋不正。名曰獬豸，一名任法。"①比较而言，对麒麟的记载算是最为具体的，除前面章节已论之外，清《清稗类钞》也有记载："麒麟似鹿而大，牛尾马蹄，有肉角一，背毛五彩，腹毛黄，不履生草，不食生物，圣人出，王道行，则见云。"②结合以上对这几种神兽的记载，可见角端、麒麟、獬豸特征不同、象征意义不同，应非一物。

而北宋帝陵与明帝陵神道中角兽的名称及种类到底为何，现有研究出现了较大争议。如有的研究将北宋帝陵与明帝陵之独角兽归为一类，其记述如下：

> 陵前安置獬豸从宋代才开始。曾有些学者把宋陵前的这种独角兽称为"角端"。……但是，"角端"的特征在《尔雅》中说它是"似猪或云似牛，角在鼻上，可作弓"。我们在宋陵及明陵前所见到的都是似鹿非鹿，似羊非羊，熊目独角，角在额顶，身上无鳞。这类兽在《述异记》中叫"獬豸"，是一种"一角之羊也"。宋代张君房撰的《云笈七籤》中说："黄帝时，外国有以神兽来进，名獬豸，如鹿一角……此兽两目似熊。"这些描述与宋陵、明陵前所列置的独角兽形状相吻合。因此，这类独角兽应当称作"獬豸"，并非是"角端"。③

单从这段文字来看，引证充分，有理有据，也符合一定的逻辑关系，经过论证否定了很多学者"把宋陵前的这种独角兽称为'角端'"的说法，而将其称为"獬豸"，其依据为《尔雅》所载"角端"的特征："似猪或云似牛，角在鼻上，可作弓。"依据笔者详细实地勘察所得，这一"角端"的重要特征在北宋陵独角兽造型上确实没有体现出来。北宋陵独角兽除在额顶有一肉角外，其鼻下之上唇特长，或卷或翻如一长角（见后图23），非常引人注目，比较而言，额上之角反倒不是那么明显。但是，无论哪个明显，其鼻上并未长角（实际是鼻下上唇似角）的事实是无法否认的。也有其他研究述及，如《北宋帝陵石像生研究》对宋陵

---

① （北宋）李昉等编纂：《太平御览》卷四九六，《文渊阁四库全书》本，第十二页。
② （清）徐珂编撰：《清稗类钞》第12册，北京：中华书局，1986年，第5556页。
③ 秦浩著：《明孝陵神道石象生考》，《东南文化》，1987年第3期，第88页。

独角兽的描述:"独角。上唇长,外卷或内卷。狮身,有鬣毛、翼翅、长尾。"①因此,按照其文所引《尔雅》载"角在鼻上"之特征来比对,称北宋陵独角兽为"角端"确实不合适。

图 23

图 24

但是,把北宋陵独角兽与明陵独角兽归为一类也不太合适,通过对北宋陵和明陵前石刻独角兽的比较研究会发现,此结论有以偏概全之嫌。因为明代皇家陵园之独角兽与北宋陵独角兽还是有着显著的区别的。其一,最明显之处就是明陵独角兽上唇并未演化为长角,而额上之角明显。其二,明陵独角兽外部表征符合"麟,麕身牛尾,马足,黄色,圆蹄,一角,角端有肉"②的有关记载,从其动作与形象来看,隐然有"含仁怀义,音中律吕。行步中规,折旋中矩。择土而践,位平然后处。不群居,不旅行,纷兮其有质文也,幽间则循循如也,动则有容仪"③的君子风范(见前图1)。如明皇陵独角兽就很好地表现了这一点。

明祖陵独角兽(见图24)虽然在雕刻造型风格上与明皇陵独角兽有差异,追求更加夸张的艺术效果,但主要体表特征与明皇陵独角兽相近,二者应该归属于同一物种。据此,该二陵独角兽可称为麒麟,其显著特点之一为全身有鳞片,而北宋陵独角兽则全身无鳞。

---

① 孟凡人著:《北宋帝陵石像生研究》,《考古学报》,2010 年第 3 期,第 345 页。
② (清)徐珂编撰:《清稗类钞》第 12 册《动物类》,北京:中华书局,1986 年,第 5557 页。
③ (西汉)刘向撰、程翔译注:《说苑译注》卷一八《辨物》,北京:北京大学出版社,2009 年,第 475 页。

明孝陵独角兽有二：一为独角无鳞，符合对于獬豸"一角之羊也，青色四足，或曰似熊"①的记载，可称为"獬豸"（见前图17）；另一则为独角有鳞，与明皇陵、明祖陵独角兽的主要特征相同，可称为"麒麟"（见前图7）。长陵角兽亦有二：一为有鳞者，但与孝陵有鳞角兽不同的是此为双角，其他主要纹样特征与皇陵、祖陵角兽同，故称为"麒麟"（见图25）；另一则为独角无鳞，与孝陵无鳞独角兽主要特征接近，故称为"獬豸"（见前图20）。显陵角兽与长陵的相同，一为有鳞双角兽（见图26），一为无鳞独角兽（见前图22），只是无鳞独角兽比长陵的少了一对。

图 25　　　　　　　　　　图 26

因此，明陵中只有无鳞独角兽与宋陵独角兽有共同点，就是独角无鳞，但是不能因此就忽略了最主要的差异，而依据个别相同点就将二者归为一物。首先，其文将宋陵及明陵前所见到的独角兽统一描述为"似鹿非鹿，似羊非羊，熊目独角，角在额顶，身上无鳞"，是与事实不相符合的；其次，将宋陵独角兽最主要的特征"上唇似角"忽略不提，而以其次要特征额上之角作为主要判断依据，是不够严谨的；再次，该文以宋、明陵前独角兽形状相吻合作为二者同称的证

---

① 黄晖编撰：《论衡校释》卷一七《是应篇》，北京：中华书局，1990年，第760页。

据,但通过详细观察我们会发现,宋陵独角兽"上唇似角",这与明陵独角兽之嘴部形状是截然不同的;最后,二者其他形体特征差异也是非常明显的,故此证据也不足以成立。故该文"在宋陵及明陵前所见到的都是似鹿非鹿,似羊非羊,熊目独角,角在额顶,身上无鳞……这些描述与宋陵、明陵前所列置的独角兽形状相吻合。因此,这类独角兽应当称作'獬豸',并非是'角端'"的结论也就显得有些武断。

北宋陵独角兽到底该如何称呼还有待学界继续考究。而现在的研究多将此石刻称为"角端",如《帝王陵》在论述北宋帝陵时就将独角兽称为"角端":

> 各陵石刻,无论品类还是数量,都无二致,由南向北依次是:望柱、象及驯象人、瑞禽、角端各1对……角端,神兽,与麒麟并列,状如猪,但鼻上长角,形如牛角,可作弓。……这种石刻只见于宋陵,他处少见。按角生鼻上推想,或者是古人由犀牛揣想而成亦未可知。①

该书也说"鼻上长角",估计也是第一感觉之故,因为面对北宋陵独角兽时,如不仔细观察,其鼻与上唇连在一起上卷或下卷,会误以为是鼻上生角,只有细看才能发现上唇之上还有兽鼻(见前图23)。而将其称为角端合适与否,关键在于对宋陵独角兽石刻的认识准确与否,其小角在额上,鼻下之上唇亦如长角,在考究其称谓时这些重要特征必须考虑到。史书对角端的记载多限于功能层面,强调象征意义,如《宋书·符瑞志下》中"角端者,日行万八千里,又晓四夷之语,明君圣主在位,明达方外幽远之事,则奉书而至"②等记载即是如此,缺少对其形态特征的具体描述,并且其本为传说中之神兽,为创造之物,千变万化,故使人难以界定。

而在本书中,我们可以肯定的是:把北宋陵与明陵该类石刻角兽归为一物以及采用同一称呼,很显然是与事实不相符合的。依笔者所见,北宋帝陵与明

---

① 高一爷著:《帝王陵》,北京:世界知识出版社,2004年,第127—128页。
② (南朝梁)沈约撰:《宋书》卷二九,北京:中华书局,1974年,第865页。

帝陵角兽实非一物，依据史书对角端、麒麟、獬豸的不同记载，可知其为不同的种类；依据实地考察所见，不同的体表特征，说明其属于不同的物种。今人之研究将宋代帝陵神道独角兽称为"角端"，而将明代帝陵神道角兽中有鳞者称为"麒麟"，无鳞者称为"獬豸"。至于准确与否，还有待进行更深层次的考辨。

章 结

如果按照原来的认识，本书会毫无疑问地认为麒麟、獬豸这些角兽是虚无的，是被人们创造出来的，但随着查阅资料的不断增多，笔者不禁对这一观点产生了疑问。其一，古人对角兽记载较多，若说这些全是凭空而来好像有点牵强，以此作为否定理由也难以令人信服。其二，从我国古代有史可追始计，几千年的时空转变，珍稀罕见之生物大多湮灭在历史长河之中，所留存者不过寥寥。极有可能这种全身有鳞的物种或者类似的稀有物种本来就极少，且极难以繁殖，故早已灭绝。如现今的大型猛兽虎、狮等，全世界总共也没多少。如我国特有的野生华南虎，现存数量极少；而狮子，只生存在动物园及特定的区域，野生狮子几已灭绝。其三，自然界之生物因生存的需要不断进化，其外形也有所改变，远古时代记载之特征自然难以完全符合现今物种之形态。故现在我们难以界定出麒麟、獬豸等究竟是何种生物，也难以断定其是否全部为古人所创造、而现实中并不存在的物种。

笔者揣测，此类角兽的产生不见得就没有原型，只是当时并不常见。比如角兽与现存之犀牛倒有诸多相像，犀牛有角，似猪，似牛，其皮厚多皱，纹理如鳞，在不受威胁的情形下，性情柔和，不猎食其他动物，且保护自然及环境，是天然的灭火员。这些特征，都与古载之角兽有相通之处。当然，也有很多不同，比如古载角兽之角为肉角，而犀牛之角却不是。

通过上面的论述可以看出，此角兽是否全为古人创造虽然难下定论，但其包含的意义必然是被放大、被神化了的。这也是历代统治阶级维护自身地位的一种方式，他们不使用现实生活中能够看见的真实的物种作为自身象征，而采用龙、凤等。这些物种与麒麟一样，必须保有神秘感，带有神话色彩，充满神圣力量，才能拉开与民众的距离，起到让民众膜拜而又追从的作用。因此，古代记载的角兽就与封建统治紧密结合在一起,其神异功能被放大了,演化为具有仁政、法制等象征意义的神圣之物。

第二章 明代帝陵石刻角兽

第三章　明代帝陵石狮

明代五处帝陵石刻中，狮子排位顺序极为靠前，皇陵、祖陵、长陵、显陵四处狮子都是位于第二位，孝陵狮子位于第一位；狮子也是所有石刻中数量较多的一个类别，共计 19 对 38 件。由此可见，狮子在明陵石刻中占有重要的地位。此外，狮子作为神道石刻中不可缺少的一个类别，必然具有相应的价值及寓意，这些从现存古籍记载中可见一二。

第一节　狮子略考

狮子，古名师子、狻麑、狻猊、虦等，其在动物界的地位甚至超越虎，《尔雅》言其"食虎豹"：

> 狻麑，如虦猫，食虎豹。即师子也。出西域，汉顺帝时疏勒王来献犎牛及师子。《穆天子传》曰：狻猊日走五百里。①

此处言明了狮子来自西域，且可食虎豹。汉时，西域三十六国皆属于我国，故西域不一定指国外。但狮子原产地应该不是我国。《六书总要》载其出于"乌弋国"，此国应为我域外之国。

> 狮，《尔雅》：狻猊也，如虦猫，食虎豹，日走五百里，兽中之王。西域传乌弋国出狮子。孟康注：一名白泽，黄色有须髯，尾端茸毛大如斗。②

---

① （晋）郭璞注：《尔雅》卷下《释兽第十八》，日本天保十五年羽泽石经山房景宋本，第十三页。
② （明）吴元满撰：《六书总要》卷五《鸟兽第十》，明万历十二年刊本，第八页。

此处将狮子称为"白泽",则其又成了另一种古代传说中的神兽。

又有言其"似虎"者,可见古人对狮子的认识还是比较混乱的:

> 狻猊,即狮。狻麑如虎猫,食虎豹,即狮子也。盖虎色谓之虪猫,而《西域传》注称:狮子似虎,正黄而有须,尾端毛大如斗。①

唐代所成之官修类书《初学记》从"叙事""事对""赋"三方面对狮子做了汇总,为后人了解古代狮子之典故提供了参考:

> 【叙事】《说文》曰:虪,师子也。
> 《尔雅》曰:狻猊如虪猫,食虎豹。(郭璞《注》曰:即师子也。)
> 《汉书·西域传》曰:有师子似虎,正黄,尾端毛大如斗。司马彪《续汉书》:章和元年,安息国遣使献师子、符枝,形似麟而无角。《穆天子传》曰:狻猊日走五百里。《十洲记》曰:聚窟洲在西海中申未地,面各方三千里,北接昆仑二十六里,有师子、辟邪、凿齿、天鹿、长牙、铜头、铁额之兽。
> 【事对】服狸,击象。(张华《博物志》曰:魏武越塌,经白狼山,逢师子,使格之,杀伤甚众。见一物从林中出,如狸,上帝车轭上,师子将至,便跳上其头,师子服不敢起,遂杀之,得师子还。未至四十里,鸡犬皆无鸣吠者。宋炳《师子击象图序》曰:梁伯玉说:沙门释僧吉云,尝从天竺,欲向大秦,其间忽闻数十里外哮哮搛搛,惊天怖地。顷之,但见百兽率走,跪地之绝。而四巨象虪焉而至,以鼻卷泥自厚涂数尺,数数喷鼻隅立。俄有师子三头,崩血若滥泉,巨树草偃。)
> 食豹,似麟。(《穆天子传》曰:狻猊日走五百里。郭璞《注》曰:师子也,食虎豹。司马彪《续汉书》曰:条支国出师子、犀牛。章帝章和元年,安息国遣使献师子、符枝,形似麟,而唯无角也。)

---

① (明)王圻、王思义撰辑:《三才图会·鸟兽卷三》,明万历三十七年原刊本,第三页。

毛浅若虦,尾大如斗。(《尔雅》曰:狻猊,如彪猫,食虎豹,浅毛也。《汉书·西域传》曰:乌弋国有师子,似虎,正黄,尾端毛大如斗。)

成敬则之梦,破林邑之军。(萧子显《齐书》曰:王敬则母为女巫。敬则胞紫色,谓人曰:"此儿有鼓角相。"敬则年长,两腋下乳,各长数寸。梦骑五色师子。后位至太尉、寻阳公。沈约《宋书》曰:宗悫随檀和之伐林邑,檀海汍山,经入象浦。林邑王范杨迈倾国来逆,限渠不得度,以具装被象,前后无际。悫以为外国有师子,威伏百兽,乃制其形,与象相御。象果惊奔,贼众因此溃乱。悫乃与马军主马通厉渠直渡,步军因之,共奋击。杨迈迸走,大众一时奔散,遂克林邑。)

【赋】虞世南《师子赋》:惟皇王之御历,乃承天而则大。洽至道于区中,被仁风于海外;通凤穴以文轨,袭龙庭以冠带;舍夷言于藁街,陈方物于王会。眇眇地角,悠悠嶂表;有绝域之神兽,因重译而来扰。其为状也,则筋骨纠缠,殊姿异制,阔臆修尾,劲毫柔毳。钩爪锯牙,藏锋畜锐;弭耳宛足,伺间借势。暨乎奋鬐舐唇,倏来忽往;瞋目电曜,发声雷响。拉虎吞貔,裂犀分象;碎随兕于龈腭,屈巴蛇于指掌。践藉则林麓摧残,哮呼则江河振荡。服精心于猛气,遂感德以依仁;同百兽之率舞,共六扰而来驯。斯则物无定性,从化如神;譬鳞羽变质于淮海,金锡成器于陶钧。当是时也,兆庶欣瞻,百僚嘉叹。悦声教之遐宣,属光华之在旦;臣载笔以叨幸,得寓目于奇玩。顺文德以呈祥,乃编之于东观。[①]

从"破林邑之军"可见,当时已将狮子巧用于战争中,且对战局产生了重要影响。加之狮子历来为进贡之物,被视为吉祥、威武的象征,又具有"击象""似麟"等特殊性,这些为狮子走进朝堂奠定了基础。

到今天,狮子虽然已不似古代那么神秘,人们对其有了科学的认识,但其在古代形成的神圣性和象征寓意,仍然有很多流传了下来。如《中国传统图案大观》说:

---

① (唐)徐坚等撰:《初学记》卷二九《兽部》,嘉靖十年锡山安国桂坡馆刊本,第一至二页。

狮,是一种猛兽,哺乳动物,四肢强壮,有钩爪,掌部有块肉,尾巴细长,末端有一丛毛。雄狮的颈部有长鬣,全身毛棕黄色。多产于亚洲西部和非洲,狮子纹图随佛教一起传入中国。唐代经济繁荣,和各国的交往频繁,所以唐时狮纹开始盛行,经过中国艺人们的不断创造,使狮变成了中国装饰图案式的狮纹样。

狮和虎一样,亦称百兽之王,是权力和威严的象征。因其在百兽中的地位,被借以体现人世的权势、富贵。历史上官殿、衙署及官宦人家的门前,都有大小不同的一对狮子在门口两边护门。左脚抚小狮的为雌狮,右脚踏绣球的为雄狮。除了显示官府的威势外,还有镇宅驱邪之义。狮子的威慑作用,还用来镇木、镇水。

在佛教经典中,对狮子非常推崇。《玉芝堂谈芸》曰:"释者以狮勇猛精进,为文殊菩萨骑者。"文殊菩萨是释迦牟尼左胁侍。狮子镇佛门、护佛神。[①]

综合以上可见,狮子以其威猛气势,自古即被视为权势、富贵的象征,且也被称为"百兽之王",又属于佛门圣物,具有佛门驱邪降魔的无上法力。故狮子被人们视为祥瑞之物,人们将其设置于各类建筑如帝陵神道、官府衙门、桥梁牌坊,以及河口古道等古代易生灾害之处,认为可以起到镇宅护法的作用。虽然自汉代起西域已进贡狮子,但将真狮子设置于某处,显然不可能,故多设以石狮替代。

第二节 明代帝陵狮子

狮子在西汉时期自西域传入,最初作为上贡之物,被视为祥瑞之兽。狮子形象威猛,鬣毛如斗篷,体魄雄壮,吼声如响雷,"拉虎吞貔,裂犀分象",百兽震慑,被称为"百兽之王"。《本草纲目》对此有载:

---

① 班昆著:《中国传统图案大观(一)》,北京:人民美术出版社,2002年,第172页。

时珍曰：狮子出西域，状如虎而小，黄色。亦如金色猱狗，而头大尾长。亦有青色者。铜头铁额，钩爪锯牙，弭耳昂鼻，目光如电，声吼如雷。有须髯。牡者尾上茸毛大如斗。日走五百里，为毛虫长。怒则威在齿，喜则威在尾。每一吼，则百兽辟易，马皆溺血。《尔雅》言其食虎豹。虞世南言其拉虎吞貔，裂犀分象。陶九成言其食诸禽兽，以气吹之，羽毛纷落。熊太古言其乳入牛羊马乳中，皆化成水。虽死后，虎豹不敢食其肉，蝇不敢集其尾。①

狮子这种与生俱来的帝王威严，非常符合封建君主的自我形象定位，故自其出现，即被视为权力与威严的象征。

狮子西来，乃与佛门深具渊源，被视为镇兽驱邪之神灵。狮子的吼声震撼天地，震慑人心，祛除百邪，扫荡群恶，降伏一切邪魔，无坚不摧，可破一切奸佞，具无上威力，故专称"狮子吼"，被视为佛教神法。姚秦三藏法师鸠摩罗什译、长安沙门僧肇注之《维摩诘所说经注》卷一《佛国品》言："狮子吼，无畏音也。凡所言说，不畏群邪异学。喻狮子吼众兽下之。"②"演法无畏，犹狮子吼；其所讲说，乃如雷震。"③亦有功德名曰"狮子吼菩萨"④。

狮子因"兽中之王"及"佛门圣兽"等光环加身，其功能寓意被放大。唐宋时期石狮坐镇广为流行，此后历代追寻延续，故宫殿私邸、官府衙署、牌坊门楼、桥梁河口、陵园神道等处多有设置，以示其威，以兆其瑞。现在的一些著作也说到，如《中国吉祥图案实用大全》：

古时称狮为百兽之王。狮以其在百兽中的地位，被借喻为人间的权势。旧时，宫殿衙署门外两旁大多蹲有石狮，如故宫太和门前有铜狮，乾清门前有镏金铜狮。门旁蹲狮多为一对，寓意是镇宅驱邪。狮在佛教中为神

---

① （明）李时珍撰：《本草纲目》卷五一上，《文渊阁四库全书》本，第一页。
② 《维摩诘所说经注》卷一，鸠摩罗什金陵刻经处本，第六页。
③ 《维摩诘所说经注》卷一，鸠摩罗什金陵刻经处本，第八页。
④ 《维摩诘所说经注》卷一，鸠摩罗什金陵刻经处本，第九页。

兽,象征神圣、吉祥。①

其与《中国传统图案大观》所言,意思差不多:

> 狮为百兽之王,是权力和威严的象征。佛教经典,对狮子非常推崇。《潜研堂类书》称狮子为兽中之王,可镇百兽。故古代常用石狮、石刻狮纹,以"镇门""镇墓"和"护佛",用作辟邪。②

总结以上而言,石狮的设置,实质乃是狮子所包含的祥瑞意义与佛教圣兽之法力融合,而转移到日常生活之中的应用而已。

明代帝陵神道石狮的设置自然也蕴含着这些美好的寓意。

一、明皇陵狮子

明皇陵石狮设于第三对至第十对位置,计8对16件,皆为蹲坐姿,长约1.8米,宽约0.8米,高约2.3米。其造型流畅简洁,姿态拙朴威武,前胸后臀饱满结实,眼平视,双唇微启,仅露上齿,左右各一上獠牙,多数有残损,鼻梁隆挺宽直,其外凸起,超出鼻头高度,并与双颧相接,使脸部明显凸起,体积感强烈(见后图27)。石狮眉毛、鬣毛皆凸起感强,线条密集流畅,卷曲匀称自然,呈螺旋式簇尖状,称为"旋螺纹"。其胡须线条粗壮,胡根至胡梢线条匀称,由粗宽到细尖;下颌有须,左右分别延至脖颈处。

皇陵石狮背部浑圆雄壮,洗练概括,流线感强,脊椎骨骼清晰,绣带从前胸位置围至背部鬣毛之下,以另一细带连接绣带两头,于后颈位置打结,呈蝴蝶结式左右对称地散落于背部;尾覆长毛,侧屈于腿部,绕过脚面直至腹部(见后图28)。绣带环绕胸颈,上缀兽头,兽口吐环,环挂铃铛于胸前正中处,每条绣带计有铃铛三个,铃铛多数毁坏。绣带饰有纹样,但已不清。这些人工装饰拉近了

---

① 王瑛著:《中国吉祥图案实用大全》,天津:天津教育出版社,1999年,第386页。
② 班昆著:《中国传统图案大观(三)》,北京:人民美术出版社,2002年,第177页。

狮子与人的距离。

正面躯体起伏明显，头、脸部凹凸感强，胡须之下平坦宽阔的胸部区域，刻以密集的短线与点，写意性地表现了狮子的胸毛，与头部起伏形成对比，衬托并突出了狮头的形状，增强了狮头的精神张力（见图29）；从侧面看呈三角式蹲坐，前腿撑地，挺胸收腹，后腿弯曲，膝、爪触地，狮子尾巴由后臀缠绕至下腹部，狮尾、臀部、后足连体雕刻，增大了狮子与底座的接触面，对于承受狮身重量、维持重心稳定起到了重要作用。整体来看，石狮具有头部略带夸张、躯体较为写实的雕刻特点。其表情似守候，似疑问，似凝视，似悲伤，似思考，饱含如此多的感觉，让观者总能与其产生跨时空的交流。

图27　　　　　　　图28　　　　　　　图29

皇陵狮子多数有修补，尤其是形体凸出或镂空雕刻之处，如凸出的耳朵及腮部、尾部，呈圆柱状的前肢等处，这些部位多有残缺；其胸部圆隆，胸前铃铛亦多被敲砸破坏。本书记录了几处：东六狮子左耳残缺，撑立的前肢大块断缺，二前腿足为新补；东八狮子二前腿足为新补；东九狮子二前腿足为新补修；东十狮子二前腿足为新补；西六狮子左腮残，背部霉灰色较重；西七狮子二前腿足为新补；西九狮子面部、胸部割裂严重，二前腿足为新补；西十狮子二前腿足为新补。

二、明祖陵狮子

祖陵狮子设于神道第三对至第八对位置，共6对12件，皆为蹲坐状，长约1.8米，宽约0.8米，高约2.5米。其头部巨大，气势强烈。前腿直立，侧面带火焰纹；后腿着地，后胯亦刻有火焰纹，随胯部外缘呈圆形（见图30）。脊椎骨节清晰，连至尾部。尾巴覆长毛，分三组于后腿侧，左右两组呈螺旋纹，中间一组呈波浪纹覆盖脚部，绕至小腹。臀部有隆起，粗于腰部，后胯部向左右两侧外凸。后背有横纹，似条状骨骼凸起（见图31）。

鼻头特别宽大，鼻梁短粗斜向下；眉骨高且大，眉心高耸，眉毛呈旋纹二组；眼珠如球圆且凸，眼睑有尖纹饰；咧唇露齿，上唇粗须倒竖向上，上齿压下唇，左右各有一大型上獠牙龇出；耳部尖挺，上耳缘厚实有弧形纹，耳尖斜向后上方，高耸于顶。脑后螺旋纹凸显，密集规整，旋线清晰，故其螺旋纹犹如佛陀之肉髻状，这也是狮子被尊崇为佛门圣物的一个原因。有四爪，前爪分四趾，区分明显，脚背覆毛呈螺旋纹，趾部膨大如球，指甲尖锐如刃（见图32）。

图30　　　　　　　图31　　　　　　　图32

胸部饱满,前腿正面刻横向弧形纹。绣带围颈打结有两种方式,一是颈后相交以线束扎,绣带上以对称式按间隔顺序缀缨穗四组及铃铛三个,最大铃铛位于胸部正中,间饰花朵(见图33),其组件立体感强烈;二是绣带绕颈,于颈后打结,胸前绣带处缀铃铛三个,两侧各饰一组缨穗,其间亦有花纹装饰(见后图34)。非常难得的是祖陵之缨穗及铃铛大多保存完整。

下巴紧缩,与脖颈间隙较小,下颌有长须,左右分别曲至肩部,故从侧面看,鼻部最为外突,鼻头与嘴部在一个竖向切面上,但并非垂直向下,而是往脖颈处倾斜(见后图35),使整个身姿呈现出一种颔首挺胸之势。

图 33

三、明孝陵狮子

明孝陵狮子设于神道起始处:第一对为蹲狮,长约2米,宽约1米,高约1.6米;第二对为立狮,长约2.5米,宽约1米,高约1.9米。

孝陵狮子造型笨拙质朴,极具厚重感;嘴部厚实,微露上齿;鼻部宽大,鼻翼以螺旋线刻画,鼻孔朝前;眉弓突起,眉毛处有螺旋,眉心鼓起如包,眼珠外凸如球,耳朵平卧于眉骨后端,几乎为整个狮子的最高处;下颌须毛较长,分左右延伸至后颈螺旋纹处(见后图36)。

孝陵狮子鼻孔与嘴巴位于同一竖向截面上,额头与鼻梁等结构位于有落差

图 34 　　　　　　　　　　　图 35 　　　　　　　　　　　图 36

的不同横向层面上，加之下颌前伸，下巴较长，嘴、鼻部分便呈现前凸的长圆柱体状（见图 37）。

图 37 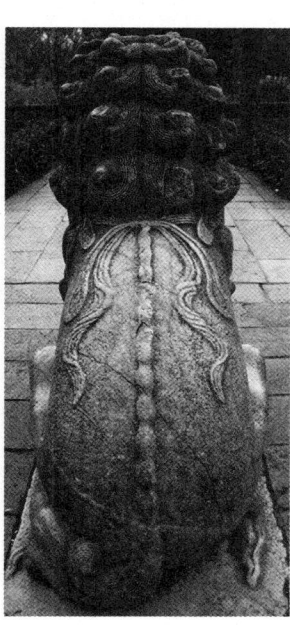　　　　　　　　　　　图 38

腮后及脑后鬣毛俱呈螺旋状，如圆锥体般集中于脑部；绣带围颈，尾端有孔，另有一丝带穿孔于狮子后背处打结，结呈对称式散落至背腰部；脊椎分节有凸起，直连至尾部（如前图38）。绣带正前方所缀铃铛已损毁，左右两侧各饰两个缨穗，为扁圆浮雕，保存尚完整。

蹲狮前腿直立，以掌撑地；后肢"之"字形弯曲，脚至后肘触地。前后肘均生长毛，身躯亦刻有稀疏短毛，后肘部长毛随蹲坐姿势而覆于地面。尾巴覆毛，分三组，左右两组呈螺旋纹，中间一组呈波浪纹，绕于一腿侧，至脚部与地面接触（如图39）。北一蹲狮左前足断，现为后补，左后足有裂。

立狮四肢直立，身躯平稳，四肢上部膨大，凸显力量。尾巴分三组，左右二组呈螺旋纹，中间一组呈波浪纹，曲贴于腿侧（如图40）。南立狮四肢皆断，现已修补，胸部因铃铛之故亦有损伤；北立狮左前脚分趾有损，身躯右侧有较深裂痕。

图39　　　　　　　　　　图40

四、明长陵狮子

长陵狮子分为蹲狮与立狮，位于神道望柱之后。蹲狮在前，位于神道石刻第二对位置,高约1.9米,长约2.1米;立狮随后,位于神道石刻第三对位置,高近2米,长约2.5米。

蹲、立二者除动作不同之外,狮子特征大多一致。其造型苍劲有力,骨骼健壮,肌肉隆起。尤其是头部之构造,如腮、眉、额头、鬣毛等多呈疙瘩状,起伏感强烈,蕴含爆发力。龇牙咧嘴,气势夺人。上下牙齿皆露出,上下獠牙皆外龇,上獠牙紧压下唇,下獠牙反扣上唇。其眉毛呈螺旋纹,连至耳根部,眉骨与眉间整体外凸,遮盖眼部,眼窝深陷,眼珠圆瞪(如图41)。

狮子头部螺旋纹疙瘩纹理清晰,饱满圆凸,其数量最多者四十有余(有说公侯及一品官员所使用石狮,其螺纹最多为十三个,名为"十三太保"。而帝陵石狮螺旋纹之数则无此限制,动辄几十个)(如图42)。腮后耳下鬣毛亦卷成螺旋纹,计五组,弧形排列,耳朵斜向后上方,上耳缘下垂,显示出温和之意。鼻梁高耸,鼻孔主要向下方,与嘴部位于同一竖向切面上。下颌有须,较短,分组,呈螺旋纹(如图43)。

图41　　　　　　图42　　　　　　图43

长陵狮子绣带围颈,末端有孔,用丝带穿孔而过,于颈后相连打结,绣带缀一圆形铃铛,置于胸前正中处,左右各饰一缨穗。脊椎分节宽大,略有凸起,与尾部相连。身躯粗细均匀,四肢粗壮,骨骼外显,肘后俱有螺旋纹,脚部触地,前分四趾,后脚内上侧一退化趾,脚背、脚趾卷毛,爪端尖利(西三石狮脚爪有损)。

蹲、立二者亦有些许差异。

蹲狮,前肢立后肢蹲,弓背收腹,侧呈三角形。绣带绕颈,其上绣满缠枝如意花纹(如图44),绣带上有环,于胸部位置缀挂一铃铛、二缨穗,铃铛在中间,缨穗分左右。尾巴曲于后肢一侧,覆长毛,尾根部空缺一段后始生尾毛。尾毛分组,中间一长组为主,侧面分出三组分支,三侧尾呈螺旋纹,主尾呈波浪纹,覆盖后趾背,绕至腹部(如图45)。

图 44

图 45

立狮,四肢并立,身躯平稳,挺胸收腹,抬头平视,姿态从容。尾巴侧甩,尾根紧束,尾毛于中段始出,分为三组,呈螺旋纹,主干呈波浪纹,贴于后肢一侧。绣带亦为一铃铛、二缨穗,但绣带间饰与蹲狮不同,采用的是方胜、宝相、方圆等对称形式的纹样(如图46)。

图46

五、明显陵狮子

明显陵仅设有1对狮子,亦位于其神道望柱之后,在神道石刻第二对位置。其狮皆为蹲姿,前腿站立,后腿屈蹲。由于前肢较短,故身躯横向较长,头部微抬,略有上仰之意。身躯粗细较一致,两侧可见宽疏肋骨纹。其高约1.3米,长约1.8米。保存状况皆不如意,其他帝陵能保存较多精美细节,显陵狮子则只能看到形体动态,体表细节非常少。

东侧狮子,鼻、耳等五官基本不存,仅嘴部凸起较为明显,头部螺旋纹多数尚存,绣带围至肩后部,末端有孔,以细带穿之、打结,将绣带后系于背。绣带外沿纹理较浅,其上图样亦不清,中间铃铛已损,两侧缨穗尚存。前腿直立,脚趾撑地,脚掌较宽大;后腿弯曲,脚趾及臀部着地。前脚趾有损,后脚趾稍微完整些(如后图47)。

西侧狮子较东侧的保存得稍好一些,上下牙齿依稀可见,一侧似有两个獠牙。绣带边沿基本磨平,仅余浅淡痕迹;铃铛已毁,两侧各一缨穗尚存。眉骨较高,眼珠外凸,鼻部、嘴部整体凸起。头部螺旋纹基本保留,纹理依稀可见。尾部覆毛,纹理较清晰,毛分组,有三个旋纹,尾端上翘,贴于后腿一侧(如图48)。

图 47　　　　　　　　　图 48

结　章

彰显统治权势和佛法威力的狮子,被明代统治者应用,设置于帝陵神道,虽然五陵皆有,但其差异较大,主要有以下几个方面:

首先,规制上的差异。这主要体现在数量的不同。明皇陵石狮共 8 对,是整个神道石刻最重要的组成部分,占神道所有石刻数量的四分之一;祖陵石狮共 6 对,占神道石刻数量四分之一多;孝陵、长陵均为 2 对,显陵 1 对,在各陵石刻中的比重均减小很多。

其次,造型上的差异。这主要体现在狮子雕刻风格上的不同。皇陵、祖陵二陵狮子都呈蹲姿;孝陵、长陵狮子有蹲坐姿态,亦有站立姿态;显陵狮子为蹲姿。但皇、祖二陵狮子蹲姿与显陵狮子蹲姿差别较大,前者身躯竖向斜度较大,几近于直立起来,坐姿明显;后者身躯竖向斜度较小,主要为后肢下屈触地,臀部触地力度不大,更接近于正常行走之状态。皇陵狮子整体流畅挺拔,憨态可掬;祖陵狮子粗壮圆凸,华丽夸张,具有强烈的装饰性;孝陵狮子粗犷浑厚,质朴大气;长陵狮子苍劲内敛,气势强大,充满了力量;显陵狮子修长庄重,带有一丝威严。皇陵狮子注重头、胸、腹、背整体起伏,狮身装饰注重疏密对比;祖陵狮子造型起伏感强烈,注重局部凹凸起伏和细节装饰;孝陵狮子狮头巨大,鼻部粗圆,鼻部与嘴部相连且整体凸出;长陵狮子头身比例适中,五官突显,肌肉发达,身躯健壮;显陵狮子头圆身长,龇唇微露齿,獠牙外翻。

最后,时空上的差异。这主要体现在帝陵区域及保存状况的不同。在不同时期和不同区域,狮子会有不同的造型特征。明代五处帝陵处于南北不同区域,石刻设置时间间隔又长,故在雕刻狮子时,必然带有不同的时代和区域特色。至明代时,狮子在我国虽然已有久远的历史,但是这种数量极少的"神圣"之兽,并不是每个人都能见到的,工匠们估计也不一定能亲眼见到,可能多是通过道听途说加上主观理解,来进行石狮的创作,故形象上难免出现差异。另外,南北自然气候的不同导致风化程度不同,加之各陵狮子受到人为破坏的程度不同,故石狮保存情况有很大差异。

第四章　明代帝陵石柱

　　神道石柱，多称为"石望柱"，简称"望柱"。明代五处帝陵神道石柱共计 7 对，皇陵、祖陵均为 2 对，其他帝陵为 1 对。

　　对于神道石柱，唐代李贤曾对《后汉书》所言之"大为修冢茔，开神道"加以注解："墓前开道，建石柱以为标，谓之神道。"[①]点明了石柱的功能及作用，即为神道之标志。

　　对于石柱的称呼，历来并不统一，有称"望柱"者，有称"华表"者。明代五处帝陵各自之解说中涉及对石柱的称呼即是如此，明孝陵、长陵称"望柱"，祖陵称"华表"，皇陵、显陵未做标注。

　　称"华表"者，如"华表的雕塑也很讲究。华表，又称石望柱"（见《明祖陵的石雕艺术》），"两对华表的组合，似乎显得漫不经心。都呈八面棱状，一是素面，一有浮雕花纹"（见《明祖陵的石刻艺术及组合》），对祖陵石柱皆以"华表"称之。甚至早先的史料，如《凤阳新书》等亦使用"华表"一词："洪武……二年，命临濠府加修寝园，厚封广植，崇列华表，始称皇陵。""洪武十一年……四月，命江阴侯吴良督建殿宇、城垣，植冢木，立华表，树石人、石兽，勒石建亭。"[②]由此可见，"华表"这一称呼由来已久。王剑英先生之巨著《明中都研究》中沿用的也是"华表"一称："华表呈八角形柱，下有座，上有顶。"[③]

　　而用"望柱"之称也有渊源。如《大明会典·山陵》即以"石望柱"[④]称呼长陵神道石柱。再如王焕镳所撰《明孝陵志》亦以"石望柱"称之："石望柱二，白

[①] （南朝宋）范晔编撰、（唐）李贤注：《后汉书》卷四二，同治癸酉岭东使署校刊本，第十五页。
[②] 王剑英著：《明中都研究》，北京：中国青年出版社，2005 年，第 92 页。
[③] 王剑英著：《明中都研究》，北京：中国青年出版社，2005 年，第 417 页。
[④] （明）李东阳等撰、申时行等重修：《大明会典》卷二〇三，明万历十五年内府刊本，第二页。

如玉,雕镂云龙文。"①现今著作中也有很多采用"望柱"之称的,如《明代帝王陵墓制度研究》即以"望柱"称之②;《明显陵探微》亦以"望柱"称之③;明陵之前的宋陵也多以"望柱"称之,这在《北宋皇陵》中多处可见④。

通过以上记述,结合与其他石刻的组合陈述来判定,可知以上所言"华表"和"望柱"乃为一物。这在某些著作中也有体现,如《朱元璋与凤阳》就将这两种称呼一起使用,书中大多数称其为"华表",部分称"望柱"。"在排列顺序上,明皇陵华表以后的石像生与宋陵完全相同。在每个品种的数量上,明皇陵的望柱、石虎、石羊,恰恰是宋帝、后两陵数字之和。"⑤由此可见,二者实为一物。

神道石柱除了以上两种主要称呼,还有称为"墓表"者,如"在北京明十三陵的神道上,有墓表一对,狮子、獬豸、骆驼、象、麒麟、马各二对,石人十二尊"⑥。可见,此处所说之"墓表"与望柱、华表也是一物。至于"墓表"之名,乃是由于早期石柱具有刻写墓主信息的作用,故而称之,而从唐宋起,因为记述墓主信息的功能已被石碑所取代,"位居神道之首的石柱已经失去陵墓主标记的作用,只是成为陵墓入口的标志"⑦,再称"墓表"已不合适,故"墓表"一称便被"望柱"所取代。

至后来的明长陵神道时期,华表和望柱才真正地区分开。"明十三陵总神道即长陵神道……它全长 7.3 公里,由南向北依次建有石牌坊、下马碑、大红门、长陵神功圣德碑亭、石华表、石望柱、石像生……"⑧说明二者是明确的两个概念、两个类别了。

虽然华表、望柱都是一种石柱,但现今我们所理解的华表,是以天安门前面的那种样式为标准的,即加有横向云板的一类石柱,这与神道石柱之样式还是

---

① (民国)王焕镳撰:《明孝陵志》,南京:南京出版社,2006 年,第 11 页。
② 刘毅著:《明代帝王陵墓制度研究》,北京:人民出版社,2006 年,第 61、68、72、82、105 页。
③ 周红梅著:《明显陵探微》,香港:中国素质教育出版社,2011 年,第 46 页。
④ 河南省文物考古研究所编:《北宋皇陵》,郑州:中州古籍出版社,1997 年,第 35 页。
⑤ 夏玉润著:《朱元璋与凤阳》,合肥:黄山书社,2003 年,第 412 页。
⑥ 楼庆西著:《柱子》,北京:清华大学出版社,2016 年,第 98 页。
⑦ 楼庆西著:《柱子》,北京:清华大学出版社,2016 年,第 108 页。
⑧ 宋磊、鲁平著:《明十三陵》,北京:中国水利水电出版社,2004 年,第 8 页。

存有较大差异的,故本书将其二者区分明确。

综上,神道石柱之"石"乃指其质,即其为石质材料;"柱"乃指其形,即其为条柱形。如加"望"字,则更具有指向性:"望"乃指其意义,即为神道之标,一望即见。故本书以为,将神道石柱称为"石望柱"比称为"华表"更为恰当。

第一节 明皇陵石柱

明皇陵石柱共 2 对,位于从北向南第十一对和第十二对位置,均为八面柱式。

前一对石柱高约 5.8 米,柱身底部周长约 2.3 米。其底部由柱础、覆盆、盆唇三部分构成(见图 49),用一块整石刻成。最下部为柱础,呈方形,面积较大。柱础之上部分为覆盆,故此柱础称为"覆盆式柱础"。覆盆呈带棱圆盘形,圆盘直径略短于下方方形底座宽度,圆盘周边等距离分割打磨。覆盆上面雕刻覆莲瓣纹,莲瓣组成圆形,凸出于覆盆之上,其直径又比下层圆盘的直径短一些。覆盆圆面与莲瓣纹圆面的直径差距明显,因此覆盆与莲瓣纹又像独立的两个层次:下层为盆,由圆棱面组成;上层为莲,由覆莲瓣组成。此覆盆上层所刻莲瓣分为双层:上层莲瓣雕刻清晰,大小均匀,宽圆饱满,圆尖外凸,其上又浅刻一层圆纹,圆尖内收;在上层莲瓣之间隙处刻出下层莲瓣,但仅露出其尖角部分。

按照《中国纹样史》对纹样装饰的分类,此类"在

图 49

花瓣上饰以线条或花纹"①、多层次、雕刻精美的装饰莲瓣,确切的称呼应为"宝装"瓣莲。这一称呼应来源于北宋《营造法式》卷三《石作制度》中对石刻花纹的划分,其中将莲细分为三种,分别为铺地莲华、仰覆莲华、宝装莲华②,并注明了以上几种样式可以并施于柱础。可见此"宝装莲华(花)"与普通仰覆莲花是有区别的。在关于北宋帝陵的研究著作《北宋皇陵》一书中,便多次出现了"宝装莲花"这一名称。如对宋太祖永昌陵望柱石刻的描述(柱身"底座置于方形凹槽内,上面围绕柱身雕刻有一周宝装莲花"③),以及对宋英宗宣仁圣烈高皇后陵望柱的表述(柱身为八个棱面,覆盆雕刻有宝装莲花④)等,多处均用"宝装"这一称谓。这为明代帝陵石柱所刻纹样继续使用宝装莲瓣装饰提供了依据。

有必要说明的是,皇陵石柱柱础的宝装莲瓣为覆莲瓣纹,是覆向下方且附着于下层覆盆石面的浮雕,而不是呈上翘形单独突出的圆雕。如此就扩大了与下层圆盘的接触面积,尽可能减少对凸起的圆雕的破坏。莲瓣雕刻得以较好地保存到现在,这是最主要的原因。并且,这一规则具有通用性,适用于所有类似的柱础莲瓣雕刻装饰。

覆盆宝装莲瓣上有一圆形平面,称为"盆唇",其内为石柱承放处,其上为石柱柱身。

柱身分八面,面与面间刻有浅槽,每面向柱心方向稍微回收,也就是说从侧面看,面呈略微内凹造型。每面都刻有精美图案,具体来说以花枝生长为引按从下往上之序,每生一枝分支,这枝分支下圈为圆形,而主枝继续上升,等距离再生分支,分支下圈又为圆,左右交替上升。圆形中刻以盛开花团,主要有荷花、牡丹等花形,缠枝生叶,叶呈尖形或云朵形,装饰在花团之间(见后图50)。柱身由下往上逐渐变细,稳定了石柱的重心。柱头雕刻为石榴状,石榴分八面,每面刻有莲花瓣纹,瓣内上下俱有如意云头纹饰,经过一个层次的收腰缩小之

---

① 田自秉、吴淑生著:《中国纹样史》,北京:高等教育出版社,2003年,第296页。
② (北宋)李诫撰:《营造法式》卷三,《文渊阁四库全书》本,第七页。
③ 河南省文物考古研究所编:《北宋皇陵》,郑州:中州古籍出版社,1997年,第35页。
④ 河南省文物考古研究所编:《北宋皇陵》,郑州:中州古籍出版社,1997年,第190页。

后过渡到上部萼部。萼部宽大高耸,又呈三层台阶式,宽度逐渐缩小。最高处一层中心位置为半圆雕圆珠,如花蕊吐珠一般(见图51①)。如果从下部仰视,萼部仅仅比石榴宽度小了一圈,其层次似与柱础三层相呼应,呈上下整体一体之感(见前图49)。

图 50　　　　　　　　　　　图 51

　　后一对石柱整体高度略低于前一对,高约5.3米,柱身底部周长约2.4米。柱础部分由方形底座和圆形覆盆两部分组成,相比前一对,少了盆唇这一部分,覆盆亦仅为一个层次,且覆盆无任何覆莲瓣纹雕刻(见后图52)。

　　后一对石柱柱身也分八面,面与面间刻有浅槽,与前一对不同的是每面不是内凹而是微凸。柱身无纹饰,无图案。柱肩处为覆莲瓣纹饰,其上为收腰柱颈,浮雕一串圆珠。柱头为仰莲瓣纹莲座,与下方覆莲瓣纹相对应。莲座上圆雕桃状宝珠,珠身四面均刻有同样的圆形,圆形内又刻三层弧线,由下而上弧线增长,呈内相切圆状(见后图53),有文章称其为"火珠"(见《凤阳明皇陵及其石刻研究》等)或"摩尼珠"(见《中都皇陵石像生的装饰性与审美

---

① 凤阳县旅游发展有限公司编:《凤阳明皇陵建制与石刻艺术》,北京:文物出版社,2012年,第241页。

追求》等)。

图 52　　　　图 53

如果石柱之珠确为"火珠"或"摩尼珠"的话,那么此石刻就有较浓的佛教意味。"明皇陵的仰莲火珠,加上八棱柱体,是一种典型的体现佛教文化的法物。"[1]而从"摩尼"之名即可知其中佛教之意——"摩尼"即"牟尼"之另一音译,乃佛祖"释迦牟尼佛"之简称。

王剑英《明中都遗址考察报告》中,1973年9月的调查记录显示了皇陵石柱当时的状态:"西十一,倒,断为两截,缺头;西十二,倒,断为两截,无花纹;东十一,倒,断为三截;东十二,倒,断为两截,缺头,座缺一角。"[2]但本书最近采集的信息显示,西十二的柱头为新补刻,东十二的柱头倒似旧作,与王先生当时所

---

[1] 夏玉润著:《朱元璋与凤阳》,合肥:黄山书社,2003年,第416页。
[2] 王剑英著:《明中都研究》,北京:中国青年出版社,2005年,第419页。

录数据不同,可能是后来又有所修补之故。

第二节 明祖陵石柱

明祖陵石柱为 2 对,位于从南至北第九对及第十对位置。

前一对高约 6.5 米,其底座为覆盆式柱础,由方形柱础、双层莲瓣覆盆及盆唇构成(见图54)。方形柱础仅上部露出地面。圆形覆盆刻两层覆莲瓣,下层尺寸略大于上层,莲瓣呈长方形,下层莲瓣边沿之中间带有短小尖角,瓣内复刻尖角。内收莲瓣纹。其内收纹为左右对称的如意纹式,该纹似对称卷叶形,由左、右、中三部分组成,中间为圆形,较大且尖角向上方突出,左右两侧纹较细且下弯(见后图55)。在《中国传统图案大观》《中国古代吉祥图案》《中国吉祥图案实用大全》《中国纹样史》《中国纹样全集》等纹样类著述中,未见该图样相关具体内容。综合来看,该纹似卷草纹与如意纹之组合,因卷草纹多为连续纹样,而其为单独纹样,故应该属于如意纹或宝相纹之范围。《中国纹样全集·宋元明清卷》中的宋代四合如意纹配图(见后图56)[①],即由多个与祖陵石柱瓣内纹相似的纹式组成,故该纹应称为"如意纹"。

图 54

下层莲瓣内外轮廓有一定间距,尤其是花瓣角尖处距离最大。与下层莲瓣内外纹理清晰完整略有差异的是,上层莲瓣外轮廓纹基本省略,仅有尖角露出,而以内轮廓纹为主要表现对象,其内轮廓所组成之对称纹样与下层相同(见后图55)。而由此处莲瓣纹之外形可见,祖陵此莲瓣

---

① 吴山编著:《中国纹样全集·宋元明清卷》,济南:山东美术出版社,2009 年,第 152 页。

方形纹有别于皇陵石柱莲瓣之圆尖纹。此外，二者相较，祖陵石柱之雕刻精美亦远超皇陵石柱。按照对莲瓣施以线条或花纹等装饰的特征，以及更优于皇陵的雕刻效果，祖陵石柱覆盆无疑为宝装莲瓣纹。

图 55

图 56

《中国纹样全集·宋元明清卷》整理了莲瓣纹样式的演变过程,按照配图(见图57①)所示,随着时间的推移,莲瓣纹造型特征的基本变化规律,可以概括为"从圆到方"。从这一点也可以验证,明祖陵石刻晚于明皇陵石刻。

祖陵石柱宝装莲瓣纹之上,为一圆形平面,即盆唇。盆唇外沿刻有双层边缘线,一为轮廓,一为装饰,平面中部为承重处,石柱矗立其上。圆形外沿下莲瓣倾泻而出,使此盆唇平面如莲花之中心,所不同者,唯其莲瓣向下而已。

其盆唇之上即为石柱。柱身分为八面,各面之间刻有凹槽。估计此槽有利于上方雨水下流,以保柱身雕刻纹饰遇雨浸、水蚀时受潮均匀。柱身各面满刻饰纹,纹有荷花、牡丹、芍药、菊花、如意等团花。虽然称为团花,但每面之团花并非孤立的,而是由自下至上的一条枝蔓连接。该枝蔓叶片繁多,随枝蔓左卷或右弯组成一个个小单元,每一单元即为各种类别的团花(见后图58)。此外,祖陵柱身团花纹样还有一个显著的特点,就是多种团花的中心是以太极阴阳纹为饰的,这使其充满道教的风味(见后图59)。

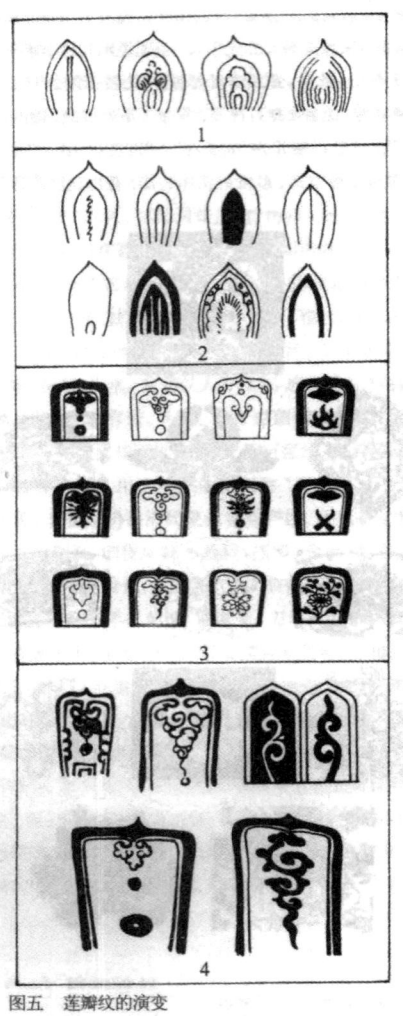

图五 莲瓣纹的演变
1.唐代瓷器 2.宋代瓷器 3.元代瓷器 4.明代瓷器

图57

而其柱头之造型也为八面石榴状。柱肩处刻覆莲瓣纹,每一面刻三瓣,其下为单卷如意头纹(见后图60),与柱身最下部之纹相对应,使每一面缠枝团花

---

① 吴山编著:《中国纹样全集·宋元明清卷》,济南:山东美术出版社,2009年,第8页。

图58　　　　　　　图59　　　　　　　　图60

纹趋于完整美观。此处"单卷如意头"纹样之称，乃与《营造法式》卷三三"彩额柱"之单卷如意头（见图61[1]）图示相比较而定的，在《中国纹样全集·宋元明清卷》中也引用了《营造法式》之资料，但其称此类纹为"花卉如意纹"及"如意缠枝花纹"[2]。其他资料中尚未寻到关于此纹的确切名称。

图61

祖陵后一对石柱高约5.8米，除了装饰图案、柱头造型外，石柱结构、样式与前一对基本一致。

---

[1]　（北宋）李诫撰：《营造法式》卷三三，《文渊阁四库全书》本，第十五页。
[2]　吴山编著：《中国纹样全集·宋元明清卷》，济南：山东美术出版社，2009年，第153、157页。

首先是石柱底部。其仍然由柱础、覆盆、盆唇等构成，为覆盆式柱础。覆盆也是由两层覆莲瓣纹构成，但在纹饰上与前一对有差异：该纹没有了瓣内如意纹的装饰，仅为莲瓣造型。莲瓣亦为长方形，仅有一层轮廓线，且有瓣尖外凸。此外，盆唇也仅有边沿线，少了一层内线的装饰（见图62）。

图62　　　　　　　　　　图63

其次是柱身。与前一对石柱柱身刻以琳琅满目的纹饰的团花相比，此柱身为素面，无任何纹饰，整洁简练。

最后是柱头。柱头乃典型的火珠式柱头，与前一对差异较大，虽然该柱为素面，但其柱头部分做得繁复无比，柱肩刻宝装覆莲瓣，莲瓣为方形，瓣内饰对称卷叶纹，柱头以桃状宝珠为造型，宝珠中、上部满饰火焰纹，下部饰以大型对称卷叶纹。此柱头几处卷叶纹样均未找到具体称呼及相近样式，此处依外形而描述。以本书所见，此纹应为"海草纹"或者"水草纹"。一因宝珠称"摩尼珠"，据说从海底所出，故其底部饰以海草类纹饰与之呼应；二因其有"火珠"之称，据载火珠"状如水精"①，故其饰以水草类纹与之相应；三因其形不类常见纹样，从可寻纹样中排除出来，独剩水草类纹饰与之对应。故称此为水草纹。纹间以

---

① 《旧唐书》卷一九七《南蛮·西南蛮·临邑传》载："贞观初，遣使贡驯犀。四年，其王范头黎，遣使献火珠，大如鸡卵，圆白皎洁，光照数尺，状如水精，正午向日，以艾蒸之，即火燃。"（后晋）刘昫等撰：《旧唐书》，北京：中华书局，1975年，第5270页。

竖线卷叶纹相连,组成横向连续纹样(见前图63)。

皇、祖二陵前一对石柱柱头细节有诸多不同。皇陵柱头石榴体虽然分面,但基本呈石榴果实之圆体状;祖陵石榴体也分面,但每面为平面,故呈棱柱形石榴体状。皇陵莲瓣纹为阴刻,祖陵莲瓣纹为阳刻。皇陵莲瓣纹范围大,基本刻满石榴体面;祖陵莲瓣纹仅刻于石榴体面下部,其余部分留白面积极大。皇陵石柱顶部有宝珠,祖陵石柱上是否有宝珠待考证(见以上二陵柱头图)。二陵后一对柱头均以宝珠为饰,皇陵宝珠虽然有资料称为"火珠",但并未出现火焰纹饰,而祖陵宝珠上火焰纹清晰且占据整个珠面较大面积,称为"火珠"无疑。

明代五陵中,单从神道石柱来看,设置2对石柱的仅有祖陵及皇陵,这一点不同于其他三陵,故祖、皇二陵石柱最具有可比性。

皇、祖二陵石柱相同之处主要体现在规制方面,如:石柱数量相同,俱为2对;柱身艺术处理相同,1对装饰,1对素面。但不同之处更多,除了上文单独对二陵柱头细节的比较之外,在其他方面也存在着较多差异,主要体现在造型特征、雕刻内容及技法等方面。如石柱柱身装饰图案的处理手法不同:皇陵石柱采用以单一团花为主的图案装饰,缠枝为圆,花居圆中,团花反复出现,强调了团花的单元个体性及团花的重复性;而祖陵石柱则是采用了花叶穿插为一体,以叶为边,花居叶中的装饰手法,打破了缠枝为团的界限,使花瓣的变化更多,花、枝、叶的组合更加灵活多变,石柱通身的装饰更加整体化,也更加丰富,强调了柱身装饰花卉琳琅满目的整体效果。概括来说,明皇陵石望柱装饰图案种类仅为团花,所有花瓣规格接近,比较工整,造型内容略显单调,而祖陵装饰虚实变化交叉的难度加大,变化更加丰富。再如祖陵石柱对太极阴阳图案的表现非常充分,多处团花中心均予以采用,而皇陵此方面的体现却极不明显,很少使用。这些从上文插图可见端倪。

第三节　明孝陵石柱

明孝陵石柱仅为1对,位于神道石刻由东西方向往南北方向转折的第一对位置,前为动物类石刻,后为人物类石刻。此对石柱高约6.5米,东西并立,最近处相距约3.5米,其中柱头较大,高度近2米,占总高度的近三分之一。

孝陵石柱柱础及柱身皆为六面棱体状。柱础整体高度不高,无纹饰。与皇陵、祖陵石柱之覆盆式柱础不同,孝陵柱础呈须弥座形,上下部分直径较宽,中间束腰直径变小,四周有残缺(见图64)。柱身六面皆浮雕山崖云气纹。山崖云气纹雕于柱身底部,分为三峰,呈"山"字形,中峰最高,云气从山峰生出,以"S"形向上衍生,左右分生如意祥云纹,直至柱身上部,整体呈竖向连续云朵纹。而其"S"形之气亦如缠枝,左右云朵亦如卷叶,故整体来看此纹亦如缠枝卷叶纹(见图65)。西侧石柱风化严重,柱身纹样仅存模糊痕迹。

图64　　　　　　　图65

孝陵石柱柱头与皇陵、祖陵的不同,不再是火珠式柱头,而是呈圆柱帽形,帽檐为双层,有间距,帽顶高耸。东侧柱头满饰云龙纹,因雨水侵蚀,石柱表面受污,故云纹漫漶,龙纹不清(见图66)。西侧石柱柱头部分完全磨平为素面,无任何纹样痕迹(见图67)。

图66　　　　　　　　图67

有资料说,孝陵石柱改变了唐宋神道石柱顶部作莲花式处理的造型风格,具有艺术上的创新意义。此言突出了孝陵石柱的地位,但是否确凿,有待考证。

而孝陵石柱与同属明代的皇陵、祖陵石柱之不同,却可以肯定。如孝陵石柱与皇陵、祖陵石柱之覆盆式柱础及火珠式柱头的不同,通过造型已经明确地表现出来,这说明孝陵石柱已经有了重大变革。石柱装饰纹样方面也与之前不同,皇、祖二陵采用团花纹饰,孝陵采用的却是祥云纹。可见孝陵石柱已彻底摒弃之前的制式,采用须弥座柱础与圆柱帽形柱头的造型规制和云龙纹饰之制。

第四节　明长陵石柱

长陵石柱即十三陵神道石柱，为1对，立于神道石刻起始位置，高约7.2米，底座、柱身分为六面。底座为束腰须弥座式造型；柱身雕云纹；柱头为圆柱帽形，满刻云龙纹。

柱身每面均雕有山崖云朵纹，山崖纹位于柱身底部，出三峰，中峰最高，云气从山峰生出，弯曲向上，变为如意形云头样式，以两朵如意云头或三朵如意云头交替上升，直至柱身上部。东、西石柱柱身虽然都刻山崖云气纹，但二者并不完全相同。如：上升之云朵纹虽然都是以三朵为主、两朵为辅穿插变化，但穿插的频率并不一致；此外，四朵云头的组合也有出现。再如：两柱所刻山崖纹都以三峰为主，但西侧石柱偶见四峰。云气纹多从最高的中峰漫出，与峰顶衔接，但与左、右侧山峰峰顶的距离则或远或近，并不一致（见图68东侧石柱与图69西侧石柱对比）。

图68　　　　　　图69　　　　　　图70

长陵石柱柱头为双檐圆柱帽形,帽檐为圆盘形,两层间有一定间隔,如果按照华表的结构来称呼此圆盘,或许称为"承露盘"[①]较为合适,此处可以用长陵之华表来参照比对(见前图70)。为了更明确地区别石望柱与华表,本书仍以圆柱帽形称之。

　　长陵石柱柱头上下帽檐及之间皆满饰云朵纹,云为如意式连续纹样。其柱头上刻饰云龙纹:云朵为如意头,琳琅满目;龙为行龙,躬身曲背,四肢蓄力,扶云而动,动感十足。龙首平探,触须前伸,龙角斜向后,鬣毛旋升,形态逼真(见图71)。龙为五爪龙,趾爪隆曲,探向斜上方的火焰宝珠,是典型、完整的云龙火珠纹饰(见图72)。东、西两侧石柱云龙为基本对称式,龙首俱雕于柱头南面部分,朝向中间神道,即东侧龙首朝向西南,西侧龙首朝向东南,二者相互呼应。

图71　　　　　　　　　　图72

　　长陵石柱柱础为典型的束腰须弥座样式。所谓须弥座,是指上下部位凸出、中间部分凹进的一种石础造型,多言此种样式是从佛教莲座演化而成。该类柱础一般由上枋、上枭、束腰、下枭、下枋、圭角六大部分组成,从插图可见长陵石柱柱础结构较为齐全(见后图73)。

[①] 通常华表的柱头有两层圆形的石盘,石盘为上下对称形,叫"承露盘"。如天安门华表以及明长陵华表均有此结构。

图 73

与《中国古建筑瓦石营法》中"石须弥座的各部名称"（见图 74①）对比来看，长陵石柱须弥座之结构与其对应一致，不同的是：其一，长陵石柱柱础六大部分之间无条线（亦称为"涩条""方涩"）相隔，缺少了这一小的层次；其二，由于建筑用途的不同，长陵石柱柱础下还有一块完整的六边形石头作为底座（现今砌于土中，与地面持平），直径比须弥座长了很多，故其与图中之土衬部分不尽相同。

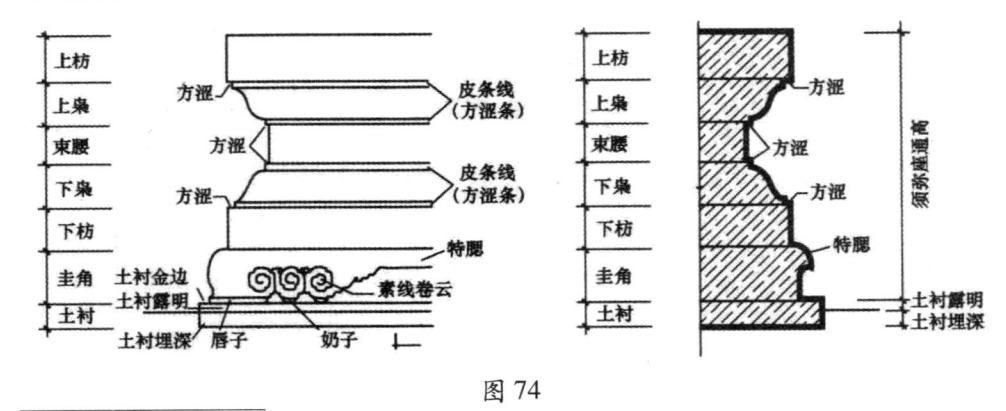

图 74

① 刘大可著：《中国古建筑瓦石营法》，北京：中国建筑工业出版社，2015 年，第 385 页。

从长陵石柱须弥座各部分单独来看：其上、下枋大部分为空白，仅每个面的边角处雕刻有束草纹；其上、下枭为莲瓣纹饰，上为仰莲瓣纹，下为覆莲瓣纹，俱为双边宝装装饰。按照《中国古建筑瓦石营法》所说，或许另有所称：

> 上、下枭的雕刻多为"巴达马"，俗称"八字码"。巴达马是梵文的译音，意为莲花。但在古建筑雕刻图案中，"八字码"与"莲瓣"的形象却有很大区别。莲瓣为尖形花瓣，花瓣表面不做其他雕刻，而八字码的花瓣顶端呈内收状，花瓣表面还要雕刻出包皮、云子等纹样。虽然八字码和莲瓣都可以作为须弥座上的装饰，但对于石制的须弥座来说，上、下枭雕刻更多采用的是八字码的式样。①

依据上述八字码与莲瓣的形状特征来区分，尖瓣者为莲瓣，瓣尖内收者为八字码，那么长陵石柱须弥座上、下枭所刻应为八字码，其莲瓣内亦刻有云子纹，纹呈双卷宝珠样式（见前图73）。

长陵石柱须弥座设计较有特色的是束腰部分，其特点主要体现在两方面：

一是束腰转角处的处理手法。《中国古建筑瓦石营法》讲道："须弥座的转角处，通常有三种做法：第一种是转角不做任何处理；第二种是在转角处使用角柱石（又叫金刚柱子），阳角处的叫'出角角柱'，阴角处的叫'入角角柱'；第三种是在转角处做成'马蹄柱子'，俗称'玛瑙柱子'。"②与此相较可见，长陵石柱束腰转角处设有马蹄柱子，但尺寸、面积均较小，以此角柱连接相邻的两个转折面（见前图73）。

一是束腰平面上的装饰手法。束腰部分每一平面刻有一个两端收缩、圆头扁长的图案。关于此种形制，未能查询到明确定义，《中国古建筑瓦石营法》中将其称为"盘子"或"池子"，并配有制图（见后图75③盘子），通过比对可以明确

---

① 刘大可著：《中国古建筑瓦石营法》，北京：中国建筑工业出版社，2015年，第390—392页。
② 刘大可著：《中国古建筑瓦石营法》，北京：中国建筑工业出版社，2015年，第384页。
③ 刘大可著：《中国古建筑瓦石营法》，北京：中国建筑工业出版社，2015年，第404页。

判断长陵束腰图样与所示盘子一致。

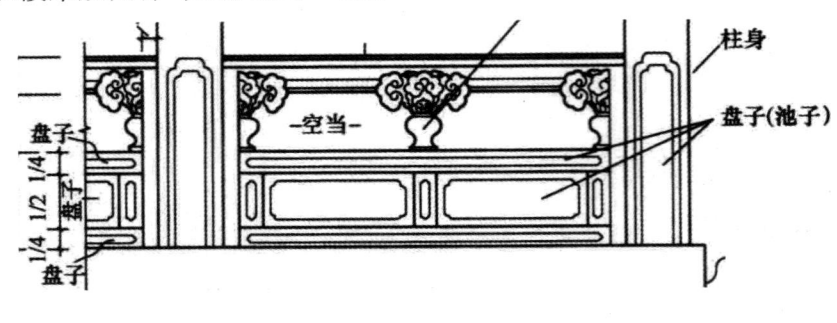

图 75

长陵石柱须弥座最下部圭角部分造型有起伏,不再仅是一个平面或斜面,而是有弧形隆起及凹陷,刻有素线卷云如意云纹饰(见前图73),列于每一面左右两侧。《中国古建筑瓦石营法》说:"无论雕刻的程度多么简单,乃至不做雕刻的须弥座,圭角部位都要雕作如意云的纹样。"[1]说明该纹饰是须弥座中不可缺少的。

第五节 明显陵石柱

显陵石柱为1对,处于神道石刻第一对位置,高约6.5米。从外表来看,柱础、柱头为旧作,柱身却似后补。柱础、柱身皆为八面棱柱体。柱身每面满饰如意祥云纹,其纹分左、右两列,从下至上,左、右云头一大一小交替上升,构成连续如意云朵纹样(见后图76)。柱头为双层束腰圆柱帽形,帽檐分两层,圆盘形,直径大于柱身,上面饰满云朵纹,与柱身纹饰基本一致。帽头圆柱形,上刻云龙纹,龙在云中,昂首曲身,四足扶云,龙首扁长,鬣毛旋升,龙角平直,其足皆五爪,呈圆盘状。

关于五爪龙,《中国纹样全集·宋元明清卷》中说道:"唐代龙纹张嘴伸舌,角似鹿角,做伸爪腾舞状;宋元时,伸须,吐舌,三爪居多;明清时期,张牙舞爪,呆板烦琐,多五爪龙。"[2]《中国古代吉祥图案》中也说:"秦、汉、隋、唐、五代、宋、

---

[1] 刘大可著:《中国古建筑瓦石营法》,北京:中国建筑工业出版社,2015年,第390页。
[2] 吴山编著:《中国纹样全集·宋元明清卷》,济南:山东美术出版社,2009年,第11页。

元的龙多为三趾，明、清时多为四或五趾，明龙为鳄身、牛头、鬣毛侧竖和合口，清龙脸长、象鼻、毛发披散、鳞甲细密整齐和口常开启。"①结合二者之所说比对显陵，可见显陵石柱云龙纹是典型的明代五爪龙造型（见图77）。

图76　　　　　　　　图77

图78

---

① 许康铭著：《中国古代吉祥图案》，长沙：湖南美术出版社，2008年，第812页。

相比于柱身之平面、柱头之圆弧面,显陵石柱柱础则具有多面性,为典型须弥座式造型,由上枋、上枭、束腰、下枭、下枋、圭角六大部分构成(见前图78),各部分之间以条线相隔,形成一种起伏不等、层次感强的视觉效果。与《中国古建筑瓦石营法》中"石须弥座的各部名称"(见前图74)对比来看,显陵石柱须弥座柱础之结构与其一致。

不同于孝陵石柱柱础之全素面,亦不同于长陵石柱柱础之部分雕刻,显陵石柱柱础装饰精美。其一是上枋部分,每一体面以盘子造出装饰外形,其区域内雕刻有如意云头纹,为三朵云头组成的连续纹样(见图79)。

图79

其二为上、下枭部分,上枭为仰莲瓣纹,下枭为覆莲瓣纹,莲瓣肥厚、饱满、圆润,凸起感强烈,莲瓣为双轮廓线,内外层以斜剖面相连接,有力地衬托了内层莲瓣阳刻弧面的外凸,加之莲瓣内又饰有其他纹样,因此可以确定此为宝装莲瓣纹饰。由于上枭莲瓣内纹饰不够清晰,对其分析可以从下枭纹来看。莲瓣中间之纹又为三瓣,双线雕刻,瓣心有旋,既像云头纹,又如花瓣纹,亦似卷叶纹,其至三瓣根部束连在一起,成为一个独立单元,莲瓣左右两侧部位亦刻有尖瓣纹,以边线与中间三瓣纹(见图80)相连接。从图中可以很清晰地看出莲瓣的轮廓线处理及莲瓣饱满的凸起效果。

图80

对于上、下枭之莲瓣,亦应称为"八字码"。按照"莲瓣为尖形花瓣,花瓣表面不做其他雕刻,而八字码的花瓣顶端呈内收状,花瓣表面还要雕刻出包皮、云子等纹样"①这一说法以及下图(图81②)所显示,比对显陵石柱此纹,可见二者基本相同,尤其是图所示之莲瓣内云子纹与显陵所刻之三瓣纹高度一致。这种直观的比对辨识度非常高,有较强的说服力,故显陵上、下枭雕刻亦应为八字码纹饰,且比长陵石柱此类纹样具有更显著的造型范式代表性。

图 81

其三为束腰部分,每一面均刻有一组盘子,呈四角内收之圆角长方形,界内皆无纹饰,数量为三,横向并列,以竖凹线间隔。其高度基本一致,宽度中门为最,左、右二门收缩,约为中门宽度之五分之一,可见束腰之饰以中间盘子为主(见前图78)。

其四为下枋部分,每面皆刻有盘子造型,形状、大小皆与上枋一致,但其界内所刻纹样与上枋不同,此即为上、下枋的主要不同之处。下枋盘子内饰浅浮,雕圆环纹,圆形轮廓以双线刻出,共分为三组。每组又由三个圆形组成,其中中间圆形为正圆,两侧为桃圆形,桃尖朝外分向左右,故称为"圆环双桃纹"(见后图82)。三组纹样面积不大,有一定间隔,使整个盘子内部空缺较多,这与上枋较为丰富的如意云纹不同。

其五为圭角部分,每面刻有两组素线卷云纹,每组又由两大一小的三朵如意云头构成,左、右两大组为对称形,每组中两朵大云头亦呈对称形(见后图83)。

值得一提的是,《中国古建筑瓦石营法》中对须弥座雕刻进行了归类,主要

---

① 刘大可著:《中国古建筑瓦石营法》,北京:中国建筑工业出版社,2015年,第390—392页。
② 刘大可著:《中国古建筑瓦石营法》,北京:中国建筑工业出版社,2015年,第392页。

图 82

图 83

分三种:"仅在束腰部位进行雕刻,这种形式最常见;雕饰的幅度比第一种有所扩展,一般是在束腰和上枋这两个部位进行,但有时也在束腰和上、下枋三个部位上进行;所有部位均雕刻。"①此三种方式是按照从普通到豪华的顺序递进的,比对显陵石柱柱础雕刻可见,显陵石柱须弥座柱础采用最为华贵的雕法。

第六节 总结及余论

明代五处帝陵石柱较为明显地体现出了不同的规制。皇陵、祖陵各2对,采用的是覆盆柱础;而从孝陵开始,石柱为1对,长陵、显陵因袭,亦为1对;从孝陵开始,其石柱柱础亦改为须弥座形式,长陵、显陵沿袭之。只是孝陵柱础有一部分埋于地下,故须弥座之结构无法显示完整,但长陵、显陵的结构完整地显示了出来。

除了柱础之外,柱身纹饰及柱头造型也不同。皇陵、祖陵石柱柱身饰缠枝团花纹,石柱柱头主要为火珠造型;孝陵、长陵、显陵石柱柱身饰山崖云朵纹,柱

---

① 刘大可著:《中国古建筑瓦石营法》,北京:中国建筑工业出版社,2015年,第389页。

头则为圆柱帽形，饰云龙纹。

从以上明陵神道石柱的设置上也可以看出，皇陵、祖陵为一制，孝陵、长陵、显陵为一制，两制之间具有一定的承袭关系。

另外，还有一个要探究的内容是关于明陵石柱柱础须弥座的。因为明陵中采用须弥座形式较为典型且完整的是长陵和显陵，故以此二者为例。前文说过，须弥座束腰部分每一平面刻有一个或一组圆角长方形造型，本书采用《中国古建筑瓦石营法》中的名称，将其称为"盘子"。而此处要探讨的就是盘子。

经过查阅，本书认为盘子主要应用于建筑施工，且是现今业内多用的称呼；而针对须弥座装饰工艺来说，或许它还有一种更为传统的称呼，也就是"壶门"，这也是我国古代一种久远的称呼。

何谓"壶门"？本书总结各类资料定义如下：我国古代建筑及家具某一体面上的一种雕刻及工艺制作的边界造型形制，应用于建筑基座及门楣、家具面框及腿足等处，尤其以须弥座束腰处居多。除本身具有装饰性外，其界内也可以雕刻各类纹样或图案，增加物象工艺及美术的装饰性作用。自古以来，壶门有多种变式和风格，是我国一种重要的传统造型及装饰手法。简而言之，壶门就是古代一种有边界的造型范式。

壶门又被称为"壸门"，《营造法式》一书即使用后一称呼。此书乃北宋官方所刊，是建筑及施工界的千年奇书，也是研究中国传统建筑必备的资料，其中所言俱用"壸门"，而非"壶门"。如《石作制度》所载："其迭涩每层露棱五寸，束腰露身一尺，物象用隔身版柱，柱内平面作起突壸门造。"[①]或许将此类形制称为"壸门"的说法有一定的代表性。

而"壶门"与"壸门"之辩，在建筑及家具装饰领域一直持续不断。中国家具协会传统家具委员会邓雪松认为：《中国营造学社汇刊》最后两册，即第七卷的第一、二期开始出现"壶门"一词，而弃用"壸门"，成为传统建筑与家具部件结构以"壶门"作为名称的源头。

明长陵石柱须弥座壶门仅有轮廓，以双线阳刻而成，内无雕刻装饰；明显陵

---

① （北宋）李诫撰：《营造法式》卷一五，《文渊阁四库全书》本，第八页。

石柱须弥座壸门造型更为典型,呈四角内收圆角长方形,以线刻出壸门边界,界内减地为平面,内亦无纹饰(见前图78)。由此看,二者皆为基本的壸门造型,较好地突出了"起突壸门造"的效果。若将二陵相比,长陵壸门似有疑问,因其太过宽扁,与"门"之概念相去甚远,故显陵石柱此门更接近壸门一说,其造型也更为规范。

对于现今称为"盘子"的这类造型手法,装饰领域内究竟是称为"壸门"还是"壶门",在未得到更充分的证据之前,尚难以下结论。本书在此提出,亦希望能起到抛砖引玉之作用。而"盘子""壸门""壶门"三种称呼所指之造型样式,能够确定、落实到明陵石柱须弥座之束腰上,已经足以体现明代帝陵石柱的重要性。这充分说明了明陵石刻具有重要的学术价值,有很多值得探讨和研究的知识点,是了解中国传统建筑及装饰工艺的"活化石"。

尤其值得提出的是,对须弥座的介绍,现有研究中一般仅有"宋式须弥座"和"清式须弥座"之说。宋式须弥座由九大部分构成,即涩平、罨涩、壸门柱子、仰莲、束腰、合莲、罨牙、牙脚、单混肚;清式须弥座由六大部分构成,即上枋、上枭、束腰、下枭、下枋、圭角。独缺明代之制。对明陵石柱须弥座六大结构的确认及分析,证明了明代早已完成了对宋式须弥座九大结构的简化,将宋式须弥座九部分简化为六部分:上枋、上枭、束腰、下枭、下枋、圭角,即清式须弥座之所用。由此证明,明式须弥座是典型的六大结构式,与现在通用的清制样式一致,说明了现在所沿用的制式实际来自明式而非清式。而清式与明式结构一致的事实也证明清式须弥座六大结构并非首创,而毫无疑问亦是源自明式。

明陵石柱须弥座的存在就是明式须弥座的确凿证据。

第五章　明代帝陵石刻马与马官

明代五处帝陵中，石刻马也是所有神道都有的石刻内容，且数量较为一致。孝陵、长陵、显陵皆为2对；皇陵、祖陵除1对独体石马之外，还有一组与马官连体雕刻的石马，所以数量也是2对。

此外，因为皇陵、祖陵除1对与石马连刻的马官之外，还有3对独体马官，而孝陵、长陵、显陵却无马官，考虑到马官与马的紧密关系，故将马与马官共统于本章。

对于马官之称谓，有称其为"拉马侍"的，有称为"控马者"的，有称为"拉马俑"的，因皇陵、祖陵马官之装束一致，皆着官服，故本书统一以"马官"称之。

明代五处帝陵神道俱设石马，可见马之重要性。自古以来，马作为被人类较早驯化的动物之一，与人类关系密切，在人类的各项活动中发挥着重要的作用。如在传统农业、交通、军事等领域的各类活动中，尤其是在冷兵器时代，战车牵引、粮草运输、骑兵征战等主要依靠马，马的参与可以说对战争的胜败有较大的影响，故战场上的马被称为"战马"。

可以说在古代，马往往被上升到国家战略层面，具有举足轻重的地位和影响力。而马的数量和质量，对国家的强弱至关重要，所以马经常作为贡品或交易品留存于史料记载中。

第一节　释马

马是奇蹄目。

早在东汉时期的《说文解字》中即对马有所形容："马，怒也，武也。"[①]这主

---

① （东汉）许慎记、（北宋）徐铉等校：《说文解字》第十上，同治十二年新刻附通检版，第一页。

要是形容马的神态与功能。"怒"指其形,昂扬奔腾;"武"指其用,沙场纵横。所以有"鲜衣怒马""金戈铁马"等成语。

唐时大型官修类书《初学记》纂成。其书用叙事方式罗列前人对马的记述,又用事对方式来比对诠释与马有关的典故,并将与马有关的诗、赋等集中汇编,将马之记载汇集一处。因考证不易,兹全录于下。

【叙事】

《春秋·说题辞》曰:地精为马,十二月而生,应阴纪阳以合功。故人驾马,任重致远利天下;月度疾,故马善走。

《周官》曰:马,八尺以上为龙,七尺以上为騋,六尺以上为马。又曰:凡特,居四之一。(三牝者,一时也。)春祭马祖,执驹;(马祖,天驷也;执驹,无令近母也。)夏祭先牧,颁马攻特;(先牧,始养马者。□谓之特。)秋祭马社;(马社,始乘马者。《世本》曰:相土作乘马。)冬祭马步。(马步,神为灾害马者。)凡大祭祀,朝觐会同,毛马而颁之,饰币马执扑而从之,禁原蚕。(原,再也,天文辰为马。蚕为龙精,月直火则浴其种,是蚕与马同气也。物莫能两天,禁再蚕者,为伤马也。)

《礼记》曰:大夫、士,下公门,式路马。乘路马必朝服,步路马必中道,齿路马刍有诛。路马死,埋之以帷。

《左传》曰:凡马,日中而出,日中而入。(中,春秋分也。春分放出之,秋分收入之。)

《尔雅》曰:駒騟,马(北海有兽状如马,名駒騟,色青)。野马(如马而小),绝有力。驳,膝上皆白惟馵,(馵,后两膝白者。)四骹皆白。驓(缯),四蹢皆白。首(俗呼为蹋雪马),前足皆白。骤,后足皆白。騚(斨),前右足白。启,尤白。踦,后右足白。骧,左白。馵,駓马白腹。騵,骊马白跨。騧(述),白州。騯(音鹥),尾本。騽(音晏),尾白。駩,的颡,白颠,白达素。县(素鼻茎),面颡皆白惟駹(莫江反。颡,额也)。回毛在膺宜乘。(旋毛在腹下如乳者,千里马也。)在肘后减阳,在干茀方(干,胁),在背阆广(音决光也。旋毛所在)。逆毛居駁(音充,毛逆刺者是)。牡曰骘(之逸反),牝曰騇(音舍,草马名),苍白杂毛。骓,黄白杂毛。駓(音不,今之桃花马),阴白杂毛。駰(今之赭白马),白马黑鬣。骆,白马黑唇。騜(诠),黑喙。駩(浅黄色者),一目白。瞯(闲),二目白。鱼,宗庙齐毫(尚纯),戎事齐力(尚强),田猎齐足(尚疾)。

马八尺为駥。何承天《纂文》曰:马一岁为犙,二岁为驹,八岁为馴(八)。駯(力会反),马色也;趽(防),曲胫马也;馼(文),黄目之马也;䮖(中高反),马行也。

《汉书》曰:元狩二年,马生余吾水中。(在朔方北。)元鼎四年,马生渥洼水中。(野马中有奇异者,饮水□。土人持勒得之,献其马,神异之,故云从水中出也。)又曰:大宛国别邑七十余城,多善马。马汗血,言其先天马子也。(大宛国高山其上有马,不可得。因取五色马置其下,与𡥜生驹,皆汗血,国人号天马子也。)

《汉书音义》曰:騕褭者,神马也。赤喙黑身。

《魏志》曰:秽国出果下马,汉时献之,高三尺。

鱼豢《典略》曰:神马者,河之精也。代马,阴之精。

常璩《华阳国志》曰:会无县有元马河。元马日行千里,死于蜀,今元马冢是也。县有元马祠,家人牧山下,或产骏驹,元马子也。又曰:神马四匹,出滇池河中。

《宋书》曰:宋大明五年,吐谷浑拾寅遣使献舞马。

《西京杂记》曰:文帝自代还,有良马九匹,皆天下骏也。一名浮云,一名赤电,一名绝群,一名逸骠,一名紫燕,一名绿离骢,一名龙子,一名麟驹,一名绝尘,号为九逸。

《符瑞图》曰:贵人而贱马,则白马朱髦集,任用贤良则见。又云:车马有节则见。腾黄者,神马也。其色黄,一名乘黄,亦曰飞黄,或作古黄,或曰翠黄。一名紫黄,其状如狐,背上有两角。出白民之国,乘之寿三千岁。(黄帝乘之。)

《相马经》伯乐曰:马头为王欲得方,目为丞相欲得明,脊为将军欲得强,腹为城郭欲得张,四下为令欲得长。眼欲得高匡,鼻孔欲得大,鼻头有王火字,口中欲得赤,膝骨员而张,耳欲得相近而前竖,小而厚。凡相马之法,先除三赢五驽,乃相其余。大头小颈一赢,弱脊大腹二赢,小胫大蹄三赢。其五驽者,大头缓耳一驽,长颈不折二驽,短上长下三驽,大骼短胁四驽,浅髋薄髀五驽。

【事对】

【青龙 白兔】《吕氏春秋》曰:《伊尹说汤》曰:天子不得至味,故须青龙之匹,遗风之乘。高诱《注》曰:皆马名也。疾若此遗风也。崔豹《古今注》曰:秦始皇有七名马:追风、白兔、蹑景、追电、飞翩、铜爵、晨凫。

【如龙 似鹿】《后汉书》曰:马皇后过濯龙门上,见外家问起居,车如流水马如龙。《韩子》曰:卫嗣君云:"夫马似鹿者而题千金,有百金马而无一金之鹿者,何也？马为人用,而鹿不为人用。"

【欶玉 流珠】《穆天子传》曰:天子东游于黄泽,宿于曲洛,曰黄之池。其马欶沙,皇人威仪,黄之泽;其马欶玉,皇人寿谷。傅玄《乘舆马赋》曰:挥沫成雾,流汗如珠。

【千里 九逸】《汉书》:文帝时,有献千里马者。诏曰:鸾旗在前,属车在后,吉行日五十里。朕乘千里马,独先安之乎？于是还马。《西京杂记》曰:文帝自代还,有良马九匹,号曰九龙。

【朱翼 缟身】黄章《龙马赋》曰:夫龙马之所出,于太蒙之荒域;分虞渊之幽浚,通天光之所极。生河海之滨涯,被华文而朱翼;禀神气之纯化,乃大宛而称育。《周书》:王会曰:"人乘黄,乘黄者似狐,其有五肉角。犬戎文马者,赤鬣缟身,目若黄金,名曰古黄之乘。"

【河精 坤象】鱼豢《典略》曰:神马者,河之精。《周易》曰:坤元亨,利牝马之贞。王弼《文言注》曰:以龙叙乾,以马明坤,随事义而取象也。

【翘陆 奔踶】《庄子》曰:龁草饮水,翘陆而居,此马之真性也。《汉书》曰:马或奔踶而致千里,士或有负俗之累而致功名。

【奔霄 追电】王子年《拾遗记》曰:周穆王即位,巡行天下,驭八龙之骏,名曰绝地、翻羽、奔霄、越影、逾晖、超光、腾雾、挟翼。崔豹《古今注》曰:秦始皇有七名马:追风、白兔、蹑景、追电、飞翩、铜爵、晨凫。

【驿骐　骒驷】《毛诗》曰:驷驷牡马,在坰之野。薄言驷者:有骄有皇,有骊有黄;有雅有驮,有驿有骐,有驔有骆。《史记》:造父以善御幸于周穆王,得骊骥、温骊,骅骝、骒耳之驷。西巡狩,乐而忘归。

【麟形　鸡目】张骏《山河经》曰:《画赞》曰,敦山有兽,其名为谷,鹿形一角。《尚书·大传》曰,散宜生之犬戎氏取美马,聪身朱髦鸡目者,取九六焉,陈于纣之庭。纣出见之,还而观之曰:"此何人也?"散宜生遂趋而进曰:"吾□蕃之臣昌之使者。"

【骅骝　骐骥】《东方朔传》曰:骐骥骒耳,飞兔骅骝,天下之良马者也。将以捕鼠于深宫之中,曾不如跛犬。《孙卿子》曰:骅骝骐骥,纤离骒耳,古之良马也。

【赋】

宋刘义恭《白马赋》:惟皇有造,惟灵有秘;丽气摘精,底爱覃粹。八埏稽首以宾庭,九荒敛衽而纳贽;象车垂德以服箱,龙马宅仁而受辔。是以周称逾轮,汉则天驷;体自乾维,衍生坎位。伊赭白之为俊,超绝世而称骥,尔其为状也。竦身轻足,高颡露精;气猛声烈,步远视明。著献西宛,表德东京;价倾函夏,观竭都城。饰金锾之倏烁,扬玉銮之玲珑;发鸣镝于悬月,驱永垎于修埛。施四介以作好,耀二矛之重英;举旧闲而未俦,考前迅而较名。

宋颜延之《赭白马赋》:惟宋二十有二载,盛烈光乎重叶。武义奥其肃陈,文教迄以优洽;泰阶之平可升,兴王之轨既接。访国美于旧史,考方载于往牒。昔帝轩陟位,飞黄服皂;后唐膺箓,赤文侯日。汉道亨而天骥呈身,魏德懋而泽马效质。伊逸伦之妙足,自前代而间出;并荣光于瑞典,登郊歌乎司律。所以崇卫威神,扶护警跸;是用精曜叶从,灵物咸秩。暨明命之初基,馨九区而率顺;有肆险以禀朔,或逾远而纳书。徒观其附筋树骨,垂梢植发,双瞳夹镜,两权协月,异体峰生,殊相逸发,超虑绝夫尘辙,驱骛迅于灭没。然而盘于游畋,作镜前王,肆于人上,取悔义方。天子乃辍驾回虑,息徒解装;鉴武穆,宪文光,振民隐,修国章。戒出豫之败御,扬飞鸟之跱衡,故祗顺乎所常忽,警备乎所未防。舆有重轮之安,马无泛驾之佚;处以濯龙之奥,委以红粟之秩。服养知仁,从老得卒,加弊帷,妆仆质,天情周,皇恩毕。

宋谢庄《舞马赋》:天子叙三光,总万宇,挹云经之留宪,裁河书之遗矩。是以德泽上昭天而下漏泉,符瑞之庆咸属,荣怀之应必躔。月晷呈祥,乾确效气,赋景河房,承灵天驷。凌原郊而渐景,曜□泉而泳质;辞水空而南僸,去轮台而东暨;登璧门而归实,掩芝庭而献釐。及其养安骐校,进驾龙涓;晖大驭于国皂,贲二襄于帝闲;超益野而逾绿地,轶兰池而轹紫燕。五王晦其颐,□氏懵其玄;东门岂或状,西河不能传。既秣芑以均性,又佩冲以崇躅;养雄神于绮文,蓄奔容于帷烛。蕴□云之锐影,戢追电之逸足。方叠镕于丹缟,亦连规于朱驳;观其双璧应范,三封中图。玄骨满,燕室虚,阳理竞,潜策纤,汗飞赭,沫流珠。至于肆夏巳升,采齐既荐,始徘徊而龙俛,终沃若而鸾盻。迎调露于飞钟,起承云于惊箭;写秦埛之蹍尘,状吴门之曳练。穷虞庭之蹈跶,究遗野之埋□。

【诗】

唐太宗文皇帝《咏饮马诗》:骏骨饮长泾,奔流洒络缨;细纹连喷聚,乱荇绕蹄萦。水光鞍上侧,马影溜中横;翻似天池里,腾波龙种生。

陈沈炯《赋得边马有归心诗》:穷秋边马肥,向塞甚思归;连镳渡蒲海,束舌下金微。已却鱼丽陈,将摧鹤翼围;弥忆长秋道,金鞍背落晖。

杨师道《咏饮马应诏诗》:清晨控龙马,弄影出花林;蹀躞依春涧,联翩度碧浔。苔流染丝络,水洁写雕簪;一御瑶池驾,讵忆长城阴。

杨师道《咏马诗》:宝马权奇出未央,雕鞍照曜紫金装;春草初生驰上苑,秋风欲动戏长杨。鸣珂屡度章台侧,细蹀经向濯龙傍;徒令汉将连年去,宛城今已献名王。[①]

明代《六书总要》:"马,乘畜,骏逸可爱。"[②] 说明了马在古代的最重要用途

[①] (唐)徐坚等撰:《初学记》卷二九《兽部》,明嘉靖十年锡山安国桂坡馆刊本,第六至十一页。

[②] (明)吴元满撰:《六书总要》卷五,明万历十二年刊本,第十四页。

即乘坐,也就是乘坐以替脚步,载重以省人力。明代万历后期之《三才图会》,对马之各类亦做了总结:

> 马,火畜也。火性健决躁速,故易乾为马。乾,阳物也,故其蹄圆。起先前足,卧先后足。八尺以上为龙,七尺以上为騋,六尺以上为马。又有果下马,谓其卑,乘之可以摘果也。马左足白曰騥,纯黑曰骊,青骊曰駽,即铁骢也。骊马白跨曰骟,黄白曰皇,黄骍曰黄,仓白杂毛曰骓,黄白杂毛曰駓,赤黄曰骍,青黑曰骐,青骊驎曰驒,即连钱骢也,白马黑鬣曰骆,赤身黑鬣曰騩,黑身白鬣曰雒,阴白杂毛曰骃,阴浅黑色即泥骢也。彤白杂毛曰騢,毫在骭而白曰驔,二目白曰鱼,骊马白腹曰骹,骊白驳,黄马黑喙曰䯄。马之良者有蒲稍龙文,汗血之属有赤鬣稿身,目若黄金名曰駮,周文王时犬戎献之。①

除了从作为动物本体的角度来记载之外,《三才图会·仪制卷三》还从仪制角度对不同朝代用马做了记载:

> 仗马。汉,长乐宫朝仪,陈车骑于庭。唐有立仗马。宋,则以御马十匹,分左右陈于门外。元大朝会,设仗马于内仗之南。今制,以马六匹,鞍勒金,左右各三匹,陈于文武楼南,东西相向。②

此处说明了历代"仗马"在重大活动中的布局,体现出马在国家、社会及生活各个层面具有不可替代的重要作用。从某种意义来讲,马在明代帝陵神道以石刻形式出现,本身就是一种仪仗的需求和反映。

---

① (明)王圻、王思义撰辑:《三才图会·鸟兽卷三》,明万历三十七年原刊本,第十六页。
② (明)王圻、王思义撰辑:《三才图会·仪制卷三》,明万历三十七年原刊本,第十九页。

第二节 明皇陵马与马官

　　明皇陵神道中,从第十三对起雕刻内容即为马和马官,直到第十八对止。具体顺序为:第十三对为马官,第十四对为马,第十五对为马官,第十六对为马官,第十七对为马,第十八对为马官。虽然共计6对,却是按照二人夹一马的顺序、组合排列呈现出来的。也就是说,如果以"一马两人"为一组计算的话,则为"两组对",其中第十四对的马与第十五对的马官连体雕刻而成,其他俱为独体圆雕。

图 84　　　　　　　　图 85　　　　　　　　图 89

　　皇陵马官俱为站立姿态,其中第十三对与第十六对马官在配件及动作设置上有相同之处:二者皆为握鞭马官,姿态基本相同,即双手握鞭,左手在外右手在内叠于腹前,马鞭自然下垂。两者身高略有差异,前者高约2.3米,后者高约2.8米。此外,雕刻局部亦有不同。首先,前者之东十三为长须中老年,西十三为无须青年;后者第十六东、西皆为长须中老年。其次,两者所握之鞭有细节之不同,前者手部所握之处应为鞭杆,被下垂绦绳所遮,鞭梢部分为两股(见前图84);后者双手所握处亦有绦绳左旋缠绕遮盖鞭杆,杆部后面还有一层结构,面积较鞭部宽大许多,且底部有一轮状物,鞭身底端亦有一旋转圆环接头,鞭梢从圆环穿过向下折叠成两股(见前图85)。经过如此比对,对于马官手持之物是否为驯马所用之鞭,本文持怀疑态度。因为马鞭基本形态为单股,且从根部至梢部逐渐变细,而此处所示皆为双股,且粗细未变。

  第十四对马长约3.2米,宽约1米,高约2.3米;第十五对牵马马官高约2.3米。第十四对马与第十五对马官为连体雕刻,其姿态为:马官一手持缰绳,一手扶腰,马头随马官持缰而略微扭动,人与马皆有动感,马官持缰一侧与马身连接,故其雕刻横向面积扩大,在充满动感的同时增加其稳定性。而东西两侧也有不同,主要体现在马官年龄上:东侧持缰者为长须中老年(见图86),西侧为无须青年(见图87)。

图 86　　　　　　　　　图 87

第十七对为独体石马,长约3.3米,宽约1米,高约2.2米。其马腹下部、四肢之间至底座连接之空间并未掏空,而是将此部分雕成平面体状(前、左、右三面为平面,后面两腿间为马尾所遮挡),其上满刻祥云纹饰(见图88)。为了显示此马之高贵,此马以祥云为饰,故多将其称为"天马"。马腹、四肢、底座之间因有石块相连,保存了原始石体的整体性,故此马之牢固、耐损性远超其他镂空雕刻之马,马之腿、足等保存较为完好(见前图89)。

图 88

　　第十四对与第十七对石马俱为立姿,由于马腿较长,石马重心较高且躯体较大,为了增强马腿的承受力以及平衡石马重心,前一对石马与控马者用整块石料连体雕刻而成,并对马腹及马腿进行了圆雕,使石马的重量借助连体马官粗壮的身躯来转移,保持平衡(见前图87);后一对石马由于独自站立,所以马腹、马腿与底座不进行镂空圆雕,而是运用半圆雕手法体现四肢及腹部形体,连接腹部、腿部与底座的石料采用组合浮雕的手法进行加工,形成精美的祥云图样(见图88),既分担了石马整体重量,稳定了石马重心,又装饰了石马躯体,使石马具备了永恒的"神马"意味,也达到了帝陵所要体现的掌权者盼望其统治长盛不衰的要求。此外,为了维持重心,这两对石马不只采用了以上的方法,还充分利用了马尾的支撑作用,马尾呈粗圆状由上至下直连石座,分担了石马躯体的重量。整体造型特点为躯体修长,全身上下浑圆有力,刀功大气却又细致,注重整体雕刻,突出局部细节,对马的动态、表情刻画精致到位:前一对石马侧头扭颈,北侧马腿前迈,意欲挣脱马官牵握缰绳的束缚,动感十足;后一对石马平心静气,眼睛前视,默默矗立,似在等待着随时驾着祥云腾空而起的那一刻,静而后动。

第十八对为独体马官,左手在外右手在内叠于腹前,无其他配饰。其高约2.7米,与第十七对天马、第十六对马官组成二人夹一马的组合。但本组中的两位马官形象并不一致,东十八马官为无须青年形象,东十六为长须中老年形象(见图90)。而该组与上一组东十三马官、十四马、十五马官二人夹一马的组合亦不一致,因为上一组中的马官俱为长须中老年形象。西十八马官也为无须青年形象,与西十七天马、西十六马官组成一组,但与本组中的西十六马官之长须中老年形象(见后图91)也不一致。而该组与同侧上一组十三马官、十四马、十五马官之组合也不一致,因为上一组中两位马官都是无须青年。

图 90

图 91

由上可见，同侧上一组与下一组比较结果并不一致，而且从东、西两侧对立面两组对比来看，结果也有不同：前一组十三、十四、十五之组合，东、西马官形象不同，即东侧两位马官均为长须，西侧两位均为无须；而后一组十六、十七、十八之组合，却又对称，即东、西第十六都为长须马官，第十七都为祥云天马，第十八都为无须马官。这显示出后一组马官在年龄、形象上的统一之处。

西十三基本为原刻，但颈部断裂处修补痕迹明显（见前图84）；东十三马官基本为新补。东十六基本完好，仅底座稍损；西十六保存较好（见前图85）。东十四马头、四肢为新补，东十五马官右侧肩部及头部、下足部俱为新补（见前图86）；西十四马保存较好，西十五马官颈部痕迹显示其头与身曾断裂过，后又将头部重新补上（见前图87）。第十七对天马因四肢并未完全镂空圆雕，故保存皆好。东十八马官形体完整，包括头部和底座都非常完整，可以说是所有马官中保存最好的一件；西十八马官脖颈处有断裂痕迹，显示头部为新刻，原头已失。

王剑英先生1973年9月的调查记录显示："西13，俑缺头，手执缰头，前座有裂损。东13，俑仅存底脚。西14，马完好。东14，马缺头、腿、尾、座套，仅存中段。西 15,牵马俑缺头。东 15,牵马俑缺头、脚,仅存身段,身上已凿炸药孔。西 16,执鞭俑缺鞭顶。东 16,执鞭俑缺鞭顶。西 17,马完好。东 17,马完好。西 18,俑缺头。东 18,俑完好。"①与本书近期所勘一致。

笔者所能找到的最早期的资料,是法国著名考古学家维克多·谢阁兰(Victor Segalen)于 1909 年前后拍摄的照片(见图 92②)。这一珍贵的影像资料清晰地展现了当时明皇陵石刻的样貌。

图 92

从图中可见,从北向南排序的话,东侧第一个马官(即东十三,图 92 左一)肩部以上是缺失的;之后石马(即东十四,图 92 左二)也缺失后半部分躯体,仅存前段躯体,包括马头、前足及躯体前半部分;西侧牵马官(即西十五,图 92 左六)缺少上半身;其他马与马官都是较为完整的。

第三节 明祖陵马与马官

祖陵石刻从第十一对开始即为马官与马的石刻。如果按照雕刻种类来排列石刻顺序的话,祖陵马与马官亦为 6 对,分别为:第十一对为握鞭马官,第十二对为马,第十三对为牵马马官,第十四对为握鞭马官,第十五对为马,第十六对为无鞭马官。如果按照雕刻用材数量来排列的话,则第十二对与第十三对合

---

① 王剑英著:《明中都研究》,北京:中国青年出版社,2005 年,第 419 页。
② [法]维克多·谢阁兰摄:《谢阁兰的中国考古摄影集》,法国国家图书馆藏本。

为一件，因为二者为一块整石所刻，如此，其排序则与以上不同，变为5对了，即第一对为握鞭马官，第二对为马与马官，第三对为握鞭马官，第四对为马，第五对为马官。以上两种排法，其实质内容未变，仅排列序号不同，即二人夹一马这种组合是固定的，故祖陵马与马官石刻布局同皇陵设置一致。

祖陵第十一对为握鞭马官，其基本动作为左手在外右手在内，双手握鞭叠于胸部。东侧马官头部缺失，后背损毁严重，除腿部之外，后背及臀部整体裂缺，其表层整体脱落，呈平面状；正面稍好一些，身躯多处有裂痕，右肩有损，右袖袍口、左脚云头靴为新补，底座也有多处新补（见图93）。西侧十一马官高约3米，动作与东侧一致，为三绺长须中老年形象；整体保存尚好，仅鼻部、右袖口等处有新补，其他部位均为旧作；可能因其曾沉于水中之故，其正面大部分变为深灰色（见图94），背面仍保留了石材本来之黄白色（见图95）；另外，马官有个较为显著的特征，就是耳垂特大、圆厚饱满，仅长度就有整个耳朵的一半。

图93　　　　　　　图94　　　　　　　图95

祖陵第十二马与第十三马官为连体雕刻，马与马官均高约2.7米，底座高约0.3米。东侧牵马马官保存较好，为长须形象，仅鼻部、左耳、胸前及胡须等处有新补痕迹，保存较为完整（见图96）。马官一手持缰，一手前扶腰带，姿态淡然；马虽被牵，但安然伫立，头部稍微扭向牵马官一方。马官牵绳一侧与马腹部及马腿部仍保持一体状态。其对面西侧马与马官，连体动作与东侧一致，保存也较好。西十二马右前腿为新补，左前蹄为新补，后肢曾断裂过；第十三马官鼻头、左脸颊、左耳为新补，身上有几处较为明显的斜向裂痕，其他尚好。东、西两侧牵绳马官造型不同之处，体现在对胡须的处理上：东侧马官为三绺长须，左、右两绺长须分别位于上唇嘴角两侧，中间一绺长须位于下唇下方正中处，三绺长须与下巴之须汇合，飘散于颈部胸前；西侧牵绳马官上唇嘴角两侧胡须为短须，左、右鬓角下方腮处各有一绺长须，再加上下巴处长须，也算是三绺长须。

图96　　　　　　　　　　　　图97

第十四对为马官圆雕，高3米多。东侧马官损毁较为严重，面部及袖、手处表层全部缺失,呈平面状(见前图97),左云头靴及底座为后补,躯体多处补痕显示其曾碎裂过,尤其是右肩斜向左下的裂痕较为突显;从后面看,整体坑洼不平、坑状碎点遍布,雕刻图样残破不已,风化也较为严重。西侧握鞭马官,头部为新补,手部、袖部有残损,马鞭亦有缺损,云头靴略损,履尖削平,底座后面左侧部分为新补,背部图样完整。

  第十五对为天马形象,高约2.7米,底座高约0.3米。其与皇陵天马一样的是:其腹部至底座之间并未掏空,而是仅雕为长方体造型,与四肢连体,起到了保护马腿、承受躯体重量的重要作用,其长方体各面雕满云纹,显示其"天马"之意。与皇陵天马不同的是:祖陵云纹区域是以四肢及马尾为界的,即此天马之后肢间并未全被马尾遮挡,仍有局部小面积露出,上面雕满的云纹也随之露出;而皇陵天马马尾完全遮挡后腿之间区域,故无云纹。从局部来看,祖陵东侧天马嘴部、双耳、左前腿及之下底座为新补,左侧颈部马鬃局部修补(见图98);西侧天马嘴巴为新补,马蹄局部有修补(见后图99)。

图98

  第十六对为独体马官圆雕,高约3米,左手在外右手在内叠扣于胸前。东

图 99

侧马官鼻头略有缺损,从正面看,躯干部裂痕较多,方向为从左上至右下,尤其是颈部左侧至右肩处、左肩至右肋斜向裂痕较深;前腹部及两腿间有大面积脱落,修补痕迹也较为明显;底座左右两前角为新补(见后图 100);其他较为完整。从背面看保存较好,雕刻图样完整清晰,底座曾断裂过。西侧马官霉黑色较重,冠有残,脖颈断裂过,鼻头、耳垂有残,身上裂纹较多,底座前面局部有新补(见后图 101),背部有补,风化较明显,裂痕较多。

  因马之南侧雕刻纹样保存较好,北侧则风化较重,所以本文所用纹样一般采自南侧。

图 100　　　　　　　　　图 101

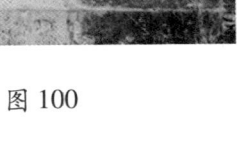

第四节　马上诸器释

　　皇陵、祖陵之马,并非纯粹的"裸马"雕刻,而是以最高标准的配饰来彰显皇家地位。其所配骑乘之物,于现今而言,不是与马常有接触者,一般不太了解。而关于我国古代马上的各种配件,亦有古籍记载。明代奇书《三才图会》

即绘有《马上诸器图》(见图102①),并对此图中各件有所解释:

图 102

　　鞍辔。桓宽《盐铁论》曰:古者绳鞍草荐皮荐而已,后代以革鞍而不饰。《释文》:辔,拂也,言牵引拂类,以制马也。辔之为饰,有衔勒镳、羁缰鞚之类。衔,衔在口中之义;勒,络也,络其颈而引之;镳,包也,在旁包敛其口也;羁,捡也,所以待制之也;缰,疆也,系之使不得出疆限也,缰亦曰鞘;

---

① (明)王圻、王思义撰辑:《三才图会·器用卷五》,明万历三十七年原刊本,第二十四页。

鞚者，控制之义。鞭。《说文》：所为驱迟者也。古用革以为之。《左传》：虽鞭之长，不及马腹是也。后世代之以竹，故或谓之策。盖策之以棰马，太王杖马棰去邠是也。①

由于神道石马并非真的用于骑乘，主要是作为仪仗性的摆设，再加之为了雕刻的效果，故该插图中的"踏镫"等实用类工具未在明陵石马中设置。除此之外，其他构件皆有出现，甚至石马配饰之繁杂胜于《马上诸器图》所示。

说到"马上诸器"，首先应是马鞍（见图103）。马鞍为坐具，是安放在马背上供骑者骑乘的用具，是最重要的马具，如果没有马鞍的话，人类骑马的感受将大打折扣。马鞍一般用木材做成，毕竟是放置于马背上的，要考虑到其重量对马造成的负担，当然后期也出现了各类金属材质的马鞍，但毕竟是少数。为了骑乘舒适，马鞍要制作成适合骑者臀部的形状并加以包装，一般用皮类包裹；为了更好地放置于马背上，又要考虑到适合马背的形状。为了保障骑者乘坐的稳

图 103

① （明）王圻、王思义撰辑：《三才图会·器用卷五》，明万历三十七年原刊本，第二十四页。

定性,马鞍前后要凸起,凸起处称为"鞍桥",前部较高凸的部分叫"前鞍桥",后面稍低些的部分叫"后鞍桥",中间部分叫"鞍脊",骑乘者可以卡坐在前后鞍桥之间的鞍脊上,且前鞍桥还可以起到扶握的作用。故此,马鞍通常较厚,凸起于马背之上,前后两头向上方高高翘起,中间鞍体低落呈弧形。明陵石马之马鞍也基本符合这种特征。

明陵石马除了凸起于马背的马鞍较为明显之外,最突出的则是马身两侧之饰,这种可以防止骑乘者碰伤马腹,同时可以防止马的汗水浸脏骑乘者衣裤的护搭,被称为"鞍鞴"。鞍鞴多以皮制,又称为"鞍韂";亦有称为"鞍翼"者,因其置于马身两侧,故称"翼"。此外,鞍鞴与"障泥"亦为一物。障泥又名"蔽泥",是垫在马鞍下,垂于马背两旁以挡泥土之物,从某种意义上来说与鞍鞴之功能一致,故二者在马具发展的某一时期可能会并为一物。原本鞍鞴是与马鞍连为一体的,后来为了便利又单独分离出来,现在即为直接垫在马鞍下面、长至马腹两侧的那一部分。皇陵石马的马鞍与鞍鞴仍然连为一体,2 对石马——被牵之马和独体天马,鞍鞴造型一致,呈梯圆形,底缘及两侧边线为直线,角处为圆弧形,北面纹样不清,南向纹样较为清晰。皇陵鞍鞴面积较大,基本遮挡住马腹部,以马脊为受力点披落于马腰身两侧,鞍鞴为双边装饰,两侧中心饰以圆形图案。祖陵 2 对石马鞍鞴都呈圆形,但稍有不同:前一对被牵石马为圆形鞍鞴且边缘光滑(见后图 104);后一对天马也为圆形鞍鞴,但边缘处加刻了一簇簇较短的流苏装饰(见后图 105)。

由于鞍鞴尺寸较大,有较为充足的展示空间,可以进行较大面积的装饰,往往成为身份与地位的象征。而明陵石马就是现存很好的例子,因其鞍鞴雕满了精美的龙凤纹饰。众所周知,龙、凤在古代都是帝王专用的,从这一点就显示了石马的级别。

而鞍、鞴等器具是如何固定在马背上,且在跑动中保持稳固的?这就要靠攀胸、肚带、后鞦等带状物了。攀胸又称为"胸带",是围绕马胸对马鞍起到固定作用的扁平状带子。肚带则是指围绕马腹的扁平带子,一般马鞍前后各有一束,以上下固定马鞍。后鞦又称为"鞦带""尾鞦",也有称"鞧"者,专指缠绕马臀部位以固定马鞍的带状物。攀胸、肚带、后鞦等一端与鞍部连接,一端绕过马

图 104

图 105

的不同部位,与另一侧鞍部相连,便将鞍具牢靠地固定在马背上。在明陵石马中,除了肚带被鞍鞒遮盖之外,胸带、后鞦等都清晰可见(见前图105)。在现今的骑乘中,胸带及鞦带经常省略,尤其是鞦带较少见到,毕竟不再是依靠战马决胜的冷兵器时代。现在骑乘多以娱乐为目的,所以很多马具能省则省,甚至在有些装束中肚带都简化为一束了。

按《三才图会》所释,马上诸器统称为"鞍辔","鞍"指马鞍、鞍鞒、踏镫等用具,"辔"指驭马所用的嚼子和缰绳,包括"衔勒镳""羁缰鞋"等。明陵石马身上诸用具,除了上文已述鞍、鞒等类,还有辔之各类也有体现。

早在唐代《初学记》中,即对辔之各类做了释解,并将马上诸器与天子治政御人相联系:

《释名》曰:辔,拂也,言牵引拂戾以制马也。辔之为饰,有衔勒镳羁缰鞋之类,以成其用也。衔,在口中之言也;勒,络也,络其头而引之;镳,包也,在镑包敛其口也;羁,捡也,所以持制之也;缰,疆也,系之使不得出疆限也。缰亦曰䩞,故埤苍曰:䩞,马缰也;鞋,控制之义也。《通俗文》云:所以制马曰鞋,夫辔之于马也,犹人君以吏之御人也。故《家语》曰:古者天子以内史为左右手,以德法为衔勒,以百官为辔。善御马者,正衔勒,齐辔策,均马力,和马心,故口无声而马应,辔策不举而极千里。善御人者,一其德法,正其百官,均齐人力,和安人心,故令不再而人顺从,刑不用而天下理矣。①

明陵石马辔饰中主要包括络头、缰绳、马衔镳等控马之物。马络头亦称"马笼头",是用以控制马头扭向的笼套类物,多以皮革制成。缰绳乃指骑乘者控制马首的绳索,多以皮类或织锦类制成,缰绳一端连接笼头,故可以牵制或者停拴马匹。马衔镳又称为"马嚼子""口衔"等,是为了便于驾驭,在最为柔软敏感的马嘴里横放的硬物,起初直接用绳索,后来多用硬骨、金属等制成,两端连在笼头或缰绳上,用以勒停跑动之马。因在马嘴之中,马经常咀嚼,故称"嚼子"。

---

① (唐)徐坚等撰:《初学记》卷二二,嘉靖十年锡山安国桂坡馆刊本,第十八页。

从明陵石马这个参照物身上,我们也可以看到,络头、缰、衔镳等都是连接到一起的,这样才能使骑乘者仅持缰绳一端即可控制马之行进。

除了这些控马必备的用具之外,明陵石马还有一些装饰用品,如马脖颈下及缰绳上的大璎珞(见图106),攀胸及后鞘上的压钉及令箭形带饰等,其上刻有葫芦、铃铛和右折"卐"字(见图107)等纹样。除了象征福禄万代等吉祥寓意之外,这些配置与纹饰更像道具,起到了彰显皇家身份的作用。

图 106　　　　　　　　图 107

第五节　明孝陵石马

明孝陵石马位于神道石刻的第十一、第十二对位置。2对石马周身皆无任何纹饰,仅就其马之本体进行雕刻表现。用料为青棕色石材,多红筋,质感凝重,密度较大。前者为卧姿,长约2.9米,宽约0.9米,高约2米。其马首略微下斜,颈部直立,挺胸收腹,虽是俯卧但不倦懒,给人以挺拔且有精神的感觉。其前腿后卧,前蹄向后平放,后腿向前卧,后蹄扣地(见后图108),可见雕刻者对马的蓄力、发力等细节表现得非常到位。后者为立姿,长约2.9米,宽约0.9米,高约2.3米。其耳朵短小,四肢粗壮,四足并立,鬃毛披散于颈部,因颈部及四肢短粗,神态有些许呆滞,故该石马笨拙憨厚之味较重(见后图109)。

图 108　　　　　　　　　　　图 109

  第十一对北侧卧马，马额至马鼻之间已损毁，呈平面状，鼻孔、眼等皆已缺失，马耳亦已损失，整个头部仅马嘴上下唇之间的裂隙尚存（见图108），脖颈部鬃毛依稀，马尾向右侧卷曲。南侧卧马，动作与北侧石马对称，马鼻受损，耳朵已失，眼睛痕迹依稀可见（见图110）。右侧肋腹部有较大面积修补，马鬃披于脖颈两侧，马尾曲向左侧。从方向上来说，这一对卧马的马尾都是向西边卷曲的。

图 110　　　　　　　　　　　图 111

第十二对北侧立马,耳朵有残,鼻部略残,四肢及马尾俱曾断裂过,后又补修,左后肢及马尾断痕清晰,马尾曲向左侧,与前一对卧马相对应(见前图111)。南侧立马保存较好,除臀部右侧有打砸痕迹外,基本未损失什么,但身躯裂痕亦较多,尤其是左侧马腹有几条较深的裂痕(见前图109),其马尾曲向右侧,与前一对卧马整体相呼应。

孝陵2对石马的动作较单一,除了卧与立之外,仅马尾的卷曲方向不同。

第六节　明长陵石马

明长陵石马位于神道石刻之第十二、第十三对位置。第十二对为卧姿,长约2.8米,高约2米。第十三对为立姿,长约2.9米,高约2.3米。2对石马除马身本体之外,都没有其他装饰雕刻。

东十二卧马耳尖曾受损,现已补缮。西十二卧马耳尖亦曾受损,现已补全。颈部挺立,马首微抬,双耳耸立,双眼圆睁,嘴巴合拢,鼻翼微张,额前部鬃毛及颈部鬣毛俱自然散落,前后四肢卧地,前肢后卧,前蹄向后,后肢前卧,后蹄扣地,尾部侧曲于一侧。东侧卧马尾部曲于右侧(见后图112),西侧卧马尾部曲于左侧(见后图113)。因为平卧,马背平直,马腹亦触地。因为屈膝,四肢及臀部肌肉表现较为突出。

东十三立马两侧鼻翼、左右耳尖曾受损,现补缮。西十三马仅耳尖有损缺,现已修补。东、西两侧二马呈对称姿态,自然站立,双足并行,马首微颔,斜向下前方,上下唇合拢,鼻孔微张,双眼有神,平视前方,颈部挺立,胸部肌肉高高隆起,马腹平缓,左右肋骨依稀可见,马背平直,臀部饱满圆润。其四肢粗壮,骨节凸显,四蹄如碗,倒扣于地(见后图114)。

虽然整个马之身躯无任何外部装饰,但马之本体雕刻已非常到位。马形体挺拔,姿态俊雅,笔者以为除四肢部分略显粗、短之外,其他方面已具神韵。其雕刻细节亦很讲究,眼部之睫毛都有所展示,颈后部马鬃雕刻精细、丝缕清晰,鬃毛分散成束,披落于颈部左右两侧。马尾膨大,尾毛清晰,从上至下呈现三种阶梯式增长:马尾根部最外层为短尾毛,短尾毛包裹下面中尾毛,中尾毛包裹最

图 112

图 113

下面长尾毛,长尾毛甩于后足蹄部,其中东侧立马甩于右后肢马蹄一侧,西侧立马甩于左后肢马蹄一侧,东西二者对称。

从1909年维克多·谢阁兰拍摄的长陵石马照片（见图115）来看，当时是完好无损的。可见耳、鼻部的损坏都是其后造成的。

图 114

图 115

第七节 明显陵石马

显陵石马位于神道石刻第八、第九对位置。前者为卧马,长约2.5米,高约1.2米,后者为立马,长约2.5米,高约1.6米。2对全身无外饰,皆为本体雕刻。

东第八卧马,面部风化严重,五官已损,颈部鬃毛成束披落左右,前肢后曲,前蹄向后,后肢前曲,后蹄扣地,马背平直,马腹触地(见图116),马尾曲向右后肢一侧,即朝向北方。马尾似曲棍,细看有尾毛丝丝雕刻痕迹。

西第八卧马,双耳缺失(见图117),其俯卧姿态与东侧对称,马尾曲向左后肢一侧,也即北方。

图 116　　　　　　　　　　图 117

东第九立马,风化较严重,身躯裂痕纵横,色迹斑驳,双耳已残,面部几近磨平。其身矮壮(见后图118),马身平长,四肢粗短,类矮马之状,圆蹄扣地,四蹄并立,四肢竟然比马尾还粗不少。其马尾甩向右后肢一侧,与蹄部相触。

西第九立马,残损严重,尤其是马腹部有大面积缺失(见后图119),其面部已风化为平面,五官难辨,仅马嘴上下唇部间隙可辨。马尾甩向左后肢一侧,也就是北方,与东侧立马相对应。其他四肢粗短等特征与东侧立马基本一致。

图 118　　　　　　　　　　　图 119

第八节　明代五陵马与马官规制之异

　　明代五处帝陵石马之规制不同，皇、祖二陵设马之时添设马官，而孝、长、显三陵则仅设石马。

　　明皇陵之马处于第十四对、第十七对，马官顺序为第十三对、第十五对、第十六对、第十八对。其中第十五对的马官与第十四对的马为连体雕刻而成，其他俱为独体圆雕。2 对石马俱着鞍鞯，饰龙凤纹，除牵马马官外，其余 3 对马官俱右手在内左手在外双手相叠半握于胸前，呈恭敬状。第十三对、第十六对马官右手握马鞭，第十五对、第十八对则仅为双手相叠。前三对位于东侧的均为长须老者，只有东十八为无须男子；位于西侧的除了西十六为长须老者外，其他 3 件可能皆为无须男子。也就是说，第十三对、第十五对东西相对立，东为长须老者，西为无须中青年；而第十六对、第十八对东西两侧却又统一，第十六对为长须老者，第十八对为无须中青年。如果把位于第十四对、第十七对的马也包括在内，整体来看这两组人马组合搭配并不一致，这种不一致是原本如此还是后期摆放造成的，尚待探究。

　　明祖陵之马处于第十二对、第十五对位置，马官处于第十一、第十三、第十四、第十六位置，第十二马与第十三马官为连体雕刻，其他为独体雕刻。2 对石马也是鞍鞯俱全，满饰龙凤纹样。与皇陵相同，除牵马马官外，其余 3 对马官左手在外右手在内叠于胸前,第十一对、第十四对持鞭,俱为长须中老年;第十三对牵马,亦为长须中老年;第十六对无鞭,亦为长须中老年。此处马官形象的设置,比较皇陵而言较为统一。

以上两陵马与马官的组合俱为二人一马,共计两大组。而之后孝陵、长陵、显陵等却省略马官及马上鞍辔,仅余2对裸马,且都是1对俯卧1对站立。这种情况,一般认为是朱元璋改革孝陵所致。孝陵之前的皇陵、祖陵二者同制,之后朱元璋在营建自己的孝陵时进行了改革,如神道石刻望柱、兽类、官员等的顺序,及神道石刻的数量等皆与此前不同。由于明代有遵循祖制的传统,之后的长陵、显陵等都采取了孝陵的规制,当然不能因此就要求后者与孝陵完全相同。后来建陵时,由于当时的条件局限及地域的差异等诸多因素的影响,后二陵之神道石刻各有异同,但这也是其尽量与孝陵同制的结果。在这种情况下,明代帝陵神道石刻就出现了两大规制,即皇、祖二陵一制,孝、长、显三陵一制。

第九节　明陵马与马官雕刻艺术表现

从明代五处帝陵石马对比来看,各陵在雕刻艺术表现上均有自身的特点。

首先,其外在表现有较大差异,包括造型、保存现状等。祖、皇二陵因为有鞍辔等配饰,故其马腹较大,是五陵中最为肥壮者;长陵石马马腹较为平坦,是最为矫健者;而孝陵石马因雕刻简约、身躯短胖,乃最为拙朴者;显陵石马体量最小。此外,各陵石马保存情况也不同:最好者乃长陵石马,其2对石马保存均基本完好;残损最严重者,乃显陵石马。雕刻细节有更多不同,如马鬃最长者乃皇陵石马,其颈部鬃毛长达前胸及前肢部位,其他几陵长度则相差无几,仅覆盖马之颈部。

其次,马官雕刻表现方面有较为明显的特色。一是,马官雕刻之比例与现实中人的比例不太符合,俱头大身矮。皇、祖二陵4对马官身高相近,皇陵马官头部高度为整体高度的四分之一至五分之一;祖陵马官头部占了整体高度的四分之一左右。这令人不得不感叹马官头部之巨。虽然与今之一般人体比例相比较,明陵马官显得头大身矮,但在陵中观看时感觉并不突兀,这是石雕整体形象比人高大，观看时距离近难以顾及全貌及仰视所致。二是，马官雕刻的细节表现非常到位。二陵马官双肘自然下垂，双脚自然微分，呈自然站立状，长袍及地，微露脚尖，双目圆睁，由于风化原因上眼皮轮廓痕迹较淡，使人感觉双眼略微下合，鼻翼微张，双唇紧闭，面部表情不卑不亢，有序有礼。二陵马官造型以圆为主，圆中带方，人物形象笔挺有力，外衣的轮廓及线条恰当地展现出内部身体的骨节、结构，如肩、肘、背、臀等部位。在把握圆雕整体形象的基础上对局部进行了必要的艺术处理，丰富了形体的起伏、层次。如肘到手腕部宽大的衣袖下垂，曲线飘逸，内衣与外套交代明白，层次清楚；再如后面腰部下垂的丝带，中上部进行了装饰处理，三条丝带编织成三个相同的"中国结"（见图120）纹样并穿系以环玉，形成"绶饰"，使整个背面简洁大方、疏密合理；其他如人物五官及胡须等都展现出了雕刻者较好的艺术功力。

最后，石刻艺术层次丰富细腻。虽然明代五陵石马及马官和其他所有大型独立雕刻一样都是圆雕，但是在圆雕的基础上运用了不同的表现手法。比如皇、祖二陵，就采用了更多的雕刻手法，使每一件石刻的雕刻形式丰富多样，包

图 120

括高浮雕、浮雕、线刻以及几种手法的组合使用等,增强了石刻的艺术表现力,使雕刻层次丰富细腻。所谓雕刻层次,是指把不同层次的雕刻内容分别雕刻在雕刻底层和雕刻最高层之间的不同深度的面上,形成具有复杂起伏关系的不同深度的诸多层次,也就是雕刻内容在雕刻平面上叠加多次。皇陵石刻雕刻层次一般可达到5层,但历经600多年风雨的破坏、磨损之后必然已不够清晰,但有些仍得以保存下来,如东第十五(从北向南)位置控马马官,原石刻头、脚已缺,只剩下身段。王剑英1973年9月调查皇陵石刻时,记录了东第十五的状况:"牵马俑缺头、脚,仅存身段",现在虽已补全,但实地考察时仍然可以清晰地看出新旧差异。而通过这个身段就可以看出明陵石刻的雕刻功力,其马官衣纹飘逸,束腰部分雕刻层次可达6层,分别为:第一层衣服,第二层束腰带边,第三层佩带垂挂,第四层束腰带,第五层革带,第六层革带上凸出的饰品(见前图86)。虽然雕刻厚度不过几厘米,但是雕刻层次非常丰富,雕刻内容也非常集中,展示了疏密对比的艺术效果。马官的衣纹、腰饰等都具有丰富的层次,雕刻艺术表现力发挥得淋漓尽致,充分说明了这些石刻的雕刻细腻程度。

第六章　明代帝陵石刻虎、羊、驼、象

明代五处帝陵神道石刻中,动物类有角兽、狮子、马、虎、羊、骆驼、大象七大类,其中前三类动物五陵皆有,后四类则不然。虎、羊仅明皇陵设有,且数量较多,各4对。骆驼、大象则仅孝陵、长陵、显陵设有,三陵数量又有不同:孝陵、长陵之骆驼、大象均为2对,各为1对卧1对立;显陵之骆驼、大象均为1对,皆为卧姿。

本书将五陵皆有之种类——角兽、狮子、马——单独分章而论,将零散种类虎、羊、驼、象合为一章而论。

第一节　明皇陵石虎

与外来物种狮子不同,作为我国本土意义上的"兽中之王",虎在古代人们思维认知中具有重要的地位。"虎,山兽之君。"[1]这是我国古代最早的字典《说文解字》中对虎的解释。《说文解字》成书于东汉,可见至迟从汉代起,就对虎以"君"相称,这在动物之中是独一无二的。至明代《六书总要》也采用了这一说法:"虎,山兽之君也。以十月交胎生育一次,浸世不交。《易》曰:云从龙,风从虎。《诗》曰:有力如虎。《淮南子》:虎啸谷风生。"[2]"浸"通"汶","浸世"即混乱之世,虎之"浸世不交",与麒麟之"祥瑞而现",有异曲同工之妙。

自古以来关于虎的传说很多,言其"食物值耳辄止",言其"画地以卜",形成了独特的虎文化。《三才图会》记载:

---

[1] (东汉)许慎记、(北宋)徐铉等校订:《说文解字》第五上,同治十二年新刻附通检版,第十八页。
[2] (明)吴元满撰:《六书总要》卷五《鸟兽第十》,明万历十二年刊本,第九页。

虎,大寒之日始交,七月而生,性至猛烈,虽遭逐,犹复徘徊顾步。其伤重者,辄咆哮作声而去。听其声之多少,以知去之远近,率鸣一声者为一里。其抟物不过三跃,不中则舍之。其食物值耳辄止,以为触其名故也。尝伤人者,耳辄有缺若锯。夜视,以一目放光,一目看物。猎人候而射之,目光堕地,得之如白石。又知冲破,能画地以卜。毛白者谓之甝,黑者谓之虪。①

此处之"值耳辄止,以为触其名",乃是言其与老子同名。明代成书《通雅》载:

《左传》"於菟",《汉书》作"乌檡",今作"䖝䖘",赘矣,或曰狸儿,转为李耳。彭乘曰:"虎食一人,耳成一缺。汀州得一虎,两耳如锯,岂此名乎?"李父、伯都,见《方言》。《淮南》曰:鸟雄鸷,兽牝猛,故罴为熊之牝,狼为獾之牝。虎牝曰乳虎。於菟者,乳头之转音也。南诏谓虎为波罗,蛮人呼虎为罗罗。张耒言:"存中闻关中人曰'此中有程',遂以为庄子程、生马之程,不知秦声谓虫为程,谓虎为大虫也。"②

可见,虎之别名很多,被称为"於菟""乌檡""狸儿""李父""伯都""罗罗""大虫"等。其中"狸儿"与老子之名"李耳"音近,故"李耳"亦成为虎的别称。明李时珍《本草纲目·兽二·虎》言:

虎,乌䖘(音徒。《左传》作"於菟",《汉书》作"乌檡")、大虫(《肘后》)、李耳。(时珍曰:虎,象其声也。魏子才云:其文从虍从几,象其蹲踞之形。从人者非也。扬雄《方言》云:陈魏之间,谓之李父。江淮南楚之间,谓之李耳,或谓之䖝䖘。自关东西谓之伯都。珍按:李耳当作"狸儿",盖方音转

---

① (明)王圻、王思义撰辑:《三才图会·鸟兽卷三》,明万历三十七年原刊本,第九页。
② (明)方以智撰、(清)姚文燮校:《通雅》卷四六,清康熙五年(1666)姚文燮校本,第三页。

"狸"为"李","儿"为"耳"也。)①

而老子被尊为道祖,故虎与道教亦产生了关系,被上升到了神话的层面:虎被奉为"四神"之一,称"白虎",与"青龙""朱雀""玄武"共同组成四方之神。白虎乃西方位之神,与青龙相对应。这一关系也体现了中国本土文化发展的必然性。如果将老虎与狮子、道教与佛教比较来看的话,更易于理解。狮子被视为佛家的神物,大众所知之佛门神功"狮子吼",是指佛法宣扬之无上威望,震慑一切。佛教、狮子皆为外来。而虎被视为道教的守护神,以其命名之龙虎山,乃道教发祥地。道教、虎皆为本土所生。唐初,唐高祖李渊以道家为尊,以老子李耳为祖,故置石虎于其献陵门阙。玄奘西行、佛法东兴,之后佛家影响大于道教,唐太宗昭陵始易虎为狮。

宋代,帝陵内城四门依然沿用唐制,门前以狮子镇守,但同时虎也被设置于神道,成为必不可缺之物。经实勘统计,北宋7个帝陵石刻,每个帝陵石刻总数量基本为30对(60件)左右,陵前神道石刻一般为26对左右。例如:

永定陵石刻共有60件,分别为:石望柱2件,象2件,象侍2件,瑞禽2件,角端2件,仗马4件,马官8件,石虎4件,石羊4件,客使6件,武官4件,文官4件,将军2件,宫人4件,石狮10件。除去4对门狮,其余26对均为陵前神道石刻。

永昭陵石刻共有64件,分别为:望柱2件,象2件,象侍2件,瑞禽2件,角端2件,仗马4件,控马官8件,石虎4件,石羊4件,客使6件,武官4件,文官4件,将军2件,宫人4件,上马石4件,石狮10件。除去4对门狮、2对上马石,其余26对均为陵前神道石刻。

可见在神道石刻中,石虎一般为4件,其余几处宋陵亦是遵循如此规律(参见本书第25页"附表2:北宋帝陵石刻顺序及数量"),说明了虎在宋陵的规制是明确、固定的——虎在宋陵成为定制。宋陵这一规制被明皇陵所沿用,不但在其神道设虎,且将其数量增为4对8件。除了因袭前朝的规制之外,将虎设于神道也是神道石刻之"仪卫"需要。《三才图会》载:

---

① (明)李时珍撰:《本草纲目》卷五一上,《文渊阁四库全书》本,第二页。

> 虎豹。按楚词云：虎豹，九关注谓，天门九重，虎豹守之。盖假借以言其严密之至也。天子清禁，上法紫宫，故门阙必陈虎豹者，所以象上帝之居也。元制，每大朝会则陈虎豹于日精、月华门外。□国朝正旦□、圣节朝会及册拜接见蕃臣，则以虎二豹二各用阑槛承之，分左右陈于□奉天门外。①

可见虎豹乃是"天庭"之守卫，映射在俗世之朝廷、帝陵，亦采用为神道之仪卫。

在虎演变为守护神的神化过程中，其自然也就具备了"辟邪""吉祥"等功能。《封氏闻见记》云："罔象好食亡者肝脑，人家不能常令方相立于侧，而罔象畏虎与柏，故墓前立虎与柏。"②因为古人认为怪物"罔象"会食"亡者肝脑"，而"罔象畏虎与柏"，故"墓前立虎与柏"。这是虎"驱邪避恶"功能的体现，而这一功能也正被古人所需要，尤其是占据一切资源的封建统治者们更是需要。故此，作为古代帝王逝世后进入的另一个世界帝陵，始设置石虎，以图吉祥。

虎成为雕刻对象，最早可能出现于西汉名将霍去病墓前，为"俯卧"状，估计乃是因为虎之凶猛，可以寓意武将的勇猛无敌。如以"虎将"来称呼英勇善战的将士，以"虎虎生威"来形容军士威武雄壮或精神气势旺盛之状，而无坚不摧、具有强大战斗力的军队则被称为"虎狼之师"。这些都是虎作为"百兽之王"在自然界中的表现映射到人类社会中的象征应用。故此，以虎寓意霍去病之彪炳战功。

关于虎之被神化及用于陵墓，现代著述也有言及。如《中国吉祥图案实用大全》言：

> 《易经·革》云："大人虎变，其文炳也。""大人虎变"，"君子豹变"，谓如虎豹之皮，文彩发亮，文理清晰，变化莫测。《疏》曰："损益前王，创制立

---

① （明）王圻、王思义撰辑：《三才图会·仪制卷三》，明万历三十七年原刊本，第十八页。
② （唐）封演撰：《封氏闻见记》卷六，上海：商务印书馆，民国二十五年，第八二页。

法,有文章之美,焕然可观,有似虎变,其文彪炳。"后常以喻大人物行止屈伸,非常莫测,如虎身花纹之斑驳多彩,变幻无穷。虎为"百兽之王","百兽之长"。民间视其为神兽,借其威猛勇武而镇祟避邪,保佑安宁。①

再如《中国传统图案大观(一)》中所言:

虎,哺乳动物,毛黄色,有黑色斑纹,听觉和嗅觉都很敏锐,性凶猛,以活物为食。《说文》曰:"虎,山兽之君。"民间视虎为神物。《宋书·符瑞志》云:"白虎,王者不暴虐,则白虎仁,不害物。"白虎是我国"四大神灵"之一,专管镇西方之妖,避西方之邪的神物。人们根据虎的吉祥避邪功能把虎分为:聚宝虎、封山虎、镇邪虎和驱五毒等等。表示老虎为保护人类,尽忠尽力。慑于它的神威,一切妖魔鬼怪见之都会逃之夭夭。为此,人们用虎来守宅、镇墓。②

关于虎,所言都大同小异。故鉴于以上各种说法,虎作为一个重要角色出现于明皇陵神道石刻之中,就有了充分的理由。

皇陵石虎共4对8件,为神道石刻的第十九对至第二十二对,皆为蹲坐姿,高约2米,长1.8米至2米不等,有些局部有缺,如耳朵、尾部等处,造型简洁,曲线流畅,耸肩垂腰,憨厚可爱(见后图121);其塑造注重整体起伏,局部运用线刻加以丰富,如脸部位置加以胡须、肩部位置加以鬃毛等(见后图122),除去头部五官及下巴起伏剧烈之外,其他部位起伏较平缓,打磨圆滑,尤其是后背部,浑圆如整体,流线般的形体自然饱满,刀砍斧劈般的裂痕和隆起的石筋更增添了石刻的沧桑韵味;尾巴部分呈粗圆柱带弯曲状,如石狮尾部一般缠绕往前,起到了同样的支撑作用(见后图123)。从整体来看,头部呈脸方脑圆之感,侧看,虎嘴、虎鼻位于脸部最凸起的位置,为侧面第一高度;虎眼、

---

① 王瑛著:《中国吉祥图案实用大全》,天津:天津教育出版社,1999年,第292页。
② 班昆著:《中国传统图案大观(一)》,北京:人民美术出版社,2002年,第187页。

虎耳位于后趋的脑部位置,眼部为侧面第二阶梯;宽大的鼻梁连接并过渡了第一凸起和第二凸起;胸肩部的粗圆雄壮到腰腹部的逐渐细窄使石虎充满矫捷、敏锐之感。总之,与石狮相比,石虎虽少了些威武气势,但多了些可掬憨态。另外,西十九和西二十一的石虎原件已经遗失不存,新补的 2 件虽然也是通过了专门的组织、论证工作才添加的,但是怎么看都没有旁边旧石虎的那种自然感觉,反倒多了一点呆滞之感,新雕旧刻让人一眼就能区别开来。

图 121　　　　　　　　图 122　　　　　　　　图 123

第二节　明皇陵石羊

羊是与人类亲近的家畜之一,古时即依据其雌雄、毛色等将其分别予以命名。辞书之祖《尔雅》载:

> 羊:牡,羒(谓吴羊白羝);牝,牂(《诗》曰:牂羊坟首)。夏羊(黑羖□):牡,羭(黑羝也,《归藏》曰:两壶两羭);牝,羖(今人便以牂、羖为白、黑羊名)。角不齐,觤(一短一长)。角三觠,羷(觠角三匝)。羳羊,黄腹(腹

下黄）。未成羊，羜（俗呼五月羔为羜）。绝有力，奋。①

说明其时对羊的认知就很充分。随着社会的发展，人们对羊的习性等更加熟悉。明代《三才图会》载：

> 羊性善群，每成群则以一雄为主，举群听之。又性前逆，其肠九紫，善瘦，有疾辄相污。小曰羔，五月生羔曰羜，六月生羔曰䍩，七月生羔曰䍮，未卒岁曰㸰。牡者曰羝，吴羊白羝曰羒，夏羊黑羝曰羭。其牝者曰牂，夏羊牝者曰羖。羊之角主明目、安心、益气、轻身、辟鬼魅。羊于六畜为易生又繁息之物，一岁之间母既生子，子复生孙，孙又生子，号为一岁三生。②

其时对羊的划分已经细致到按月份命名，与现在人们以"羊"笼统称呼它相比，古之"羊文化"显然已被淡化不少。因羊具有"辟鬼魅"及"一岁三生"之功能，故其又成为吉祥的象征。

当羊具有了如此吉祥的寓意，其被设置于帝陵神道也就可以理解了。前文已述，北宋帝陵将虎设为必备仪制内容，与此同时，羊也入选，且其数量与虎完全一致，皆为2对4件。而明皇陵也完全延续了这一规制，并将羊之数量增加一倍，与虎一样为4对8件。朱元璋增设石羊于其父母之陵的原因，除了以上之外，可能还有表达孝道的想法。明代的黄省曾《兽经》对羊"知礼行孝"有云："羔羊跪乳。羔，羊子也。羔饮其母，必跪，类知礼者。'乳必跪而受之'。"③强调了"羊初生，知跪乳"的"孝行"。不管有意还是无意，明皇陵设羊之制，给了"以孝传世"的朱元璋一个彰显孝道的契机。

明皇陵石羊设于第二十三对至第二十六对处，4对皆为俯卧姿，高约2米，长约2.2米，保存尚好，羊耳偶有残缺。皇陵石羊整体造型以圆为主，打磨细

---

① （晋）郭璞注：《尔雅》卷下《释畜》，日本天保十五年羽泽石经山房景宋本，第十六页。
② （明）王圻、王思义撰辑：《三才图会·鸟兽卷三》，明万历三十七年原刊本，第二十页。
③ （明）黄省曾撰、周履靖补：《兽经》，引自王云五主编《丛书集成初编》，上海：商务印书馆，民国二十五年，第二页。

腻,同时又带有天然的石质摩挲感。石羊姿势为腿、身平卧,颈部自然挺直,头微仰,眼平视,嘴部凸出,羊耳斜拢向后下方,羊角半圆形弯于耳后,前腿后卧,前蹄向后,后腿前卧,后蹄扣地,其卧姿亦如跪姿(见图124)。羊尾自然下垂,采用半圆雕的手法使其高凸于臀部,尾巴宽度近乎羊脸宽度,且高、宽基本相等,所以羊尾短粗扁圆(见图125)。

图 124　　　　　　　　　图 125

明皇陵设石羊之制虽然沿用宋陵,但与宋陵石羊之造型有诸多不同。其一,皇陵石羊皆为抬首闭口状,下巴底下无须,显得安静温驯。这种造型非常符合古籍所载:"羊,刍畜,性柔好触。羊曰柔毛。"①而北宋帝陵石羊下巴底下有须,多数闭口,少数呈开口状,似在呼叫发声,显得喧闹活泼,较有生活气息(见后图126)。其二,宋、明帝陵石羊尾部之造型差异较大。明皇陵石羊尾部粗且宽,而宋陵石羊却是细小尾巴(见后图127),这一点也经过了实地考证,说明宋、明帝陵之羊并非同一品种。出现这种情形的原因推测主要是地域差异。

由于明皇陵石羊从颈部到躯干体积逐渐增大,在臀部收圆,加之具有左右

---

① (明)吴元满撰:《六书总要》卷五《鸟兽第十》,明万历十二年刊本,第十五页。

图 126　　　　　　　　　　　图 127

对称之美,所以石羊充满圆润饱满之感,尤其是从背面或侧面观看,圆感更明显。石羊眼神中带有一丝调皮,使明皇陵石羊多了一分亲近之感。无论姿势还是表情,明皇陵石羊给人最明显的感觉就是温驯,就如人们日常所说的"像羊一般温驯"。另外,羊这一动物历来与人相熟,人类对其了解充分,这为雕刻家把握其形体特征及姿势提供了直接的、现实的条件,所以其调皮可爱与温驯乖巧的感觉是具体的、真切的。

综合以上可见,羊在我国自古就具有"善""祥""孝"的寓意。《三字经》开篇即言"人之初,性本善","善"字上首为羊,可见"羊"与"善"本身就联系在一起。此外,以羊为部件组成的字还有"祥""美"等,充分说明羊与"吉祥"的紧密关系。加之"羊跪乳"之生性,羊便成为"行孝"的最佳载体。

现在的研究也多采用以上说法,如《朱元璋与凤阳》言:

> 石羊立帝陵墓前,大约有如下含义:其一,取"祥""吉利"之意。《说文》:"羊,祥也。"《墨子·明鬼下》:"有恐后世子孙,不能敬箸以取羊。"《汉元嘉刀铭》:"宜侯之,大吉羊。"其二,表达"孝道"之意。取"羊有跪乳

之恩"之义。①

此外，《中国传统图案大观（一）》中也有此"吉祥""孝礼"之说法：

> 羊是六畜之一，是普通的家畜。羊的种类有山羊、绵羊等。羊，古代寓吉祥之意。《说文》曰："羊，祥也。"汉代铜洗上刻有羊纹、子母羊纹等并有"大吉羊"铭文，即"大吉祥"的意思。古时"羊"与"祥"通，吉祥多写作"吉羊"，在传统的吉祥纹图中常有"吉羊"出现。羊即是吉祥物，长期以来被古人视为厚重的祭品。羊性如人伦，羔羊吃奶必跪，被人们视为孝伦，类为礼者。②

可见，中国文化视羊为"吉祥""孝道"的化身，一直以来是没有改变的。皇陵石羊的设置也体现了这些寓意。

明皇陵之后，所有的帝陵石刻再无虎、羊二者，因此，皇陵石虎、石羊更显珍贵。

第三节　明陵石刻骆驼

明代帝陵中出现了骆驼，从现在调查的情况来看，这尚属首创。史料中对骆驼的记载不多，估计当时骆驼的生活区域远离繁荣的城市，故少为执笔者所接触，难以入册。从中国第一部官修类书《艺文类聚》之后，骆驼之载才较为集中，至宋、明时期都有类似的资料出现，其中尤其以宋代《太平御览》和明代《本草纲目》所释最为详细。

骆驼，古时称为"橐驼"。橐即装物之袋，因骆驼背部有肉峰似负袋，故称"橐驼"。古人早已了解骆驼的生活习性，如其"知水源"。《艺文类聚·兽部

---

① 夏玉润著：《朱元璋与凤阳》，合肥：黄山书社，2003年，第418页。
② 班昆著：《中国传统图案大观（一）》，北京：人民美术出版社，2002年，第212页。

中》言：

> 骆驼。华峤《汉书》曰：南单于遣使诣阙，奉蕃称臣。入居于云中，遣使上书，献骆驼二头，文马十匹。《博物志》曰：敦煌西渡流沙往外国，济沙千余里，中无水，时有伏流处，人不能知。骆驼知水脉，过其处，辄停不行，以足踏地。人于所踏处掘之，辄得水。①

这种特殊能力突显了骆驼的重要性。

唐代《初学记·兽部》也对骆驼做了归类，但不如宋代《太平御览》全面。本书直接采用后者，以理顺骆驼在古时的影响脉络。《太平御览·兽部十三》载：

> 橐驼。
> 《淮南子》曰：橐驼之本出泉渠。
> 《广志》曰：天竺以北多橐驼。
> 《山海经》曰：号山阳之光山，兽多橐驼。善行流沙中，日三百里，负千斤。
> 《史记·匈奴传》曰：其奇畜则橐驼。
> 又曰《苏秦传》曰：苏秦说楚威王曰："大王诚能用臣之愚计，则燕代橐驼、良马必实外厩。"
> 《汉书·西域传》曰：鄯善国多橐驼。
> 《东观汉记》曰：河官太守窦融遣使献橐驼。南单于上书献橐驼。单于岁祭三龙祠，走马斗橐驼，以为乐事。
> 华峤《后汉书》曰：南单于遣使诣阙，奉蕃称臣，入居于云中，遣使献橐驼。
> 《南史·四夷传》曰：滑国有两脚橐驼及野驴有角，皆善负重而行。

---

① （唐）欧阳询编：《艺文类聚》卷九四，明嘉靖时期天水胡缵宗刊本，第四页。

《后魏书》曰：高祖不饮洛水，常以千里足名驼更互向恒州取水，以供赡焉。

《后周书·四夷传》曰：西北有流沙数百里，夏日多热风，为行旅之患。其风欲至，惟老驼知之，即预鸣而聚立，埋其口于沙中。人以为候，以毡拥其鼻口。其风迅速，须臾即过，不尔则至危毙。

《盐铁论》曰：齐陶之缣，南汉之布，中国以一端之缦得匈奴累金之物。是以骡驴骆驼衔尾入塞。

《博物志》曰：敦煌西渡流沙千余里，中无水，时时伏流处人不能知，乘骆驼，驼知水脉，遇其处，辄停不肯行，以足蹋地。人于蹋处掘之，辄得水。

《外国》曰：大秦国人长一丈五尺，猿臂长胁，好骑骆驼。

《洛中记》曰：有铜驼二枚，在宫之南四会道，高九尺，号铜骆驼。

陆翙《邺中记》曰：二铜驼如马形，长一丈，高一丈，足如牛，尾长二尺，脊如马鞍。在中阳门外，夹道相向。

《异苑》曰：西域苟夷国，山上有石骆驼，腹下出水。以金铁及手承取，即便对过；瓠芦盛之则得。饮之者令身体香净而升仙。其国神秘，不可数遇。

《楚辞》曰：蛙黾游乎华池，腰褎奔亡，胜驾橐驼。（腰褎，骏马。）

郭璞《山海经图·橐驼赞》曰：驼惟奇畜，肉鞍是被。迅骛流沙，显功绝地。潜识泉源，微乎其智。[①]

此处可见骆驼的几个特性："善负重""善行流沙""知水脉""御风险"等。而其中所言之"铜驼""石驼"可能是我国记载最早的大型室外骆驼雕刻，铜驼"九尺""一丈"之高，堪称大作。

继晋朝《邺中记》记铜驼，南朝宋《异苑》记石驼后，北魏《水经注》亦记载了"汉太尉桥元"之石驼。郦道元《水经注》卷二四中《睢水、瓠子河、汶水》部分

[①] （北宋）李昉等编纂：《太平御览》卷九〇一《兽部十三》，《文渊阁四库全书》本，第十至十二页。

云:"睢阳……城北五六里,便得汉太尉桥元墓。冢东有庙,即曹氏孟德亲酹处。……又有钺文称,是用镂石假象,作兹征钺、军鼓,陈之于东阶,亦以昭公之文武之勋焉。庙南列二石柱,柱东有二石羊,羊北有二石虎。庙前东北有石驼,驼西北有二石马。皆高大,亦不甚雕毁。惟庙颓构,粗传遗墉,石鼓仍存,钺今不知所在。"①这可能是最早的墓前骆驼石刻记载。

明代李时珍《本草纲目·兽一》对骆驼亦有记载,这应该是较为客观的,尤其对骆驼的生理习性描述非常具体:

> 驼。橐驼(《汉书》)、骆驼。
> 时珍曰:驼能负橐橐,故名。方音讹为骆驼也。
> 马志曰:野驼、家驼生塞北、河西。其脂在两峰内,入药俱可。
> 颂曰:野驼,今惟西北番界有之。家驼,则此中人家蓄养生息者,入药不及野驼。
> 时珍曰:驼状如马,其头似羊,长项垂耳,脚有三节,背有两肉峰如鞍形,有苍、褐、黄、紫数色。其声曰圞,其食亦齝。其性耐寒恶热,故夏至退毛至尽,毛可为毼。其粪烟亦直上如狼烟。其力能负重,可至千斤,日行二三百里。又能知泉源水脉风候。凡伏流人所不知,驼以足踏处即得之。流沙,夏多热风,行旅遇之即死。风将至,驼必聚鸣,埋口鼻于沙中,人以为验也。其卧而腹不着地,屈足露明者,名明驼,最能行远。于阗有风脚驼,其疾如风,日行千里。土番有独峰驼。《西域传》云:大月氏出一封驼,脊上有一峰隆起,若封土,故俗呼为封牛,亦曰犦牛。《穆天子传》谓之牥牛。《尔雅》谓之犦牛。岭南徐闻县及海康皆出之。《南史》云:滑国有两脚驼。诸家所未闻也。②

总览以上所载,可得骆驼基本情况。我国骆驼主产于西北,如"鄯善国"

---

① (北魏)郦道元撰:《水经注》卷二四,《文渊阁四库全书》本,第六至七页。
② (明)李时珍撰:《本草纲目》卷五十下,《文渊阁四库全书》本,第三十四页。

"西北番界""此中人家"等所指皆是。古时认为骆驼擅长在流沙中行走,日行可达三百里,负重可达千斤,并可以感应到伏流及水源所在,能御流沙、热风等风险。今天,骆驼被称为"沙漠之舟",其头部较小,颈粗长,有弯曲,躯体高大,体毛多为褐色,耐饥渴能力可称兽类第一,是人们沙漠行旅的主要交通工具。在《三才图会·兽部》中还配有古代"驼图",但其与真实之骆驼出入太大,本书不再采之。

骆驼作为帝陵神道大型雕刻,出现在世人面前,要从朱元璋明孝陵开始。

孝陵骆驼,位于神道石刻第五对、第六对处,1对卧姿,1对立姿。卧驼高近3米,长近4米,底部石座宽约1.2米。立驼高约3.7米,长约4米,底座宽约1.6米。其驼身石筋较多,有微损及裂痕。

图128

卧驼与立驼除了卧、立的姿态不同之外,构造基本一致。其嘴巴凸长,鼻梁略高,耳朵较小,呈尖圆形,嘴、眼等以线刻为主,头部平抬,胸颈挺直,背驮双峰。卧驼前肢前曲,后肢后曲,四足卧地(见图128),臀部浑圆,尾巴为圆柱状,甩于一侧。神道两侧卧驼尾巴所曲方向是一致的，即都曲向西侧。立驼四足自然分开，前后并列（见图129），尾巴甩于一侧，皆朝向东侧，与卧驼相对应。骆驼下唇底下原有须，后卧驼之须被损，立驼还留有少许。

图 129

　　孝陵设立骆驼之后，长陵因循，亦设2对，1对卧，1对立。
　　长陵骆驼位于神道第六对、第七对处。卧驼高约2.5米，长约3.7米，立驼高约3米，长约3.9米，皆体积庞大。
　　长陵骆驼主要特征与孝陵一致，也为双峰驼，一卧姿一立姿。但二陵雕刻风格略有差异。长陵骆驼更具曲线美感，脸部、脖颈、驼峰、腹部、四肢等皆以曲线表现，形体、结构等更加注意起伏变化，更具立体感，如五官部分的显示。
　　此外，二陵骆驼细节上也有不同：长陵骆驼脸颊轮廓更加清晰，下唇胡须、头部鬣毛等清晰完好;卧驼之四肢伏地稍有变化,孝陵骆驼前后肢动作一致,长陵则前后肢不同,其前肢与孝陵骆驼前肢一致都是触地的,后肢则变为翘起状,以后髋处为重要支撑点(见图130),后两足内收,间距变窄,更多地承受了下卧躯体的重量。

图 130

立驼身躯细腻圆润,驼峰隆起,颈部下曲明显,腹部收缩(见后图131),四肢并立,尾巴曲向北侧,与卧驼尾巴的曲向不再对称,而是同向于陵寝方向。

从1909年维克多·谢阁兰拍摄的长陵骆驼照片(见后图132)来看,其时保存基本完好,仅骆驼下巴底下的胡须等小部位有损缺,与现在保存状态差异不大。现在所见的骆驼胡须等已修补。此外,第一次看到维克多·谢阁兰拍摄的照片时,笔者就有疑问:为何那时的石刻周围是一片荒野?那时不是应该树木葱郁吗?希望有了解缘由者能够解惑。

长陵之后,显陵因袭,亦设立骆驼,但规模小一些,仅为1对卧驼。

显陵卧驼位于神道第四对处,高约1.5米,长约2.7米。其石质灰白,有霉

图 131

图 132

图 133　　　　　　　　　图 134

灰色附着，风化明显，腿、足等处有断损。其四肢卧姿与长陵卧驼卧姿基本一致，但前肢较为翘起，仅肩关节、足部与地面相触（见图133）。尾巴亦曲向北方（见图134）。显陵骆驼虽为双峰驼，但驼峰较为矮小（见后图135），其颈部前伸，头部前探，耳朵较圆且闭合幅度大，这是其不同于孝陵、长陵骆驼的主要特点。

　　通过三陵骆驼的对比，可见其具有显明的承袭关系。而起始者孝陵，为何会设置骆驼，成为一个千古之谜。因为此举属于首创，无前朝之参考，其原因又未见于具体的记载，故今之所论皆为揣测。

　　依笔者所见，孝陵首设骆驼，应该是为了与之前宋陵所设置的大象相联系的。大象作为陆地上现存最大的哺乳动物，被北宋设于帝陵神道并确定规制，而其时大象之产地主要为南方，代表的是南方疆域的统治。明朝是朱元璋推翻元朝而建立的，蒙古人向来生活于北方草原。其时明军驱逐元兵北逃，元将扩

图 135

廓帖木儿败逃于甘肃。洪武三年(1370),徐达率军与之决战,此即为大明平定西北之战,自此,西北统一。此战中骆驼有没有参与,对明军的胜利是否发挥了作用,姑且不论,但骆驼代表的正是西北之地,故其为统治大北方的象征。所以骆驼对朱元璋具有重要意义。而宋代仅有大象,仅指代南方,也正说明其对北方统治力的不足。

而大明神道所置象、驼,以南有大象、北有骆驼之区域特产,意指南北无疆矣。这也许才是朱元璋明孝陵设立骆驼的真正用意。

第四节 明陵石刻大象

大象,古籍记载为"南越大兽",我国最早的字典《说文解字》解释说:"象,长鼻牙,南越大兽。三季一乳。象耳牙四足之形。"[①]南越乃指我国古代以广西

---

① (东汉)许慎记、(北宋)徐铉等校订:《说文解字》第九下,同治十二年新刻附通检版,第十八页。

为中心的广大区域,因其位于我国南方,故称南越。可见象也为我国古代之原产物。明代《六书总要》也证实了这一说法:

> 象,南越大兽,长鼻牙,细目垂耳,身似水牛,三年一乳。《左传》:象有齿以焚其身。像垂耳勾鼻形。或曰其胆在足,随四时转运,因借为历象也。《张华传》:竗达纬象。又肖似也,与"像"通。又乐舞名,《礼记》:成童舞象。又州名,古百越地陈置象郡。又《周礼》"象胥"注:通夷狄之言者。《礼记》:东方曰寄,南方曰象。①

中国现存最早的官修类书《艺文类聚》对古籍中有关象的记载做了汇总,因其为官修,故尤其注重历代朝堂之事。在对象的记述中,包括有现今广为人知的"曹冲称象":

> 象。
> 《尔雅》曰:南方之美者,有梁山之犀象焉。
> 《山海经》曰:巴蛇食象,三岁而出其骨。
> 《左传》曰:象有齿,以焚其身。
> 《孟子》曰:周公驱犀象而远之,天下大悦。
> 《万岁历》曰:成帝咸康六年,临邑王献象一,知跪拜,御者使从之。
> 《吴志》曰:贺齐为新都郡守,孙权出祖道,作乐舞象,权谓齐曰:"今定天下,都中国,使殊俗贡珍,百兽率舞,非君而谁?"
> 《江表传》曰:孙权遣使诣献驯象二头。魏太祖欲知其斤重,咸莫能出其理。邓王冲尚幼,乃曰:"置象大船上,刻其所至,秤物以载之,校可知也。"太祖大悦。又曰:魏文帝遣使于吴,求象牙。群臣以非礼,欲不与,孙权敕付之。蜀将诸葛亮,讨贼还成都,孙权遣劳问之,送驯象二头与刘禅。
> 《吴时外国传》曰:扶南王盘况,少而雄桀,闻山林有大象,辄生捕取

---

① (明)吴元满撰:《六书总要》卷五《鸟兽第十》,明万历十二年刊本,第九页。

之,教习乘骑,诸国闻而伏之。

《博物志》曰:昔日南有四象,各有雄雌。其一雌死百有余日,其雄泥土着身,独不饮酒食肉,长吏问其所以,辄流涕焉。

《法显记》曰:迦维罗卫国,从佛生处东行五由旬,有国名蓝莫。此国皇得佛一分舍利,还归起塔。塔边有池,池中有龙,常守护此塔,昼夜供养。乃有群象,以鼻取水洒地,取杂花香而供养。诸国道人来,欲礼拜塔,遇象大怖,依树自翳,见象如法供养。道人太息悲感,即舍大戒,还作沙弥,自挽水平怡处所,使得净絜。

《异苑》曰:会稽张茂,尝梦大象,以问万推,曰:"君当为大郡,而不能善。夫象者大兽,取其音,兽者守也,象以齿焚其身,后必为人所杀。"茂永昌中为吴兴太守,值王敦问鼎,执正不移,敦遣沈充杀之。

【赞】晋郭璞赞曰:象实魁梧,体巨貌诡,肉兼十牛,目不逾豕,望头如尾,动若丘徙。①

此处可见象的典籍涉及"朝廷""宗教""传说"等各方面,说明象在我国古代早已拥有了重要的地位。

明代《三才图会》亦总结了大象的神奇之处:

象。出交趾山谷,身具百兽肉,皆自有分段,惟鼻是其本肉。三岁一乳,其身倍数牛,而目不逾豕。鼻长七尺,大如臂,所食物皆以鼻取之。或食刍,必再三整齐乃食。能别道之虚实,稍虚辄不肯过。其鼻端有爪形,得之可以拾针,若磁石有肉。其胆不附肝,随身转诸兽肉中。其牙长一尺,每雷震,必仓卒间似花暴出,逡巡隐没。其性妒有别,不畜淫子。②

其所言不知真假,估计皆为传说。但这种神秘性反而更利于强化象的影

---

① (唐)欧阳询编:《艺文类聚》卷九五《兽部下》,明嘉靖时期天水胡缵宗刊本,第一页。
② (明)王圻、王思义撰辑:《三才图会·鸟兽卷三》,明万历三十七年原刊本,第八页。

响力。

早在西汉时期,象便出现于霍去病墓前,这应该是象作为石刻形式的最早呈现。其后,象作为"卤簿"仪仗的组成部分而成为规制中的内容。所谓"卤簿",乃指中国古代帝王出外时的整个队伍安排及其制度,包括车马、护卫、礼制等方面的仪仗规制。东汉蔡邕《独断》记述:"天子出,车驾次第,谓之卤簿。有大驾,有小驾,有法驾。"[1]

大象作为古时重大活动的"仪仗"的组成部分,从汉代起,即排在前面。《宋史·仪卫志·仪卫六》载:

> 卤簿仪服。自汉卤簿,象最在前。晋平吴后,南越献驯象,作大车驾之,以载黄门鼓吹数十人,使越人骑之以试桥梁。宋卤簿,以象居先。设木莲花坐,金蕉盘,紫罗绣幨络脑,当胸、后鞦并设铜铃杏叶,红牦牛毛拂,跋尘。每象,南越军一人跨其上,四人引,并花脚幞头、绯绣窄衣、银带。太宗太平兴国六年,两庄养象所奏,诏以象十于南郊引驾。开宝九年,南郊时,其象止在六引前排列。诏卤簿使领其事。[2]

象以其庞然大物之气势列于卤簿之制,为后来象作为一个种类设置于帝陵神道奠定了基础。毕竟,神道石刻的设立也是为了延续生前的地位,故称其为"石像生"。大象设置于帝陵并形成完整的规制当在北宋时期。前文已述,北宋皇陵神道之首乃石望柱,之后即为大象。如果望柱仅作为石刻用以标明神道起始的话,那么大象则是所有真正意义上的石像生之首。这一规制北宋所有帝陵皆严格遵循。

明承宋制,明代帝陵应该与宋陵一致,但实际不然,毕竟间隔了几百年,想不改变都难。且明朝建立者朱元璋本身还是善于创新的,明陵有诸多改制才正常。故明皇陵、明祖陵皆不曾承袭宋制设立大象,而从朱元璋自己的孝陵开始,

---

[1] (东汉)蔡邕撰:《独断》卷下,明程荣校对刊本,第十页。
[2] (元)托克托等修:《宋史》卷一四八,《摛藻堂四库全书荟要》本,第一页。

却又设置了大象,且增加了数量,为2对。之后长陵、显陵因袭,只是最后之显陵,大象的数量又减为1对。

按时间先后,明代最早设置大象的是孝陵,共2对,位于整个神道第七对、第八对位置,前一对卧,后一对立。卧象高约3米,长约4米,底部连体石座宽约1.8米;立象高约3.5米,长约4.2米,底座宽约2.1米。大象造型圆厚敦实,简洁质朴,注重整体效果。大象背部或有裂痕,象鼻、象牙等部位有残补。

前一对大象为俯卧姿态。从侧面看,四肢皆小腿触地,前腿向前卧,前足抓地,后腿后卧,后足向后;腹部随卧姿而触地,长鼻下垂触地,鼻端向上勾卷;双耳向后紧贴颈肩(见图136);象尾有弯曲,亦紧贴身躯,其弯曲方向与象鼻勾卷方向一致。从正面看,大象头部呈圆形,头顶中间处略有凹落,显示出其头骨轮廓;象鼻向下,象牙斜向内侧,夹抱象鼻,故从头部与脸部整体来看呈三角状(见图137)。

图 136　　　　　　　　　　图 137

后一对大象为站立姿态,四肢粗壮,腹部平坦,头、背、臀之外形基本无起伏,整体呈圆弧形(见后图138)。从正面看,眼部刻画以线条为主,其凹凸感不强;象牙似臂夹抱象鼻,使整个头部也呈三角形(见后图139),与卧象基本一致。与前一对卧象的不同之处,除了动作之外,还有象鼻、象尾的弯曲方向:卧象鼻、尾弯曲方向是一致的,立象鼻端勾卷方向与尾巴甩向是相反的。

图 138　　　　　　　　　　图 139

孝陵之后设立大象的为长陵,与孝陵同制,亦为2对,一卧一立,位于神道第八对、第九对位置。卧象高约2.6米,长约4.4米;立象高约3.3米,长约4.4米。长陵大象保存完好,雕刻精美。比如大象皮肤上的毛孔所形成的毛点状纹理,不经意看,可能会认为是当时雕刻者在打凿过程中自然留下的痕迹,但与大象头部、耳朵之光面比较来看,就会发现,这些肌理是故意雕刻而成的,尤其是在大象腹部甚至能看到毛根的痕迹,这说明雕刻者当初是有意为之的。

长陵大象与孝陵同制,身躯庞大、四肢粗壮这些都是一致的,但造型方面二陵也有差别。比较而言,首先,长陵之象造型起伏大,凸起感强,体面承转明显,如眼部、脑部的隆起以及腹部的

图 140

图 141

圆凸,就充分展现了胜于孝陵石象的立体效果(见前图140)。其次,长陵卧象四足掌皆不抓地,主要是靠前后四肢膝部撑地而卧,同时,腹部、足后跟触地,以减轻膝部压力(见图141)。再次,长陵象鼻、象尾与孝陵的不同,主要体现在卧象身上;长陵卧象前足前伸尺度大,长鼻夹于二足中间;孝陵卧象前足伏地,长鼻位于前足之前。最后,长陵卧象臀部造型浑圆,以脊、尾为中线左右对称,臀、尾、足之刻画都非常规整,将大象"皮糙肉厚"的感觉表现得入木三分(见后图142)。

　　长陵立象与孝陵立象相比,头部与身躯流线感明显,头部高于身躯,颈部下落变低,至背部逐渐隆起,往臀部下落收圆,其脊椎起凸明显(见后图143)。象鼻正中下垂,鼻端后勾,尾巴甩于一侧。二陵相比,孝陵大象较为大气,形象"卡通";长陵大象圆润温顺,比较"写实"。

从法国考古学家维克多·谢阁兰1909年前后拍摄的照片（见后图144）来看，长陵大象保留了那时的外观状态，没有被进一步损坏。可见长陵石刻是幸运的，或许是因为当时长陵远离闹市，周围人烟稀少的缘故。

明陵最后设置大象的为显陵，仅设1对，位于神道第五对位置，高约1.7米，长约2.7米。从侧面看，头部略抬，耳朵呈荷叶边不规则圆形，贴于头部，背部平直，俯卧姿势与长陵卧象一致，前肢前卧，后肢后卧，皆与地面相触，平撑于地面，足底随四肢方向分别朝向前后。四足有较多磨

图 142

图 143

图 144

损。从正面看,象鼻圆润,自然垂落于两前足中间,眼部造型已风化不清,象牙有残,因头顶较平、象鼻上粗下细,故脸部呈长三角形(见图145)。从后面看,臀部呈圆弧形,尾巴侧甩于一腿处,左右腿足对称。显陵西侧大象,长牙、鼻、前足受损较为严重(见图146)。

图 145　　　　　　　　　图 146

总而言之,大象在神道设立,首先是因为仪仗的需要。《三才图会》中对象作为仪仗内容及使用情况也有说明:

驯象。晋《舆服志》云,武帝大康中,南越献驯象,诏作车驾之,以载黄门鼓吹数十人,使越人骑之。正旦、大会,驾象入庭。唐开元中,畜巨象于闲厩,供陈设仪仗。宋制卤簿,象六,中道分左右,并木莲花坐,金蕉盘,紫罗绣,襜络脑,后鞦并设铜铃,杏叶红牦牛尾拂跋尘,驾出,则先导朝会,则充庭。今制,每大朝会,以驯象六分左右,陈于奉天门外。①

上文说明了明代朝会仪制对大象的使用情况,其所载左右对称的方式与明陵神道的一致,恰恰体现出明陵石刻"象生"之意。这给明陵神道设立大象石刻提供了制度基础。而大象的设立也满足了神道仪仗的需要。

此外,设置大象必然是为了兆示吉祥的美好意愿。而象被视为"太平盛世"的象征,称为"太平有象",符合统治者的要求。现在的著述对大象也有类似的描述:

象,是陆地上最大的哺乳动物,耳朵大,鼻子长圆筒形,并能蜷曲,多有一对长大的门牙伸出口外,全身毛很稀疏,皮厚。我国仅云南南部少量出产。象性情温顺,可驯养来驮运货物。象牙是名贵的工艺品原料,质坚硬、洁白、细致。《疏》曰:"犀、象二兽,皮、角、牙、骨材料之美者也。"

古人对象崇尚为庞大的吉祥仁兽。《说文》曰:"长象牙,南越大兽。"《尔雅·释地》云:"南方之美者,有梁山之犀、象焉。"因象盛产于印度,佛教创始人释迦牟尼也出生在古代印度,所以有象教即佛教之说。

象在中国出产极少,故多由外域输进。象是礼品至上之物,被视作吉祥瑞兽。象本身有一些可爱的品格,它温和柔顺,安详端庄,和安定盛世、太平祥和是一致的。人们视象为"太平有象"等。②

同时,象又含有"发展繁荣"之意,称为"万象更新",寓示更加美好的前景:

---

① (明)王圻、王思义撰辑:《三才图会·仪制卷三》,明万历三十七年原刊本,第十八至十九页。

② 班昆著:《中国传统图案大观(一)》,北京:人民美术出版社,2002年,第197页。

万象更新。传统吉祥纹样。古人以象为吉祥。《魏书》卷十二:"元象元年(538)正月,有巨象自至砀郡陂中,南兖州获于邺。丁卯,大赦,改元。"南方诸国历代遣使进献驯象者屡有记载。两宋时期,宫廷中设有象院。每逢明堂大祀,都有象车游行。据文献记载,北宋时的汴京开封和南宋时的行都临安,明堂大祀时"游人嬉集,观者如织"[①]。

综上,明陵大象的设立,首先是制度的需要。不论是对之前朝代帝陵神道石刻制度的沿袭,还是卤簿制度的遵循,明陵大象都形成了自己的风格,不但增加了数量——宋陵大象为1对,孝陵改为2对,且还丰富了形式——宋陵大象仅为站立姿态,而明陵则增加了俯卧姿态,使大象的造型更加丰富。其次是对"美好未来"的追求。"太平有象""万象更新"等美好意愿,都是大象的象征意义。

---

① 班昆著:《中国传统图案大观(三)》,北京:人民美术出版社,2002年,第187页。

第七章 明代帝陵石刻文官

  我国封建社会历来重视文治武功,多以武开国,以文治国。文官具有重要的作用,朝堂中文官在左,武官在右,以左为大。仅在少数时期,武将能稍占上风,多数时期文官占据朝堂的绝对优势。在明代五处帝陵神道石刻中,文官、武将的排列顺序也可以反映出明代文、武官员的地位变化。众所周知,在朝堂上,地位越重要的官员排位越往内,离"龙椅"越近。帝陵之中亦是如此。神道石刻的设置本身就有"继享生前"的意味,不然也不会称其为"石像生"。陵寝所代表的意义就如皇位一般,不过是生前变成了死后而已,是以,离陵寝越近的官员越有地位。皇陵、祖陵神道中,从陵寝往外依次为宦官、武将、文官,可见武将地位更重要。孝陵中,从陵寝向外则为文官、武将;长陵、显陵中,则依次为功臣、文官、武将。此三陵中可见文官地位重于武将。出现这种情况的原因亦不难理解,皇陵建于大明立国初期,其时以武夺取江山,武将地位自然要高一些。祖陵与皇陵同制,故为一样的安排。至孝陵时,国家步入正轨,朝廷以文治理国家,文官地位难免要高一些。之后长陵、显陵皆是遵循孝陵之制,且其时仍重文治天下,故与孝陵一致,文官离中心位置更近一些。

  文、武官员的地位变化从重要官职的授予上也可以看出。明代三公(太师、太傅、太保),乃顶级的朝廷命官,官居正一品,职位至重。三公之位,明代前期多授予武将。如洪武初期,明太祖朱元璋授李善长太师,徐达太傅,常遇春被追封为太保。其中除李善长属于文官之外,徐、常皆为武将,为朱元璋南征北战立下赫赫战功。至洪熙元年(1425),明仁宗朱高炽授张辅太师,沐晟太傅,陈懋太保,三者皆为武将,张、陈二者更是以靖难之役起功。这说明洪熙时期依然保有明代初期的某些重武传统。但随着文官体系的成熟与发达,到明代中后期则多以文官为首,武将逐渐被压制,二者地位逐渐改变。明代实际官职的授予当然不能完全与帝陵石刻官员排位画等号。但从朱元璋孝陵时就已经将文官置于陵寝最近处即可看出,文官的地位已经上升,而事实上文官权力超越武将也已经逐渐成为事实,这一点与石刻文、武官排位之变化一致。

对于神道石刻之排序,有理解不同者,认为应该以陵园正门为准,确定谁前谁后。若是以此来排序,则皇陵、祖陵排第一位的为麒麟,孝陵排第一位的为狮子,长陵、显陵排第一位的则为望柱。如果再将地位高低与此排序相结合,则文官、武将之地位与本书所述正好相反。对于此种说法,笔者以为不够准确,原因除了上面所说帝陵中的陵寝类似朝堂中的帝位,是帝王所处,是众位官员围绕的中心之外,还有各类石刻本身所具有的象征含义。麒麟、狮子等属于兽类,都无法与治理国家的文、武官员相比,望柱就更不用说了。所以,以陵门为准的排序仅具有纯粹"顺序"的含义,而不具有象征"地位"高低的含义。这也是本书之前对神道石刻的排序仍是按照以陵区正门为起始的原因。因为其只是神道布局的排序,而不代表地位。

此外,对于"文官"之称谓,又有不同,有称文臣者,有称品官者。《昌平山水记》和《帝陵图说》称文臣,《大明会典》称朝衣冠文像。根据神道石刻文、武官员相区别的特点和原则,本书按照其本身属性,将其称为文官。

明代五处帝陵石刻中,文官共9对,除显陵仅1对之外,其余四陵皆2对,均设于距陵寝极近处,可见其地位之重要。

第一节 明代帝陵文官基本现状

文官作为朝廷官员形象的代表,列于明代五处帝陵神道,而文官之保存情况及服饰服制、官职品级等,各陵不一。本书按皇陵、祖陵、孝陵、长陵、显陵之顺序依次介绍。

一、明皇陵文官

皇陵文官处于神道石刻之第二十七对、第二十八对位置。石刻文官宽1米多,下连两层石质底座,上层底座与文官为整体石料,下层底座为单独石块。第二十七对文官上底座宽1.15米,高0.4米,下底座宽1.25米,高0.2米(此为地面以上高度);第二十八对上底座宽1.1米,高0.25米,下底座宽1.26米,高0.32米(此为地面以上高度)。前后两对底座纵深均为0.8米。石刻整体高度约为3.3米(因高度难以精确测量,取约数),形体巨大,视之昂然。

皇陵文官造型敦实粗壮,表情肃穆庄严。文官皆身着官服,头戴梁冠,宽袖长袍,脚着官靴,国字脸,鼻直口方,目光威严。石刻头部巨大,与马官比例接近,头长约占整个身高的五分之一。开始观看时,感觉石刻略显矮壮不自然,但再细看,则被石刻气势吸引,而逐渐忽略外形,进而想探究其雕刻细节及内涵。

文官双手持笏,捧于胸前,皆为左手在外右手在内双手叠加,躬身而立。两对文官俱为长须(较多文章记载东侧无须,西侧有须,如《凤阳明皇陵及其石刻研究》中说"文臣与武将,各2对,共8件,东侧皆无须,西侧有须",经实地考察,并非如此),长须垂于胸前笏板之后。但具体而言,每件石刻文官长须略有不同,其五官及神情等细节亦有差异。

东二十七文官为三绺长须,外眼角略向上斜,有丹凤眼之态势,双耳厚长,耳垂硕大,鼻梁圆直,鼻头厚实,嘴唇闭合,上唇有短须,脸部饱满刚毅,笏板及手指有残(见后图147)。西二十七文官为一绺长须,年龄较东向对面者应该年轻一些,眼睛与东侧文官相较略小一些,左耳有残,右耳垂有残,左眼至唇部有斜向裂痕,唇部有些许碎裂(见后图148)。

东二十八文官为一绺长须,周身石筋及色斑较多,尤其是在头部较为密集,耳轮肥大,眼睛狭长,眼角略斜向上,鼻翼宽大,嘴唇紧闭,左肩经手部至右袖处有较明显裂痕,修补为石筋痕迹(见后图149)。西二十八文官为一绺长须,双眼略凸,眼睛狭小,为老年文官形象,左耳垂略残,右耳轮有残,嘴角略为下沉,衣袖处有碎裂修补痕迹(见后图150)。

文官长须样式虽不一,但不管是宽绺还是细绺,其胡须皆如钢丝一般,历经风雨而根根清晰,可见雕刻功力之深。虽为文官,但人物形象高大,端庄稳重。因其皆为中老年,正如人们心目中理解的一样显得更具智谋,治国有方,给人以可信赖之感,可见石刻已有传神之效。

两对文官除了头部雕刻到位之外,衣袖、衣褶及后面大绶佩带也雕刻精细。宽大的衣袖下垂,衣褶层次分明,左右两侧近乎对称,使上曲的手臂与衣袖衣纹

图 147　　　　　　　　图 148

图 149　　　　　　　　图 150

搭配得自然舒适，同时衣袖以圆弧形的隆起下垂，充分地表现出手臂及衣袖的厚度。从后面看，三条丝带下垂，此部分称为"小绶"，并系以中国结（见图151）式花样，三条丝带间又穿系两枚环形玉佩，连成比较完整的配饰，丝带与玉佩采用"减地平钑法"隆起于其下方官服之上；其下的官服结构称为"大绶"，这部分则把代表官员级别的图案以线刻法表现出来，阴刻飞禽与祥云图案，使隆起的丝带玉佩与平面线刻的图案相辅相成，互相衬托，层次清晰。

图 151

王剑英先生在1973年9月调查时曾记录：第二十七对文臣，西侧，头部有缺损，东侧，缺头；第二十八对文臣，西侧完好，东侧完好。[①] 现今之文官除了耳部等小的残缺未修补之外，其他俱已补缮。

二、明祖陵文官

祖陵文官位于神道石刻第十七对、第十八对位置，高约3.3米，底座高约0.3米，戴梁冠，穿朝服，着云头靴。两对文官俱持笏，长须。

明祖陵东十七持笏文官，头部保存尚可，脸呈圆形，双目略凸，眼角斜飞入

---

① 王剑英著：《明中都研究》，北京：中国青年出版社，2005年，第421页。

鬓,鬓角头发斜向后上方,梳入梁冠之内,鼻梁挺直,鼻翼边缘清晰,耳朵硕大,耳轮圆厚饱满,上下嘴唇唇线清晰,左右嘴角有须长至下颌边缘,下巴正中有长须至颈,肩部、胸部皆有裂痕,正面笏板、双手、袍袖裂缺,呈平面状,腰部有断痕,袍服下端及靴子为新补(见图152),背面腰部以下部分为新补。西十七文官脸部略长,眉目略弯,双耳已残,左右嘴角八字须,下巴中间长须一绺有残,左肩部斜向右下裂痕长至右脚部,笏板略损,宽袖多褶(见图153);后面头冠部有损缺,背面整个背部裂缺,呈平切状,腰带以下部分较为完整,绶部装饰图样较为清晰。因石材原因,通身灰色斑驳较多。

图 152　　　　　　图 153

东十八持笏文官保存稍好,三绺长须飘于胸前,双眼皮,眼皮较厚,双腮略鼓,耳朵硕大,轮廓方圆,笏板上下端、双袖外部为新补(见后图154),背面较为完整,但背部衣织图样因风化而不清。西十八持笏文官,三绺长须,五官有残,笏略有损,袍袖有缺,右腿部有较多裂痕,左肩裂痕尤其明显,正面风化较为严重,色斑较多(见图155),背面图样保存完整。

图 154　　　　　图 155

三、明孝陵文官

明孝陵文官位于神道石刻第十六对、第十七对位置,离朱元璋陵寝最近,高约3.3米,腰部周长约3.5米,底座宽约1.2米。文官头戴梁冠,身穿官服,长袍宽袖,长袖尤其宽大,约占整个身高一半长度,随双手相叠之姿垂落于身躯左右,脚穿云头官靴。雕刻线条较为生硬简陋,造型亦较笨拙,给人以较为生涩之感。

东十六文官为无须青年形象,其头部梁冠磨损较重,仅余轮廓可见,五官模糊不清,眼部、嘴部近于平面,磨损较严重,耳朵厚大,左手在外右手在内双手持笏叠于胸前（见图156）。西十六文官亦为无须青年形象，头部官帽、五官等皆模糊不清，但耳部较为厚实，后脑部梁冠纹饰图样依稀可见（见图157），其整体姿态与东侧对面文官一致，表情亦显呆滞。

图156　　　　　　　　图157

东十七文官为长须中老年形象，胡须似围巾，呈平面状铺于颌下，头部曾经断裂过，现嘴巴处留有清晰的修补痕迹，其持笏、抱手等动作与前一对一致。因五官雕刻粗糙，加之头部曾经断裂，故缺少朝廷命官之品相及气势（见后图158）。西十七文官亦为长须中老年形象，胡须仅有其形，较为粗糙，眼窝深陷，脸部平板，右脸颊、耳朵有损，下巴有修补痕迹，亦较为粗糙，左手臂斜向右下有较深裂痕。其后部衣饰纹样依稀，整体动作与东侧对面文官一致。因右脸颊有损及左眼下有竖向斑痕似泪痕，故给人以悲戚之感（见后图159）。

因风化等原因，孝陵文官外观之装饰纹样基本难以辨认。从西侧第十六、

图 158　　　　　　　　图 159

西侧第十七文官背面可以看出保存下来的部分图样,其纹样亦是由云禽构成。云禽纹饰雕刻有三对飞禽,上方一对损毁严重,难以辨认,中间为一对凤凰,下方一对为飞鹤,这主要是依据鹤类颈长尾短、凤凰颈短尾长卷曲的特征区分出来的。凤凰与仙鹤俱为展翅飞翔状,其中下方一对仙鹤头部朝中间,呈相对之态,一对凤凰呈左下俯右上昂之动态,头部俱朝向右上方,其凤尾相应地左上曲右下弯(此纹见本章第三节所述)。

而东侧的石刻因风化较为严重,其雕刻图样已无法考证。

四、明长陵文官

长陵文官共计2对4件,位于神道石刻第十六对、第十七对位置,高约3米。文官脸部饱满,双目含威,头戴梁冠,颈佩方心曲领,身穿官服,长袍长袖,袖口特宽,足着云头官靴,双手持笏,左手在外右手在内相叠于胸前。周身衣着、配饰齐全,雕刻图样完整,与其他帝陵文官相比较而言保存非常好。

东十六文官为长须中老年形象,外眼角略上斜,双耳硕大,上唇八字胡,下唇一绺长须,仅鼻头部有一点修补,左足靴头有一点损缺,梁冠左、右冠檐有断痕,其他皆保存完整(见图160)。

西十六文官,造型与东侧一致,为长须中老年形象,方脸高冠,长袍垂袖,鼻头微残,宽袖有微补,梁冠右侧冠檐有断裂痕迹(见图161)。

图160　　　　　　　图161

东十七文官亦为长须中老年形象,上为八字短须,下为中正长须,目光正视,从容沉稳,耳朵饱满,极其厚实,梁冠左侧外冠檐有断痕,右侧贯簪簪根断失,其他衣饰及纹样俱非常完整(见后图162)。

西十七文官与对面东侧文官呈对称造型,也为长须中老年形象,宽袖过膝近乎达于脚部,保存极好,上自七梁冠下至云头靴,前边大带垂带后面绶织纹饰,皆非常完整,仅袖口边缘有一点补痕。西十七文官是所有石刻文官中保存最为完好的(见图163),其五官刻画亦非常传神,凤眼前视,鼻翼清晰,耳朵硕大,耳轮厚实,双唇闭合,上唇八字须,下唇直长须,因眼角上斜、嘴角微翘,故气势威严中又有面带笑意之感。

图 162　　　　　图 163

　　长陵文官背后纹饰保存完整,其纹样主要指大绶部分所织图样。以东十六、东十七文官为例,其后部图样亦是以云禽为纹饰。其雕刻有三组飞禽,俱为仙鹤类,其左侧飞禽雕刻头部俱处于下方位,尾足向上,呈下飞式;右侧雕刻头部俱处于上方位,尾足向下,呈上飞式。整个绶织图样中,上、中两组飞禽占整个高度比例的近一半,下组飞禽占一半多,上、中两组飞禽无祥云陪衬,下组飞禽伴有大面积祥云图样。

两对文官石刻云禽图样设计基本一样,但细节略有不同。东十六文官左侧飞禽尾足虽然都是向上方位,但是,左侧上、下飞禽尾足朝向左上方,中间飞禽尾足朝向右上方;与之相对应,右侧飞禽尾足俱朝下,但上、下飞禽尾足朝向右下方,中间的朝向左下方。东十七的则左飞禽尾足朝向俱为左上方,右侧飞禽尾足朝向俱为右下方。西十六与东十六二者一致,西十七又与西十六基本一样。故仅东十七的有些特殊。

五、明显陵文官

显陵文官仅为1对,位于神道石刻第十二对位置,高约2.6米,头戴梁冠,脚踩云靴,长袍宽袖,左手在外右手在内,双手持笏于胸前。

东侧文官脸呈长圆形,下巴处一绺长须,感觉似中年形象。颈部佩戴方心曲领,垂落于胸前笏板后,其方心呈宽扁长方形,双耳硕大。石刻霉斑较多,尤其是头部较为集中,以致表层颜色大面积变为灰黑色,眼部损蚀严重,五官细节也较难分辨。其石刻衣褶之线条流畅坚挺、方圆相济,颇有"铁线描"之风(见后图164)。其正、背面纹样等保存较好。

西侧文官亦为长圆脸,虽然亦有一绺长须,但感觉较为年轻。除右耳外,头部亦多霉斑,颜色灰黑,加之磨损,五官隐约可见,嘴角略上翘。侧面看,脸部较平缓,五官起伏不大。宽袖边沿有损,上半身有较重霉灰色(见后图165)。背面形体完整,但图样风化较多。整体来看,东、西两侧文官造型及雕刻处理方式一致,充分体现了神道石刻左右对称的要求和规制。

引 问

明代五处帝陵共计9对文官石刻,上文记录了其基本情况,但仅涉及石刻外观及保存现状,对其内在方面还有待深入研究。比如,最基本的问题:明代帝陵文官精致的服饰是按照当时的实际情况雕刻的,还是雕刻家自我发挥的?是否有所依据?这些官员究竟是多大的官?这些实际问题对大众来说更有吸引力。

下面,本书结合实地调研,对明代帝陵文官服制以及所涉及的官员品级等内容做一些探讨。

图 164　　　　　　　　　图 165

第二节　明代帝陵文官服制考

之所以要解读服制，原因有二。一是，古代衣冠服制是中国古代封建等级制度的集中体现，对于区别古代官员等级起着最主要的作用。判断官员品级，主要是看其外在的衣冠、配饰，即官员所着服装样式、装饰图案、佩戴器具等必须符合其所属品级。二是，明陵中石刻官员的服饰装扮及雕刻装饰图样格外引人注目，比五官等外部特征更受人们的关注，也引起人们更多的思索。故对其服饰体现的古代服制的解读，实质上就是与石刻更深层次的对话。

那么明代各陵文官所着衣饰是何种样式？官服配备何种装饰图案？其纹样是否与品级相统一？这就需要尽量找到当时与之对应的衣冠制度，才能作为依据确定其具体品级。

关于文官服饰是否真实的问题,本文以为这是必然的。在我国古代社会一般的叙事性艺术作品都是写实的,更别说帝陵神道属于皇家工程,是象征地位的大型石像生雕刻,主题是非常严肃的,要求是非常严格的,就连那些被创造出来的麒麟等神兽也是尽量符合主流记载和人们认知中的标准的。而要证明文官服饰的真实性,就需要对各陵文官服饰构件等细节进行深入的解读。

明皇陵是明代建陵最早的以帝陵规模而建的明代第一陵,一般认为其奠定了之后明清帝陵的基础,那么皇陵所采用的官员品级及服饰装扮等对之后的帝陵必定有着重要的影响。故本书之论也从明皇陵开始。

实地考察可见,明皇陵石刻以北向为起始,东西相对分列于神道两侧,文官石刻共2对,位于第二十七对、第二十八对位置。王剑英先生在《明中都研究》中的《明皇陵遗址》所记1973年9月的调查显示:"第二十七东侧文官缺头,西侧文官头部有缺损,第二十八东、西文官皆完好。"①说明文官石刻现在所呈现的雕刻面貌(个别地方的残损早已修补完整)基本是完好的,作为当时朝代服制的反映是没有问题的。

古代衣冠主要由衣服和帽子组成。帽子不用说,必然有各式各样,包含"冕""弁""冠""幞头""帽""巾"等类别,其中每一类别又包括各种样式。冕后期成为皇帝专用。衣服则分为上衣下裳。《三才图会》云:"衣,上体之服。古者,朝服有玄衮,有毳衣,有黻衣,有缁衣,有锦衣,有深衣,其制多相似。"②"裳,下体之服。古者,绣裳五色,备前三幅后四幅,以纁为之,刺绣于其上。"③有些穿着打扮也内着"中单",类似现在的衬衣:"中单,祭服其内明衣,加以用朱,刺绣文以揾领。丹者,取其赤心奉神也。"④有些在下裳之外再加有一层类似围裙的保护层,称为"蔽膝",以保护下肢:"蔽膝,以罗为表,绢为里,其色纁,上下有

---

① 王剑英著:《明中都研究》,北京:中国青年出版社,2005年,第421页。
② (明)王圻、王思义撰辑:《三才图会·衣服卷一》,明万历三十七年原刊本,第二十八页。
③ (明)王圻、王思义撰辑:《三才图会·衣服卷一》,明万历三十七年原刊本,第二十八页。
④ (明)王圻、王思义撰辑:《三才图会·衣服卷一》,明万历三十七年原刊本,第三十二页。

纯,去上五寸,所绘各有差,大夫芾士曰嫁。"①有些后面再加一层,称为"绶",绶一般指大绶:"是指一种彩色丝带组块,束于革带之下,悬挂在身后腰部以下,一般呈矩形,上面绣织各类规定图案,用来标志身份与官阶等级。"大绶之外层又有小绶:"乃指悬于后腰部以下的长条丝组或绣织细带,固定于大绶之外层,往往与大绶共同形成一组整体。"有些侧面再加玉饰,称为"佩"或"杂佩":"杂佩者,左右佩玉也。上横曰珩,紧三组贯以玭珠;中组之半贯瑀;末悬冲牙。两旁组各悬琚、璜,又两组交贯于瑀,上紧珩、下紧璜,行则冲牙触璜而有声也。"②佩与绶合称"佩绶",往往组合搭配:"古之君子必佩玉。天子佩白玉而玄组绶,公侯佩玄玉而朱组绶,大夫佩苍玉而纯组绶,士佩瓀珉而蕴组绶,以其贯玉相承受也。"③腰部束以各种带,最正规的称为"革带"及"大带":"带以素,天子朱裹,终紕羽带,与纽及绅,皆饰其侧也。大夫裨其纽及末士裨其末。带,袂绢为之,广四寸,裨用黑绘,各广一寸。"④这就是古代官员衣冠外表可见的主要架构,具体到细节方面又随着衣服样式的不同而产生差异。

对于明皇陵石刻文官衣冠具体装饰特征,通过实地考察记录如下。

正面显示:文官戴七梁冠,无笼巾貂蝉,冠额正中饰以浮雕双线长圆宝相形,圆中无额花,颜题(古代对帽子覆额部分的称呼。对于古代衣冠具体称呼,参见插图标注)左右两侧刻以对称缠枝装饰纹样(此处名称依据缠枝、宝相比较而定),簪贯穿冠耳(古代对官帽耳部以上及后脑处遮发部分的称呼)两侧,簪首尾已损,仅留较短两端;两对文官俱双手交叠,左手在外右手在内,持笏于胸前,笏上至下颌须,笏下至革带底;革带正面中间三台(古代对革带中间连接合口的称呼)被笏底所遮,左右圆桃呈对称形,仅露一对(按照古时要求,革带圆桃全为三对),其余革带被宽袖所遮;大带上缘系于革带之下层,正中打结,大带下缘于结处下垂;交领右衽,内着中单,宽袖长袍(见后图166);袖垂至膝,左右两侧为佩,佩之上端为袖所遮,大带下为蔽膝,再下为下裳(见后图167),下裳下端至履。

---

① (明)王圻、王思义撰辑:《三才图会·衣服卷一》,明万历三十七年原刊本,第三十二页。
② (明)王圻、王思义撰辑:《三才图会·衣服卷一》,明万历三十七年原刊本,第四十页。
③ (明)王圻、王思义撰辑:《三才图会·衣服卷一》,明万历三十七年原刊本,第四十页。
④ (明)王圻、王思义撰辑:《三才图会·衣服卷一》,明万历三十七年原刊本,第四十二页。

图 166　　　　　　　　　　图 167

　　背面显示：文官装束上简下繁。梁冠系于双耳上缘、头部后脑正中位置；上衣所刻领缘清晰，中缝垂直；革带于外大带于内，圆润工整（见后图168）；大带之下层为组绶部分，三小绶下垂于外，以二绶环相连，小绶下层为大绶，满刻云、禽图案，大绶下结丝网（见后图169）。

　　将文官衣饰分层次由外至内归纳起来则为：最外层为革带，系于腰际；次为大带，上系下垂于革带之下层；大带之后，正面为蔽膝，背面为组绶，侧面为佩；蔽膝、组绶内层为上衣；上衣内层为下裳；下裳下为云履（云头靴）。

　　由以上信息可以总结出皇陵石刻文官的服装及装饰构成，可见者包括梁冠、上衣、下裳、中单、革带、大带、蔽膝、佩、小绶、大绶、丝网、履（靴）。此外还有笏。凡此种种，正是明代官服样式的基本硬件。

　　明代其他帝陵文官服式也多是由这些内容构成的，但也有细节上的差异。经过比较得知，祖陵文官之衣冠构造与皇陵一致，仅梁冠之额花、大绶所绣之飞禽数量等几处细节与皇陵不同，但这一点不影响衣冠样式的判定；而孝陵、长陵、显陵与皇陵之不同，除了飞禽数量这一细节之外，还多了脖颈之处的方心曲领这一配饰，这就影响到了衣冠样式的断定。

图 168　　　　　　　　图 169

　　按照《明史》《大明会典》等的记载,明代官员衣冠样式主要有四种,即朝服、祭服、公服及常服。现有研究对明代服制的引用大多来源于《明史·舆服》所载。本书在对比了《明史·舆服》和《大明会典·冠服》之后,决定以《大明会典·冠服》为明代帝陵石刻文官服制考证的史料依据。原因有二:第一,《大明会典》与《明史》中对官员朝服、祭服、公服、常服内容的记载基本相同,仅制定时间稍有出入,《大明会典》全部记为"洪武二十六年定",《明史》中除了常服记载为"二十四年定"之外,其他俱同。但《大明会典》作为专载明代制度类的官修文献,它对各类制度记载更加详细,《冠服》卷也配有部分插图。第二,《大明会典》为大明几朝官员所撰的官方资料,早于清代所修《明史》。

　　以下为《大明会典》对朝服、祭服服式的记载:

　　　　朝服。凡大祀庆成……则文武官各服朝服。其武官应直守卫者不拘此服。洪武二十六年定,文武官朝服。梁冠,赤罗衣,白纱中单,俱用青饰领缘,赤罗裳,青缘,赤罗蔽膝,大带用赤白二色绢,革带,佩绶,白袜,黑履。一品至九品,俱以冠上梁数分等第。……一品冠,七梁,不用笼巾貂蝉,革带与佩俱玉,绶用绿、黄、赤、紫四色丝,织成云凤四色花锦,下结青丝网,绶环二,用玉。笏用象牙。二品冠,六梁,革带绶环用犀,余同一品。三品冠,五梁,革带用金,佩用玉,绶用黄、绿、赤、紫四色丝,织成云鹤花锦,下结青丝网,绶环二,用金。笏用象牙。四品冠,四梁,革带用金,佩用药玉,余同三品。五品……①

祭服。凡上亲祀郊庙社稷,文武官分献陪祀,则服祭服。洪武二十六年定,文武官祭服。一品至九品,青罗衣,白纱中单,俱用皂领缘。赤罗裳,皂缘。赤罗蔽膝。方心曲领。其冠带佩绶等第,并同朝服。②

总结以上记载可以归纳出朝服、祭服两种服式的主要特征及组成。朝服为参加重大活动时所用的礼服,采用古代传统"上衣下裳"制,其组成包括梁冠、上衣、下裳、中单、蔽膝、大带、革带、佩、绶、丝网、袜、履。专用于祭祀类活动的祭服与朝服有所不同,区别主要有两点:一是颜色有别。上衣颜色不同,朝服用赤,祭服用青;白纱中单(类似现在的衬衣)领缘颜色不同,朝服用青,祭服用皂;下裳虽都为红色,但边缘颜色不同,和衬衣用色变化一样,朝服用青,祭服用皂。二是方心曲领佩戴有别。朝服无方心曲领,祭服有方心曲领。也就是说祭服比朝服还繁杂、庄重,多了一个方心曲领,其他则与朝服同。二者俱以冠梁数量、革带材质、绶织纹样等区别品级。

以下为《大明会典》对公服、常服服式的记载:

公服。在京文武官,每日早晚朝奏事,及侍班、谢恩、见辞则服公服。在外文武官每日清早公座亦服之。……洪武二十六年定,文武官公服。用盘领右衽袍,或纻丝纱罗绢从宜制造,袖宽三尺。一品至四品,绯袍。五品至七品,青袍。八品、九品,绿袍。未入流杂职官,袍笏带,与八品以下同。

---

① (明)李东阳等撰、申时行等重修:《大明会典》卷六一,扬州:广陵书社,2007年影印本,第1053页。

② (明)李东阳等撰、申时行等重修:《大明会典》卷六一,扬州:广陵书社,2007年影印本,第1057页。

公服花样：一品用大独科花，径五寸。二品，小独科花，径三寸。三品，散答花无枝叶，径二寸。四品、五品，小杂花纹，径一寸五分。六品、七品，小杂花，径一寸。八品以下，无纹。幞头：用漆纱二等，展角各长一尺二寸。其杂职官员幞头，用垂带。笏依朝服为之。腰带：一品用玉，或花或素。二品用犀。三品、四品用金荔枝。五品以下用乌角。①

常服。洪武三年定，凡文武官常朝视事，以乌纱帽、团领衫、束带为公服。一品玉带，二品花犀带，三品金钑花带，四品素金带，五品银钑花带，六品、七品素银带，八品、九品乌角带。二十六年定，公侯驸马伯，麒麟白泽。文官一品、二品，仙鹤锦鸡。三品、四品，孔雀云雁。五品，白鹇。六品、七品，鹭鸶鸂鶒。八品、九品，黄鹂鹌鹑练鹊。风宪官用獬豸。武官一品、二品，狮子。三品、四品，虎豹。五品熊罴。六品、七品，彪。八品、九品，犀牛海马。②

比较以上二者，公服为正式公务活动中所穿的工作服，多用于重大朝会，可以理解为在公共议会等场合所着服装，主要特征为"展角幞头"（亦有称"展脚幞头"者，此处以《大明会典》《明史》所载称之）、"圆领右衽"，以袍服颜色及所绣花样大小区别等级。常服为平时工作所穿的工作服，可以理解为在一般的办公场所办公时所用，主要特征为"乌纱帽、团领衫、束带"以及"补子"，以革带材质及补子图样区分等级。

此外需要说明的是各服式中所绣装饰图样部位之不同：公服所绣不同尺寸的花样是针对整件袍子而言的，朝服上所绣云禽图样针对的仅仅为革带、大带所束之大绶，祭服与朝服同，常服中不同类别的禽、兽图样针对的仅仅为补子。这些装饰花样所针对的对象不同，一定要分清楚，因为装饰花样虽然不是区分官员等级的唯一因素，却是最为重要的因素。

《明史》所载官员衣冠服式之内容除个别字的差异外，基本与《大明会典》

---

① （明）李东阳等撰、申时行等重修：《大明会典》卷六一，扬州：广陵书社，2007年影印本，第1057页。

② （明）李东阳等撰、申时行等重修：《大明会典》卷六一，扬州：广陵书社，2007年影印本，第1058页。

相同,此不赘述。

明代帝陵石刻文官衣着是何种样式,只要比对以上所载朝服、祭服、公服、常服的具体组成即可,与哪种相符合即为哪种样式,并可以根据相应的图案纹样等来判断官员品级。

依据明皇陵石刻文官服饰显示的构成硬件,可以很详细地与《大明会典》所载进行比对:根据梁冠、幞头、乌纱帽的具体佩戴不同,排除公服、常服款式,根据未戴方心曲领排除祭服款式,可明确地看出皇陵石刻文官衣着构成与所载朝服款式相同。另外,依据各种款式的不同用途,也可以排除公服、常服,因为此二者为办公所用,并不适合在神道出现;而祭服专为祭祀所用,朝服则为大祀(意即最隆重的祭祀)等重大活动所用,都是适合在神道中出现的。总结而言,明皇陵石刻文官衣着服饰为朝服样式。

同理比对,祖陵文官亦为朝服样式。而由于孝陵、长陵、显陵文官佩戴有方心曲领,故三者皆为祭服样式。此处涉及祭服的一个重要配件,即方心曲领。何为"方心曲领"? 现存资料对方心曲领的记载虽然不多,但在《明宫冠服仪仗图》以及《三才图会·衣服卷二》"群臣冠服"部分对方心曲领有着明确配图(见后图170[①]),清晰地表明了方心曲领的特征。据此,对于方心曲领可以确定为上圆下方,其圆领处如项圈,围系在脖颈处,其方形垂落于胸前正中,帛带打结垂落于背后,是在外衣外边起压领作用的一类饰物。这表明方心曲领在古代是具有一定实用功能的装饰物,其形状特征为方圆组合。

在对明皇陵石刻文官的现有研究中,对于其是否佩戴方心曲领产生了不同结论。如有多篇文章(如《明中都皇陵石像生的装饰性与审美追求》及《凤阳中都皇陵石像生的艺术特色》等)论述皇陵石刻文臣衣着部分时,都谈到其有方心曲领,言其"宽袍大袖,方心曲领",将文官所着服式述为祭服,并强调其方心曲领。也有持其他意见的研究者,如将皇陵文官的束领方式称为交叉叠领,而将孝陵文官的领部配件称为方心曲领(见《明祖陵的营建及其神道石刻》等文章)。

[①] (明)王圻、王思义撰辑:《三才图会·衣服卷二》,明万历三十七年原刊本,第二十六页。

要回答皇陵石刻文官是否有方心曲领,主要在于两点:其一,要实地勘察,去石刻身上寻找是否有这一配饰,如果没有类似的物件,则说明该石刻没有搭配方心曲领。其二,要看找到的类似物是否符合方心曲领的有关特征。前文已述,方心曲领是方圆组合的具有实用功能的一种佩戴物或装饰物,那么符合此类特征的就是方心曲领,不符合的就不是。据此,结合笔者实地考察,可以证实皇陵石刻文官没有佩戴方心曲领,而仅仅是传承以前汉服传统典型特征的右衽交领(见前图166)。同样,在祖陵文官身上也未找到此类配饰。

假如对皇陵文官方心曲领的结论还有疑问,则可以通过孝陵、长陵、显陵的文官雕刻来对比确认。孝陵文官雕刻细节虽已不清,但是,正面胸前笏板之后方心的痕迹还是很明显的,再加上后背的两条垂带,足以证明是佩戴了方心曲领的。而长陵神道文官清晰地展现出了方心曲领的样式,且方心是非常规整的正方形(见图171),且其背后曲领打结(见图172)与古籍之图示非常一致,说明其是典型的方心曲领。显陵石刻文官虽不清晰,但也可以看到胸前笏板后有些宽扁的方心及背后的垂带。如此,则证据确凿。有些研究对此也有论述,如胡汉生《明十三陵探秘160问》在论述明十三陵石像生特点时说:

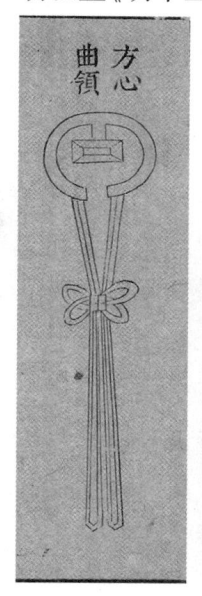

图170　　　　　　　图171　　　　　　　图172

真实地反映了明朝文武官员的朝服服饰特点和侍卫将军的甲胄形制。……另外石像生品官、功臣像在脖领之下均雕有方心曲领装饰,而《大明会典》却没有记载这种装饰物。①

根据以上论述能准确地判断孝陵、长陵、显陵石刻文官是佩有方心曲领的,而皇陵文官服饰与其是明显不同的,两相比较,可以说明皇陵文官并无方心曲领之饰。而祖陵与皇陵同制,也是没有方心曲领的。为何出现这种五陵不一致的情况?从前文所论五陵规制袭变即可理解:皇、祖二陵为一制;孝陵改制,长、显二陵因袭,其三者又为一制。故有五陵不一之状。

而在无法分辨衣裳颜色的石刻身上,是否有方心曲领这一配饰,对于区别朝服与祭服来说就起到了决定性的作用。

总结以上,明确了由于朝服、祭服等服式不同而有无方心曲领的区别,皇陵、祖陵文官未佩方心曲领,故二陵文官衣冠搭配为朝服样式;而孝陵、长陵、显陵文官佩戴方心曲领,恰好可以说明三陵采用了祭服样式。而五陵衣冠样式异同这一细节,也为明代五处帝陵石刻分为二制增加了一个具体的例证。

第三节 明代帝陵文官品级探析

确定了帝陵文官的衣冠样式之后,就可以辨别其品级了。因为本书考证的对象是石刻,其石料材质已定,无法区别出所刻革带与佩等用料是玉是金,所能依据的主要就是梁冠梁数、装饰图样等外在造型方面的内容了。故此处明陵石刻文官的等级判断主要靠衣冠服饰反映出来。

对石刻文官品级的考证,依然以皇陵为始。上文已经论证了明皇陵石刻文官服饰为朝服样式,因此只要按照朝服等级规定来对比皇陵石刻文官服饰,即可知道明皇陵石刻文官之品级。

---

① 胡汉生著:《明十三陵探秘160问》,北京:北京燕山出版社,2004年,第102—103页。

本章前部分已经对皇陵石刻文官服饰有过详细调查和记录,虽然石刻是单一颜色,无色彩之分,仅能分辨其雕刻纹样,但可以结合史料进行考证。《大明会典》以及《明史》对官员朝服品级的记载基本相同:

  一品至九品,以冠上梁数为差。……一品,冠七梁,不用笼巾貂蝉,革带与佩俱玉,绶用黄、绿、赤、紫织成云凤四色花锦,下结青丝网,玉绶环二。二品,六梁,革带,绶环犀,余同一品。三品,五梁,革带金,佩玉,绶用黄、绿、赤、紫织成云鹤花锦,下结青丝网,金绶环二。四品,四梁,革带金,佩药玉,余同三品。①

而祭服与朝服相比,除了衣服颜色不同及多了方心曲领之外,其品级之判断完全一致:"其冠带佩绶等第,并同朝服。"故我们可以依据朝服之品级判断来进行比较。以上面所载朝服品级配饰与皇陵石刻文官朝服品级相比对,结果显示:

首先,冠梁数为七,符合一品官级。其次,正面革带三台及圆桃、体侧之佩,体后革带及二绶环完整圆润,层次清晰。因为石刻无色彩之区别,难辨玉、犀、金、银、铜之质,此处仅考其形,不辨其质。从内容看,其现状与记载亦相符合。最后,文官背后大绶部分装饰刻满祥云、飞禽图案,也与史载相符合。而因为不同级别的官员所配飞禽不同,所以此飞禽是何种类别就很重要了。

从皇陵比较清晰的石刻纹样来看,云禽图样宽约0.85米,高约1.2米,画面布满朵朵祥云,云呈如意纹状,有飞禽穿插其中。飞禽数量为25只,姿态不一,其尾部或上或下,其头部昂扬,做展翅飞翔状。整体图样具有以中间小绶为界左右对称的基本结构特征(见后图173)。

从皇陵飞禽特征来看,其喙长颈细、羽长尾短,与鹤最为接近(见后图174)。若以鹤定,则其与朝服之三品规制"绶用黄、绿、赤、紫织成云鹤花锦"相

---

① (清)张廷玉等撰:《明史》卷六七《志第四十三·舆服三》,北京:中华书局,1974年,第1634页。

符合。那么对石刻文官的品级确定就出现了冲突之处——依据冠梁数七梁为一品,依据绶织图案显示的云鹤花锦则与三品相符,二者所定品级并不一致。如果绶织图案与冠梁数统一为一品的话,应该"绶用黄、绿、赤、紫织成云凤四色花锦"而不是织成云鹤花锦。那么对此处石刻飞禽是鹤是凤的断定就显得尤为重要,需要仔细考证。实际上以一般的认知来说,此纹样为鹤是确定的,但为了更符合古代人们的思维认知,还需要以文献记载来进行考证,以便更有说服力。

图 173 　　　　　　　　　　图 174

唐代《初学记》对鹤之形态有载:

《诗义疏》曰:鹤大如鹅,长三尺,脚青黑,高三尺余。赤颊赤目,喙长四寸。多纯白,亦有苍色。苍色者,今人谓之赤颊。常夜半鸣,其鸣高朗,闻八九里,唯老者乃声下。今吴人园中及士大夫家皆养之,鸡鸣时亦鸣。《繁露》曰:鹤知夜半。(鹤,水鸟也,夜半水位,感其生气,则益喜而鸣。)鹤所以寿者,无死气于中也。《相鹤经》曰:鹤者,阳鸟也,而游于阴,因金气依火精以自养。金数九,火数七,故七年小变,十六年大变,百六十年变止,千六百年形定。体尚洁,故其色白。声闻天,故头赤。食于水,故其喙长。

轩于前,故后指短。栖于陆,故足高而尾凋。翔于云,故毛丰而肉疏。大喉以吐故,修颈以纳新,故生天寿不可量。所以体无青、黄二色者,木土之气内养,故不表于外。是以行必依洲屿,止不集林木,盖羽族之宗长,仙人之骐骥也。鹤之上相,瘦头朱顶,露眼黑睛,高鼻短喙,骷(音故解反)颊䫄(音德宅反)耳,长颈促身,燕膺、凤翼、雀毛、龟背、鳖腹,轩前垂后,高胫粗节,洪髀纤指。此相之备者也。鸣则闻于天,飞则一举千里。鹤二年落子毛,易黑点,三年产伏。复七年羽翮具,复七年飞薄云汉,复七年舞应节,复七年昼夜十二时鸣中律。复百六十年不食生物,复大毛落、茸毛生,雪白或纯黑,泥水不污。复百六十年雄雌相见,目睛不转而孕。千六百年饮而不食。鸾凤同为群。圣人在位,则与凤凰翔于甸。①

此处将鹤的地位上升到"与凤同群"的高度,是圣人之祥兆。至明代《三才图会·鸟兽卷》亦载曰:

鹤,青脚素翼,常夜半鸣,其鸣高亮,闻八九里。性警,至八月白露降,因即高鸣相警,移徙所宿处,虑有变害也。始生二年落子毛,三年产伏,七年飞薄云汉。后七年学舞,后七年应节,后七年昼夜十二鸣中律。后六十年不食生物,大毛落茸,毛生色雪白,泥水不能污。一百六十年,雌雄相视目睛不转而孕。六百年饮而不食。②

清代徐珂所编《清稗类钞》在总结前人记述的基础上对鹤之形态有如下描述:

鹤种类甚多,最贵者为丹顶鹤,高三尺余,嘴及颈脚皆长。翼大,飞翔

---

① (唐)徐坚等撰:《初学记》卷三〇《鸟部》,明嘉靖十年锡山安国桂坡馆刊本,第四页至五页。
② (明)王圻、王思义撰辑:《三才图会·鸟兽卷一》,明万历三十七年原刊本,第九页。

至捷。体纯白,顶赤,额颊及自咽喉至颈黑色,翼尖亦黑,尾羽白。①

该书对凤凰也有记载:

> 博白有绿含村,其山多凤凰,有高三尺者,备五采,冠似金杯,常栖高树巅。又有大如鹅者,尾甚长,动其羽,声如转轮,名大头凤。……两江溪洞中出鸣凤,形如孔雀,头上有彩,毫光如掣电,冠上垂二弱骨,长一尺五寸。其鸣叶宫商。②

从这里可以看出,鹤与凤的区别主要在头部、尾部。而皇陵石刻飞禽嘴长、尾短,丹顶轮廓隐约可见,与鹤特征一致,却不具备凤的"彩冠、尾长"的特征,因此,应该确定为鹤(见前图174)。

确定了明皇陵石刻绶织飞禽为鹤之后,祖陵就更好判断了,因为祖陵飞禽鹤之特征更为明显。首先,祖陵符合规制依据。祖陵重修时按照"与皇陵同制"③的规格要求,所刻图样与皇陵相同,皇陵绶织飞禽如为鹤类,则祖陵应该也是。从祖陵保存较好的云禽纹饰来看,其整体尺寸与皇陵相差不大,但其雕刻内容比皇陵要简约一些。云禽也以中间小绶为界左右基本对称,飞禽仅有4只,比皇陵大幅减少,呈上下两组对称分布于祥云之中。数量变少后则其飞禽个体尺寸就相应地变大了很多,与皇陵繁密的雕刻线条形成了较为明显的对比(见后图175)。因此飞禽变大更加有利于判定其类别。

其次,祖陵符合细节依据。祖陵飞禽"颈长而曲""喙长而尖"的特点非常突出,且其所刻飞禽较为清晰地区分出了头部肉顶与颈部羽毛之间的不同,所表现的应是鹤类中最为典型的丹顶鹤。因为祖陵文官石刻飞禽头顶部的小肉点纹理组成的丹顶,与颈部、身体之羽是有显著区别的,其鹤的顶部用交叉线或斜排线表示(见后图176),该种表现方式不见得一定准确,但区别于其他部位

---

① (清)徐珂编撰:《清稗类钞》第12册《动物类》,北京:中华书局,1986年,第5574页。
② (清)徐珂编撰:《清稗类钞》第12册《动物类》,北京:中华书局,1986年,第5573页。
③ 《明世宗实录》卷一六九,台北:台湾"中央研究院"历史语言研究所,1962年,第3699页。

的作用是很凸显的。

最后,祖陵符合记载依据。明祖陵石刻飞禽表现出鹤的一个特点,即"衔芝"。鹤类历来被喻为仙界之物,俗称"仙鹤",与仙人同寿,且与灵芝仙草联系在一起。我国神话传说中仙鹤与南极仙翁共处昆仑仙境,为守护灵芝仙草的神物,而南极仙翁就是古代传说中的老寿星,由此可知鹤自古以来就有祥瑞、长寿的寓意。祖陵石刻鹤类也可以证明这一点,鹤口衔灵芝或如意类物件(见图

图 175　　　　　图 176

176),非常明显地体现了祥瑞、如意、长寿的寓意。《清稗类钞》也有"鹤献芝"之记载:

> 福州城西有一园,山环水绕,境颇幽胜。园有双鹤,丹顶白羽,品殊不凡。梁茝林中丞章钜抚桂时所得,携之归,以赠园主之祖者也。畜之久矣。时或振翮长霄,刷翎茂树。每遇风清月朗,引吭长鸣,意若自得,飘飘欲仙。一日,主人之母八十寿辰,各衔一灵芝献于庭,如祝寿然,宾客皆惊异之。①

---

① (清)徐珂编撰:《清稗类钞》第12册《动物类》,北京:中华书局,1986年,第5574—5575页。

这正与祖陵石刻飞禽口衔灵芝类物件寓意相符合。因此,祖陵绶织图案为云鹤纹样是可以确定的。

皇、祖二陵飞禽种类已定,下面来看一下明孝陵的情况。

孝陵绶织图样是明代五处帝陵石刻中损毁最严重、最不清晰的,仅有西侧文官的云禽图样尚有保存,但不够完整,纹饰上部损坏较为严重,雕刻内容基本全无,下部略有雕刻痕迹,但也不是很清晰。

据观察,依稀可推断出孝陵文官绶织飞禽分为上、中、下三组,每组2只,左右各1只,共为6只。从纹样来看,上一组飞禽已损坏,无法辨认。中间一组飞禽,左侧呈下俯式,右侧呈上升式飞翔。左右二飞禽俱尾长且多弯曲。左侧除尾部可见外,身躯其他部位已不辨;右侧飞禽相较而言最为清晰,除尾部外,身躯及头颈隐约可见,双翅平展于身躯两侧,显示的正是飞翔的动态。而此尾长、展羽的形态特征与凤凰最为符合,其应为凤凰纹样。而最下方一组纹样之飞禽,则与中间一组截然不同,其"羽翼宽大、双腿细长、长颈短尾"等特征与鹤纹一致,故可断定其为鹤。

孝陵飞禽有凤有鹤,在飞禽两侧及最下面一组鹤的下方又配有云纹,如此,孝陵文官绶织飞禽则为凤鹤云纹组合(见后图177)。

孝陵文官绶织为凤鹤纹饰,沿袭孝陵规制的长陵是否也是如此?答案是否定的。经实地勘察,长陵石刻是所有明代帝陵中保存最为完好的。两对石刻文官绶织云禽纹饰都基本完整(仅局部如羽毛、头部等细节有损坏),图样布局也基本一致,以三条"小绶"垂带与三条横向的结带组成下不封口的六宫格,也可以说三条垂带作为左右边界线及中分线被三条横带分割为上、中、下三组。其内雕刻3对飞禽,每一组1对,飞禽以小绶中线为界呈旋转对称状(有些细节不那么严谨,但整体来说基本符合旋转对称的要求)。其左列飞禽头部俱处于下方位,尾足向上,呈下飞式;右列飞禽头部俱处于上方位,尾足向下,呈上飞式。整个绶织图样中,上、中两组飞禽占整个高度比例的近一半,下组飞禽单独占一半多;宫格外围左右两边侧刻有连绵紧密的祥云图样,将飞禽环绕于中央,上、中两组内仅为单纯的飞禽图样,下组内飞禽伴有大面积祥云装饰陪衬(见后图

图 177

178)。

  按照长陵文官绶织飞禽"曲颈""腿长""羽短"等特征及其动作,也可以判断其为鹤类,则长陵亦为绶织云鹤纹饰。

  明显陵石刻是所有帝陵石刻中体量最小的,其文官绶织云禽纹饰也就较小,纹样内之飞禽尺寸自然也小,保存较为完整,但刻痕较浅,故整体视觉形象并不突出。云禽纹饰的布局设计与其他各陵也有所不同,其他各陵将飞禽设计于大绶中间、图样中心位置,但显陵将飞禽设计于大绶两边,占据图样边旁位置。大绶外层中间为小绶,亦不同于其他诸陵样式,其不是条线状细带,而是以具有一定宽度的宽带为主,宽带直接从革带穿过折落下来,宽带两边又辅以条状细带,细带也从革带穿过打结下垂。

如果严格以大绶的规制来比对显陵文官的绶织,则其后之纹饰是否属于绶织都令人怀疑。与其他几陵相比就可找出原因所在:其一,下端无丝网。正规的大绶下结丝网(见前图169),而显陵不符合。其二,图样下端为弧形边缘。标准的大绶下端应是直线,即整个绶织纹样应该是位于长方形织锦之内的,显陵此点亦不符合(见图179)。由此可见,显陵文官后面所配之云禽纹饰是否属于大绶之绶织图样还待考究。

抛却显陵文官绶织不论,单论其云禽纹饰之禽,则可看出,其长腿、展翅、尾短等特征凸显,亦属于鹤类(见图180)。同时,显陵飞禽数量比孝陵、长陵有所增加,仅左右两侧显露出来的就有10只,两两相对分布于左右两列,呈现的是上飞式动态。

图 178　　　　　　图 179　　　　　　图 180

从以上对明代五处帝陵石刻文官云禽的分析来看,除了孝陵为凤鹤云饰之外,其他俱为云鹤纹饰。

由此也产生一个问题,石刻文官服饰配件齐全,冠、革带、大带、佩、绶、环、蔽膝等一件不少,完全符合史载内容,但是品级规制出现了不一致之处:从冠梁

数看,七梁为一品;从绶织花锦看,云鹤纹样与三品相符。那么应该以哪个为准呢?本书以为,应该以冠梁数为准。原因有以下几点:

第一,如前文所引,《大明会典》及《明史》曰:"一品至九品,以冠上梁数为差",明确点出以冠梁数为判定依据。而且其中一、二品皆用云凤,三、四品皆用云鹤,本身不同品级的官员就使用了相同的云禽纹饰。

第二,龙、凤为皇家专用,用在官员身上的情况极少。官员们所着锦绶(其中自然包括绶织纹样)在明代初期主要是由朝廷赐予,而在制作时,就已经将龙、凤等帝、后专用纹样自动排除,而选用与品级相应的纹样。对此,《明太祖实录》"洪武二十二年四月至七月"中说道:

> 洪武二十二年……七月……壬午,给赐文武官锦绶。初,上以朝服锦绶民间不能制,命工部织成,颁赐之。至是文官五品以上、武官三品以上,皆给赐。俱不用云龙凤文。①

《大明衣冠图志》也有总结:

> 洪武二十二年,赐文武官锦绶。明太祖以朝服锦绶民间不能制作,而命工部织成,颁赐群臣,凡文官五品以上、武官三品以上皆给赐。洪武元年时曾定一品锦绶用云凤纹,至此赐绶时,都不再用云龙凤纹。②

鉴于这种情况,在进行神道文官雕刻时也难免会有同样的考虑,从而更换了锦绶纹样。可能有人会问,即使因此回避了凤凰图样,那为何不用其他禽类而用鹤类呢?本书推测,因为仙鹤也在规制之中,仅比凤低一个级别,加之历来为祥瑞、长寿之象征,因此被选用为凤纹之替代物最为合适。

第三,鹤纹与凤纹也许不仅仅是替代与被替代的关系,二者更是同时使用。

---

① 《明太祖实录》卷一九六,台北:台湾"中央研究院"历史语言研究所,1962年,第2951—2952页。

② 董进著:《大明衣冠图志》,北京:北京邮电大学出版社,2011年,第126页。

这从明孝陵文官绶织纹样可以体现出来。孝陵文官石刻虽然风化较为严重（梁冠等已不可考），但本书依然采集到了较为重要的资料，从文官后背绶织图样来看，其为凤与鹤的组合（见前图177）。这种样式未曾在史料中见到相关记载，也未在其他地方见到，故为何出现这种罕见的组合有待深入考证。但不管原因为何，这一特殊又极可能是唯一的绶织纹样无疑具有重要的意义。

第四，皇陵中马官头戴五梁冠，背后绶织云鹤图样。与该陵之文官相比，其冠梁不同，少了二梁，而二者绶织云禽纹样却是一致的。祖陵马官采用七梁冠及绶织云鹤图样，与该陵文官之衣冠配饰纹样是一致的。按照"三品，五梁，革带金，佩玉，绶用黄、绿、赤、紫织成云鹤花锦"的规定来看，皇陵中马官的配置是符合要求的，可以说明皇陵马官是三品官员。但祖陵马官同文官一样无法下结论。从这里也可以看出，不管是佩戴五梁冠还是七梁冠，石刻官员之绶织纹样都是云鹤；不管是马官还是文官，都使用云鹤纹饰。因此可以推测，当时"绶织纹样"的使用并不那么严格，在石刻设置时应该是对绶织装饰纹样做了统一的规定。

第五，鹤纹这种统一的规定和要求除了在皇、祖二陵中出现外，在长陵、显陵文官身上也有体现。长陵文官梁冠为七梁（见前图163），其后部之绶织为云鹤纹样，与皇陵等陵的文官衣冠一致；显陵文官头戴五梁冠（见图181），绶织纹饰为云鹤（见前图180），与皇陵、祖陵等陵的文官之冠梁数并不同，而仅与皇陵

图181

马官一致。若说皇陵马官戴五梁冠，还说得过去，毕竟有戴七梁冠的文官代表朝堂官员，马官代表不了；而显陵没有马官，仅有文官，却是五梁，这又是为何？难道是因为显陵原为王墓，后改为帝陵？王墓级别比帝陵低，故其石刻级别也低于帝陵。但这一说法也不成立，原因如下：

其一，《大明会典·王府坟茔》对亲王之茔地大小、建筑多少都有记载，独不见神道石刻之记载。而在《职官坟茔》中记载了洪武二十九年(1396)所定之"碑碣石兽"制度："公侯石碑，螭首高三尺二寸。碑身高九尺、阔三尺六寸。龟趺高三尺八寸。石人二，石马二，石羊二，石虎二，石望柱二。一品石碑，螭首高三尺。碑身高八尺五寸、阔三尺四寸。龟趺高三尺六寸。石人二，石马二，石羊二，石虎二，石望柱二。"①只不过此乃公侯之制，亦非亲王。

在《明史》卷六〇《志三十六·礼十四》中有"坟茔之制"，其中涉及功臣封王之后的石刻规定：

> 坟茔之制，亦洪武三年定。一品，茔地周围九十步，坟高一丈八尺。二品，八十步，高一丈四尺。三品，七十步，高一丈二尺。以上石兽各六。四品，四十步。七品以下二十步，高六尺。五年重定。功臣殁后封王，茔地周围一百步，坟高二丈，四围坟墙高一丈，石人四，文武各二，石虎、羊、马、石望柱各二。一品至六品茔地如旧制，七品加十步。一品坟高一丈八尺，二品至七品递杀二尺。一品坟墙高九尺，二品至四品递杀一尺，五品四尺。一品、二品石人二，文武各一，虎、羊、马、望柱各二。三品、四品无石人，五品无石虎，六品以下无。②

此处所载乃为王制，亦非亲王之制，其所言与显陵也是不同。以上可知，对于亲王之神道石刻规制，明代并没有明确的规定，因此也就无所谓依据亲王规制而设置一说。

---

① （明）李东阳等撰、申时行等重修：《大明会典》卷二〇三《山陵》，明万历十五年内府刊本，第九页。
② （清）张廷玉等撰：《明史》卷六〇，北京：中华书局，1974年，第1487页。

其二，显陵石刻是在显陵已经确定为"帝陵"之后才设置的。嘉靖三年三月丙寅，朱祐杬获"本生皇考恭穆献皇帝"之称，原来的兴献王墓规格自然不再适合，必改以"陵"才能与帝称相匹配。嘉靖随之升级其墓，三月"丁丑，诏定安陆州松林山陵为显陵"①。而石刻的设置时间是在三年后，《大明会典》记载明确："嘉靖六年，特敕修理，各项规制，俱照天寿山，添设石像生、碑亭。八年，工完。"②因此，显陵石刻的设置必定是按照帝陵规制来进行的，就不存在要低于帝陵级别之说。而其结果却与天寿山之长陵石刻不一致，令人费解。

第六，关于选择仙鹤作为统一的绶织图样，还有一个可能，就是受到了常服补子图样的影响。因为明代规定一品文官常服补子用仙鹤图样，这与朝服绶织图样的选择会产生混淆，雕刻者忽略了朝服、常服的区别，以为仙鹤代表一品等级也适用于雕刻中的绶织图样（直到今天，很多研究者以及陵区解说员依然如此认为）。虽然绶织仙鹤和补子仙鹤都是官员等级的重要标志，但实际上二者所指是截然不同的。《大明会典》在文武官冠服中配有二者插图（文官大绶绶图见后图182③，文官补子花样见图183④），可以看出二者区别。

由插图比较可知，本书所探讨的云禽纹饰，位于下裳后面的大绶上，专指织在大绶上的绶织图样，一般为长方形。常服补子位于上衣胸前背后处，是补在上衣上的，一般为正方形。二者显然是不同的。

当然，以上这些仅是分析及推测。但不管怎样，长陵、显陵石刻梁冠之梁数虽不同，但都采用绶织云鹤纹饰，加之皇陵、祖陵也使用云鹤纹饰，这再一次说明了云鹤的无差异性。而因为绶织纹样不再存有差异性，故以此作为判断官员品级的依据便已经失去了意义。加之革带材质等又无法分辨，故仅余梁冠可以作为判断官员等级的依据。

---

① 《明世宗实录》卷三七，台北：台湾"中央研究院"历史语言研究所，1962年，第924页。
② （明）李东阳等撰、申时行等重修：《大明会典》卷二〇三，明万历十五年内府刊本，第三页。
③ （明）李东阳等撰、申时行等重修：《大明会典》卷六一，扬州：广陵书社，2007年影印本，第1055页。
④ （明）李东阳等撰、申时行等重修：《大明会典》卷六一，扬州：广陵书社，2007年影印本，第1060页。

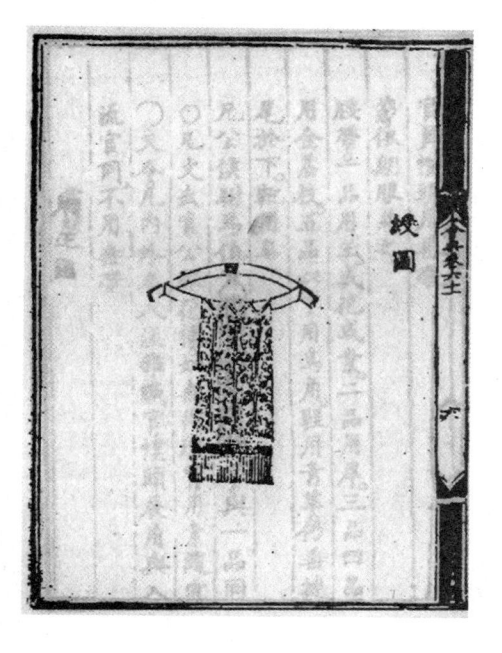

图 182　　　　　　　　　图 183

根据梁冠为七梁这一条件,应将皇陵、祖陵、长陵文官等级定为一品;孝陵梁冠不清,若依据绶织纹样带有凤纹来看,也应该为一品;独显陵文官因为梁冠为五梁,是三品。

实地调研时,会听到有的陵区导游讲文官是一品大员,因为文官头戴高高的梁冠,衣服上绣仙鹤,甚至有很多文章也言其为一品大臣,更有甚者,直言在帝陵里陪伴皇帝的就是一品大员。这未免过于粗略,也缺乏说服力。

对此,以上对明代五处帝陵文官服制及其品级的探讨或许能给出一些答案。

而在以史料记载为依据的同时,本书对记载之时间先后亦有疑问,在此一并提出,以备辨别。

第四节　石刻设置与史书记载先后之疑

上文依据史料论证的结果为皇、祖二陵石刻文官着朝服,孝陵、长陵、显陵石刻文官着祭服。如此一来就出现了一个问题,即史书记载的服饰制度制定时间为洪武二十六年（见前所引），而明皇陵石刻设置的时间为"洪武二年至洪武十一年"①，石刻设置的时间竟然在服饰制度制定之前，这样就违反了制度在前、实施在后的一般规则，石刻显示就不能验证史书记载，也无法以史书记载作为依据来分辨官员等级了，则上文的相关推测就没有意义了。可是，明皇陵石刻文官服饰与史书记载内容丝毫不差，包括组成硬件、服装样式、组件数量等与史籍记载惊人的一致。这绝不是巧合。那么这又是为何？

答案其实也很简单，就是史书记载时间出现了失误。《大明会典》虽是关于明代制度的法典，但几经重修，历时百年，出现失误是难免的。《明史》是被研究者引用最多的关于明代的史书，而《明史》成书于清代，编撰时间亦近百年，其间几易其稿，误处更是难免，尤其是时间方面。《明史·舆服志》内容多以《大明会典》等明代史书为依据而修改，故二者失误承传也就不足为奇。那么明代服制制定时间到底为何时？实则应为《明实录》所载之"洪武元年"。《明实录》是明代历朝官修编年体史籍，其中第一部《明太祖实录》始于建文朝，成于永乐年间，时间早于《大明会典》等史籍，内容翔实，较前二者更为可信，此外，对官员分级也更加详细。只是《明实录》流通较少，不易查阅，故不够普及。

《明太祖实录》卷三六下对冠服制定时间及内容记载如下：

> 洪武元年十一月甲子，诏定乘舆以下冠服之制。……公侯以下朝祭冠服。……今斟酌唐宋，凡朝贺辞谢等礼，皆服朝服，用赤罗衣，白纱中单，俱用皂饰领缘，裳与衣同，皂缘，蔽膝同裳色，大带用赤白二色，革带佩绶，白袜黑履，梁冠。②

该处交代了朝服制定时间为"洪武元年十一月"。对于这一观点，戴立强《〈明史·舆服志〉正误二十六例》依据江苏国学图书馆传抄本《明实录》，进行了详细论证。此处不赘述，仅引其结论："洪武元年所定，乃百官服饰之'制'

---

① 王剑英著：《明中都研究》，北京：中国青年出版社，2005年，第93页。
② 《明太祖实录》卷三六下，台北：台湾"中央研究院"历史语言研究所，1962年，第677—689页。

（不仅有朝服、公服，还有祭服、常服等）。"①如此，洪武元年制定的服饰制度与洪武二年至洪武十一年石刻设置的文官服饰则完全符合先有制度后实行的一般规律，并且可以相互比对验证。

这一点就提醒社科工作者，做研究不能仅考证一份资料，而需要与其他资料交叉验证，这样才能得出经得起推敲的结论。本书所言之皇陵石刻文官的服饰既然符合服饰规制，那么皇陵之后的孝陵等诸陵中的官员的服饰，自然也是遵循一样的规制了。

章　结

经过对研究明代最为重要的史料《大明会典》《明史》，尤其是具有特别重要地位及价值的《明实录》等的交叉比对，明代帝陵石刻文官服饰与史书记载内容基本相符合。若从单独服饰构件来说则完全一致，如梁冠、革带，如大绶、云鹤花样等，完全可以与史载互相印证。这说明明陵石刻具有重要的历史、艺术价值，是文献记载的立体、直观的体现。

有的研究所认为的明陵文官为一品等级的说法，是有些武断的，因为各陵情况并非完全一致。此外，这个观点也不是综合判断得出的，只是按照衣冠中的某一部分来断定的，而考察全部衣冠后，得出的结论是无法统一的。如前文所述，单是梁冠的梁数各陵间就不相同，有七梁有五梁；而梁冠七梁与绶织云禽纹饰虽然集中于文官一身，却与记载难以完全相符。

如按照绶织云鹤装饰图样来看，文官等级应为三品或四品。但是仅按照图样判断往往比较混乱：按《大明会典》《明史》之载，文官身份为三品或四品（此处所依记载见前文所引）；按《明太祖实录》所载，则文官身份为从二品或三品。很不统一。

一品、公侯、三师及左右丞相、左右大都督、左右御史大夫，冠八梁，国

---

① 戴立强著：《〈明史·舆服志〉正误二十六例》，《辽海文物学刊》，1997年第1期。

公加笼巾貂蝉；从一品、平章、同知、都督，七梁，其带用玉钩䚢，锦绶上用绿、黄、赤、紫四色丝织成云凤花样，下结青丝网，小绶用玉环二；二品冠六梁，革带用犀钩䚢，小绶用犀环，绶同一品；从二品冠五梁，革带用金钩䚢，锦绶用黄、绿、赤、紫四色丝织成云鹤花样，小绶用金环二；三品冠四梁，革带绶环俱同（从二品）……①

  细查明代三大史料之记载，配云鹤纹饰者，有从二品、三品、四品，皆符合规制，但难以确定具体品级。

  如按照梁冠来判断品级，就不会出现这种情况，因为梁数对应的品级是唯一的。如文官梁冠为七梁，按《大明会典》《明史》载则为一品，按《明太祖实录》载则为从一品，与以云鹤图样定品级相比更为统一。如果一定要给明陵石刻文官明确等级的话，以梁冠为依据更为合适。同时，在对明皇陵石刻文官服饰的研究过程中，厘清了明代衣冠之制的制定应为洪武元年，而非大多数研究者所引之洪武二十六年。

  而对云禽之禽为鹤类的比较考证，也从另一个角度说明了该飞禽的重要性。虽然明代区别官员等级的标准不是只有云禽图样，还有梁冠、革带材质（这些都是明代服制的重要配置内容）等其他因素，但是作为最直观的外在标志，云禽无疑是最重要的，既有装饰性又有实用性，在追求装饰性的同时更注重阶级性、等级性的实用功能的体现。

  从明代帝陵云禽纹饰的保存效果来看，长陵云禽纹饰虽然是最为完好的，但这仅指整体样貌而言，如果要查看细节，长陵石刻则不占优势，如飞禽之头、尾、眼、嘴、羽毛等细节还要以祖陵与皇陵为最，这也是本书局部图采用此二者的原因。当然，所有明代帝陵石刻及其云禽纹饰保存到现在都极不容易，不仅仅在雕刻艺术层面非常珍贵，而且直观地验证了明代服制的相关记载，因而起到了"活化石"的特殊作用，从而在社会、历史、考古等层面具有重要的地位和价值。

---

① 《明太祖实录》卷三六下，台北：台湾"中央研究院"历史语言研究所，1962年，第689—690页。

第八章　明代帝陵石刻武将

　　武将并不是自古就有的,早期社会并没有文武官员分职的概念,自然也就不会专门设置武将。战国时期,随着各诸侯国之间战事规模的升级,对带兵打仗的要求提高了,普通官员已不适合兼职战事,战争需要"专业"的人才来指挥,于是专职的武将就产生了。可见,武将是随着社会的发展、战事的需要而出现的。

　　此外,武将的产生亦是权力分化的结果。在古代社会初期,文武不分,官员既有管理国家之权,又有兵权,容易将权力坐大。帝王君主为了削弱官员权力,便于自己独揽大权,便采取了文武分家的措施。《尉缭子·原官第十》言:"官分文武,惟王之二术也。"[①]文武分职是帝王控制国家大权的重要手段,之后历朝历代都采用。同时,文武分职也适应了政治和军事分工、各司其职的需要,便于文武官员各显其能,发挥自己的特长。可见,武将的出现亦是君权集中制的结果。

　　武职的产生是帝王君主加强中央集权的一项重大变革,同时也进一步适应了社会生产力的发展需要。至隋唐时期,设立科举来选拔文官,设立武举来选拔武将,将文武官员彻底分开,促进了人才选拔机制的科学化。《韩非子·显学》言:"故明主之吏,宰相必起于州部,猛将必发于卒伍。"[②]可见在人才选拔的过程中,加强了对实践能力的考量及不同人才特长的区分。故文武分职促进了人才专业化的发展。

　　武将的产生,对各国的综合实力尤其是军事力量具有重要影响。常言"千军易得,一将难求",是指善于带兵打仗的人才很难得、很珍贵,此即为"名将",

---

[①] 华陆综注译:《尉缭子注译》,北京:中华书局,1979年,第41页。
[②] (战国)韩非撰:《韩非子》卷十九《显学第五十》,《摛藻堂四库全书荟要》本,第十七页。

一国若有一名将,则对其他国家有很大的震慑作用。

如大众所知的秦国的白起、王翦,赵国的廉颇、李牧,是战国时期著名的四大将领,他们皆起于军中,从军营基层做起,以战功累计获封为国之重将。在那个诸国吞并的时代,名将一人甚至可影响一国之命运。如秦国灭赵国之前,赵国以李牧为将,秦国一直不能胜,于是施以反间计,令赵王捕杀李牧,李牧亡,赵遂亡。可见赵国之存实乃建于一将之上。《千字文》以"起翦颇牧,用军最精。宣威沙漠,驰誉丹青"[1]来赞扬战国这四将的功绩。

至明代初期,开国功臣中徐达、常遇春等皆为一代名将,为大明建国立下赫赫战功。尤其是徐达,被朱元璋列为功臣第一,可以说对消灭陈友谅、张士诚等势力及北伐灭元取得胜利起到了决定性的作用。可见名将对于一国之重要性。

帝陵神道既然设置象征"侍死如生"之仪卫性石刻群,自然就少不了在朝堂占据半壁江山的武将这一角色。故明代五处帝陵神道皆设有武将石刻,且数量一致,每陵均为2对,共计10对,比文官之9对多1对。

第一节 明代帝陵石刻武将现状

明代帝陵武将,雕刻细密繁美,其装饰纹样是所有雕刻中最为复杂的,甚至可以这么理解,武将虽然体积不是最大的,但是其"雕刻工作量"是最多的,因为它的大量的装饰细节是不断地"重复"雕刻而成的。下面依次对五陵武将基本情况加以介绍。

一、明皇陵石刻武将

皇陵武将位于神道石刻第二十九对、第三十对位置,高皆约3.2米,底座高约0.5米,故通高3.7米左右。其姿势较为统一,双手拄剑按于腹部,皆为右手在内左手在外双手叠加。双手粗壮宽大,孔武有力。两对武将形象俱高大威

---

[1] (南朝梁)周兴嗣编纂、(五代)李逻注释:《千字文》,江户初刊本,第二十一至二十二页。

猛,气势雄壮。其头部造型很大,脸部圆润、丰满、厚实;双眼略凸,外眼角略上斜,目光威严,炯炯有神;鼻翼饱满,鼻梁挺直;双唇紧闭,意志坚定。

　　东侧武将皆为无须青年形象,西侧皆为长须中老年形象,前后二者长须样式有所区别。西二十九为一绺宽长须,西三十为三绺细长须。武将涵盖老中青,寓示国家拥有"人才有传承,战场永不败"的强大军事力量。

　　前后两对武将,装扮有所不同:前一对头戴战盔,护肩、护心、护腕、护膝、护腿一应俱全,下着战靴,上系小披肩,宽袖打结垂于两侧,周身铠甲,正是临阵沙场之势(见后图184);后一对头戴战盔,系小披肩,宽袖未打结,自然垂于两侧,甲胄部分仅护心,护腕外露,周身战袍,呈护卫朝堂之态(见后图185)。两对武将不论年龄,俱造型粗壮,气势逼人,威武刚强,形神兼备。

　　两对武将俱头着战盔,战盔之盔沿厚度、花边、耳翅,雕刻均匀、细致、对称,说明当时局部雕刻处理的技巧娴熟;头盔盔顶、盔沿等骨架部分以金属铸造而成,其他部分则以长圆形金属片串联而成。

　　武将身着金属材质可抗击打的叠层护身软甲,身甲的雕刻细密精美、内容繁多。雕刻纹样显示出,皇陵所代表的明初武将的身甲装备,并不是单一样式的,具体来说主要包括两种:一是由无数个呈立体人字形的金属单元组成的软甲,其甲片编织紧密,人字形环环相扣,高低起伏一致,排列均匀,因其又似"山"字形,故也有资料将其称为"山纹甲"或"山文甲"(见后图186)。该山文甲主要用于前胸、后背、臂膊、战裙等处。二是由鱼鳞形甲片组成的软甲,称为"鱼鳞甲"。此甲主要用于后裆处的防护(见后图187)。

　　武将护肩、护心、护腿等处的所有软甲皆雕满人字形山文甲,相同的人字形图案重复雕刻产生细密均匀的连续性效果,让观看者产生强烈的视觉冲击感,使人倍感该石刻的细致与精美;武将后裆处的半圆弧形鱼鳞甲,则与山文甲形成了对比,使周身软甲在重复雕刻中又产生了变化。

　　除软甲之外,前一对武将的护肩也很精彩,其外露护肩为虎头兽首。后一对外披战袍,护肩未显。其兽首虎目圆睁,双眉倒旋,虎须倒立,虎口大开,獠牙外翻,披膊软甲从虎口吐出,与虎牙连成一体,气势夺人(见后图186)。

　　另外要特别提出的是,两对武将腰垫的雕刻图样非常精美,腰垫从后腰处

图184 　　　　　　　　图185 　　　　　　　　图186

向前环绕，呈左右对称形，左右两侧上边沿下翻，卡在腰带上，刻满精美团花图案，内容一般有荷花、牡丹、宝相花等。

在细节处前后两对又有不同：前一对武将腰垫边缘刻以双线造型，线内以波浪形团花分割布局，刻满卷叶形缠枝图案；腰垫中间部位则以宝瓶为根，花枝从瓶中左向生出，分为上下两组，又生诸多较大的对称形团花，其雕刻花相清晰，品类众多（见后图187）。

后一对腰垫边缘部位则是以回字纹线条装饰（此处纹样因风化不够清晰），其中间部分也是缠枝团花，但不是生于宝瓶，而是生于山形图案之上（见后图188），其枝左右双分，团花也基本对称。

图 187　　　　　　　　　　　　图 188

二、明祖陵石刻武将

祖陵武将共有 2 对，位于神道第十九对、第二十对位置，高约 3.5 米，皆头戴凤翅盔，身穿战袍铠甲，双手拄剑，不怒自威。

东十九武将面部有补痕，五官为新补，双眼外吊，腮下及下巴处有长须五绺，臂扎护膊，袍袖打结，胸前护心镜，腰垫、左右护腿、前后护裆俱全。除护裆、护腕为鱼鳞甲外，其他身甲皆为山文甲。凤翅头盔双翅边缘为新补，右小臂及袍袖处为新补，左右战靴靴头及底座均为新补，长剑下半部亦为新补（见后图189）。从背后看，其头盔后部亦由鱼鳞甲片组成（见后图190）。

西十九武将之脸部造型、盔甲装扮等，与东侧武将显示一致，二者对称相向。其凤翅局部有新补，所挂之剑下部为新补（见后图191）。从背面看，后部有多处修补，如盔缨、披肩、腰垫等处。东、西相较，从正面来说西十九武将保存得好些，从背面来说东十九保存得好些。

东二十武将头戴凤翅盔，凤翅盔及头部左侧新补，长须飘洒及胸，山文甲护胸，手部有修补，鱼鳞甲护腕，缠枝花卉腰垫，所挂之剑为新补，腿部有断裂痕迹,战靴靴头为新补(见后图192)。从后面看,腰部至底座间有大面积新补。

西二十武将与东二十武将造型及装饰等基本一致。其左右凤翅、左手臂、所挂之剑、右腿及右靴等处为新修补。从正面看,上半身颜色较深,显示其霉灰色较重,尤其以右手臂等处为最(见后图193);从后面看,风化及碎裂坑洼较多,布满整个背面(见后图194)。

图189　　　　　　图190　　　　　　图191

比较而言,前一对,头戴凤翅盔,双翅宽大,内着战袍,外挂铠甲,兽首护肩,山文甲护膊,鱼鳞甲护腕,缠枝花卉腰垫,左右甲裙护腿,战袍及地,厚底战靴;后一对武将装扮与前一对基本一致,仅有几处细节不同:未戴护心镜,仅着护胸山文甲,袍袖未打结,仅于身躯左右自然下垂,落于膝侧,未穿甲裙,仅有腰垫等。

依据西二十后面腰垫处结构及造型,比对东二十该处出现的鱼鳞护裆,可发现东、西二者并不一致,可见当时修补时出现了错误,按照第十九对武将的造型和装饰纹样修补了东二十武将,为其添加了鱼鳞纹,导致第二十对东、西两侧武将不对称。而通常来说前后两对是有区别的。

图192　　　　　　　　图193　　　　　　　　图194

三、明孝陵石刻武将

孝陵武将共2对,位于神道第十四对、第十五对位置,高约3.3米,底座宽约1.2米,一对面部无须,另一对面部有须。每对武将相向而立,造型均为顶盔披甲,手执金吾,腰佩宝剑,威风凛凛,是陵墓的忠实守护者。两对武将所持的金吾上端和宝剑中部或有修补,身躯均有残损。

前一对武将为无须青年形象,头戴圆形兜鍪,脸部有损毁,五官不清,兽首护肩。东侧武将右手在上左手在下,双手持短杆蒜头小锤(亦似瓜锤)担置于右肩处;西侧武将与东侧的对称,左手在上右手在下抱锤于左胸肩部(见后图195)。肘部袍袖下垂,腰系革带,内衬腰垫。东西两侧武将宝剑皆悬挂于身躯左侧,从此处来看二者并非对称而是一致了。两腿两侧山文锁子甲战裙护腿,正中山文甲前护裆。战袍覆盖云头战靴,仅露靴头。从背后看,盔缨覆盖后脑,披肩及背,缠枝纹饰腰垫较短,下缀山文甲护裆,两侧山文甲战裙,长袍及地(见图196)。

后一对盔甲装扮与前一对一致,但隐约可见其为有须中老年形象,与前一对有所不同。其抱锤方式与前一对一致,东侧武将右手在上左手在下抱锤于右肩一侧,西侧武将左手在上右手在下抱锤于左肩一侧。其佩剑方式亦与前一对一致,俱于身躯左侧(见后图197)。从后面看,披肩边角重叠下垂处造型略有不同(见后图198),其他一致。通常情况下,前后两对之结构组成或装扮等是有变化的,但孝陵武将基本没有。此外,后一对西侧武将之缠枝团花纹饰及山文锁子甲品相保存较前一对要好。

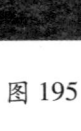

图195　　　　　　　　　图196

图 197　　　　　　　　图 198

四、明长陵石刻武将

　　长陵武将共2对,列于神道石刻第十四对、第十五对位置,高3米左右,方脸宽腮,剑眉虎目,品相完整,雕刻精美。因其底座垒于地砖中,降低了其高度,影响了其观赏视角,故显得身材粗壮。两对武将仅面部、手部外露,其他俱为盔甲包裹。其服饰精致烦琐、层次丰富,装扮到位。

　　两对武将最为明显的不同体现在器械配置及动作方面。前者为持锤佩剑,一手持瓜锤倚于肩侧,一手握剑按于腰侧;后者仅佩剑。二者都是站姿,姿势上的差异主要体现在上肢的动作上。前一对武将左手紧握剑柄按于左腰胯,右手持小锤短柄握于右肋处,如随行护驾貌,东西两侧武将动作一致,持瓜锤皆用右手,按剑皆用左手(见图199)。后一对武将左腰侧佩带宝剑,左手在外右手在内,双手相叠按于胸前正中护心镜处,似作揖待命状,其动作与第一对不同,缺少持锤之姿,亦无按剑之势(见图200)。二者相比,有一开一合之感,也有行于外立于内之感。

图199

图200

从样貌及服饰而言,前后两对又有细节上的不同。前一对武将头戴凤翅盔,眉头微皱,双目圆睁,不怒自威,长须分绺飘洒胸前,持锤佩剑,气势不凡,从气势、外貌来判断应为中年以上的形象。周身袍甲,甲为山文锁子甲,正胸护心镜,兽首护肩、护腹。肘部袍袖后折向上,有风吹翻飞之状,动感十足。后一对武将方脸圆腮,与前一对脸型接近,双眉外展,眉间平缓,双目平视,外眼角稍斜向上,嘴角略微上扬,上唇胡须与前一对一致,八字胡分两端压至嘴角,下巴正中仅为一绺短须,且较前一对短一半有余,人物形象应比前一对年轻,从外表推断应为中青年形象。其装扮亦为盔甲制,头戴凤翅盔,左右兽首吞肩,身穿连环甲,胸前护心镜,兽首护腹,左右配战裙,革带护腰,前后护裆,云头战靴。肘部袍袖亦为翻飞状。

值得注意的是,两对武将凤翅盔及披肩、身甲纹饰非常清晰,精美细致(见图201)。后一对武将腰垫之海马纹饰亦完整无缺,是考察海马纹样的珍贵材料。此外,两对武将身甲种类不同:前一对为常见之山文锁子甲;后一对除前护裆为鱼鳞甲之外,其余各处身甲为人形连环甲(见图202),此种甲具体名称未定,这对于考察古代武将甲制尤其是较为少见的甲类而言具有重要的文物参考价值。

图201　　　　　　　　　　　图202

五、明显陵石刻武将

显陵武将共2对,位于神道第十对、第十一对位置,高约2.6米。西侧较东侧保存要好。

前一对为无须形象,脸部霉灰色较重,双腮突出,五官有损,头戴凤翅盔,身穿连环锁子甲,袍袖后翻,朴拙厚重。左手在外右手在内,双手叠于胸前,东西两侧武将皆左腰悬挂佩剑(见图203)。腰扎护腰、甲裙、护裆,护腰边缘饰回字纹,内刻云龙卷草纹。仅配有前护裆,为鱼鳞甲,呈鱼尾形状(见图204)。战袍垂地,厚底战靴,靴面及靴头有损,宝剑装饰精美。装扮上可以概括为袍甲之制,与其他几陵有一致之处,但也有细节上的不同:一是,其凤翅盔翅耳较小,脑后大鱼鳞形片甲护颈向上卷起压于后肩,圆柱状造型明显;二是,前后护心镜,是五陵中唯一背后护心镜外露可见者(见后图205)。

图203　　　　　　　　图204

后一对为长须中老年形象,脸部及胸部霉灰色突显。右手持锤,倚于右身侧,左手握剑按于左腰身处。东西两侧武将动作一致,所持小锤锤头皆已失。二者相较,东侧武将风化严重,尤其是正面品相较为不堪。从西侧武将尚可观察出：头戴凤翅盔，身穿山文锁子甲，胸前护心镜，护腹兽首衔革带，革带紧勒缠枝宝相花腰垫，前后山文甲战裙护裆，高勒战靴（见图206），脑后鱼鳞甲护颈，上卷如圆柱，兽首吞肩，袍袖后翻。

图205　　　　　　　图206

在陈荫荣所讲之《兴唐传》中有较多与此前后护心镜、鱼尾形前护裆相一致的描述。如描写隋唐英雄宇文成都：

> 身披一件锁子连环龟背大叶攒成鱼鳞甲，内衬一件紫征袍。前后护心宝镜冰盘大小，亮如秋水，闪花花夺人的二目。杏黄丝绳襻甲绦，巴掌宽的狮蛮带煞腰，肋下佩宝剑，银吞口，银什件，杏黄挽手，剑把上飘洒灯笼穗。左右勒征裙：掐金边，走金线，挡护膝、遮马面，护裆鱼褐尾，三叠倒挂吞天

兽，横搭在铁过梁后。[1]

以及对李元霸的描述：

身披锁子连环龟背大叶攒成青铜打造的荷叶甲，内衬一件黑缎子的紧征袍，前后护心宝镜亮如秋水，耀眼铿光。紫丝绳的襻甲绦，巴掌宽的狮蛮带煞腰。腰下佩带一口宝剑，绿鲨鱼皮鞘，金吞口，银什件，杏黄挽手，剑把瓢洒红灯笼穗。护裆鱼褟尾，三叠倒挂吞天兽，口内衔金环，横搭在铁过梁后。左右勒征裙，掐金边，走银线，大红中衣，上绣白团鹤。足下穿一双五彩高靿的靴子，白厚底，牢扎紫金镫。[2]

此处提及的宇文成都及李元霸，广为我国民众所知，甚至是家喻户晓。他们的装扮与明陵武将之装扮可谓一脉相承，尤其是“护心宝镜”及“护裆鱼褟尾”等显著特征，对于证明明陵石刻武将对唐宋盔甲制度的延续，具有特殊的说服力。

第二节 明代帝陵武将盔甲服饰

明代五陵中若以雕刻之精美细致、装扮之烦琐复杂而言，非石刻武将莫属，这从其所着盔甲可见一斑。粗略而言，多数人可以说出武将头戴盔、身穿甲，但深入而言，对其服饰之组成结构、盔甲之称呼分类等细节不甚清楚，也就是说对我国古代武将铠甲服饰缺乏了解。而明代帝陵神道石刻武将的存在，正是今人了解此类古代文化的最佳参照物，且严谨写实的表现手法和雕刻属性使其成为直观立体的“活化石”。

古代盔甲的重要性值得强调，从一定角度而言，人类几千年冷兵器时代的

① 陈荫荣讲述：《兴唐传》，北京：中国曲艺出版社，1984 年，第 210 页。
② 陈荫荣讲述：《兴唐传》，北京：中国曲艺出版社，1984 年，第 1072 页。

战争史即是一部盔甲演变发展史,盔甲的诞生与发展对于歼灭对方、保存己方均产生了重要的影响。我国古代重要的军事著作《武备志》对此有所强调:"甲为用命之本,当锋镝而立于不败之地者此也。"[1]因此,盔甲装备自然受到各国各代的重视。

今天,我们能通过明陵神道保存下来的这些珍贵的石刻来了解我国古时的盔甲装扮,也就是与古代服饰文化进行一次对话,尤其是将领的装备代表的是当时盔甲的最高水平,值得深入探讨。

因五陵武将中以长陵武将保存最为完好,故本书以长陵武将为主要研究对象来解析明代武将之盔甲服饰。

涉及武将盔甲,自然离不开与其不可分割的兵器配置。前文已述,长陵两对武将,一对持锤按剑,另一对佩剑,此处武将所配之器械,其主要作用自非实战,而是仪卫。

对于武将所持之小锤,因锤头形似瓜状且又镏金,俗称"金瓜";又因其形似蒜头,名为"蒜头骨朵"[2]。《武备志·器械三》附有"蒜头骨朵"图,其后有解释:"蒺藜、蒜头,骨朵二色。以铁若木为大首,迹其意以为胍肫。胍肫大腹也,谓其形如胍而大。后人语讹,以胍为骨,以肫为朵。其首形制不常,或如蒺藜,或如羔首,俗亦随宜呼之。短柄铁链皆骨朵类,特形制小异尔。"[3]说明了骨朵是由胍肫演化而来,有两种样式,即蒺藜与蒜头。

《大明集礼》卷四四《仪仗三》对骨朵亦有总结:

> 按宋祁《笔记》曰:"国朝,有骨朵子直,卫士亲近者。予尝修日历,曾究其义。关中人谓腹之大者为胍肫,俗因谓杖头大者亦为胍肫。后讹为骨朵(从平声)。胍肫,音孤突。"《武经》曰:"骨朵二色,曰蒺藜,曰蒜头。以铁若木为大首。"元制以朱漆棒首,贯以金涂铜锤。又有列丝骨朵,制如骨

---

[1] (明)茅元仪辑:《武备志》卷一〇五,明天启元年刻,清初莲溪草堂修补本,第十八页。
[2] (明)茅元仪辑:《武备志》卷一〇四,明天启元年刻,清初莲溪草堂修补本,第十三页。
[3] (明)茅元仪辑:《武备志》卷一〇四,明天启元年刻,清初莲溪草堂修补本,第十四页。

朵，加纽丝文。今制，朱漆竿为柄，下用金饰，上贯骨朵。①

说明了明代骨朵之制。

在明人所绘之《出警图》及《入跸图》中，有众多关于金瓜将军的生动描绘，其中多数为持长柄金瓜、腰悬弓箭的武将，也有少数手持金瓜、佩带腰刀的武将（见图207②），其用色与"朱漆竿、金骨朵"相符合，但并未见到持短柄金瓜、佩带长剑的搭配。包括《大明会典》对"长陵神道石像生"的记载，对此武将亦是以"'带刀'执瓜盔甲将军"③来称呼。而我们现在看到的明长陵武将明确为佩剑（见图208）持瓜之装扮，估计其时并无此种装扮之制，故无此记载。

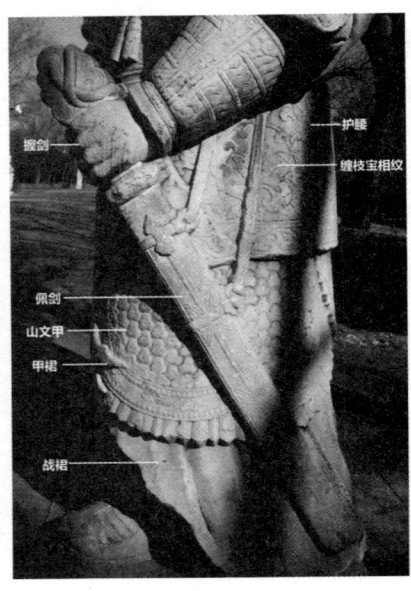

图207　　　　　　　　图208

两对武将除了器械之外，最为复杂的就是其服饰上的异同，包括头盔及遍身铠甲的各构件。本书按照常规顺序，从上往下依次分析。

---

① （明）徐一夔等撰：《大明集礼》卷四四，明嘉靖九年（1530）内府刊本，第三十二页。
② 《出警图》《入跸图》，绢本设色，台北"故宫博物院"藏本。
③ （明）李东阳等撰、申时行等重修：《大明会典》卷二〇三，明万历十五年内府刊本，第二页。

一、头盔

人之最上者为头部。长陵两对武将俱头戴战盔,顶饰汇缨,凤翅双耳,凤翅较小,后围顿项(顿项主要起保护后脑的作用,而不再注重之前的护颊),盔带系于颌下。对于此类有翅头盔,宋、明时期称为"凤翅盔"。"盔,即胄之属,左右有珥,似翅,故曰凤翅。"①而各式头盔统称为兜鍪,宋《武经总要》卷一三《器图》又称"头鍪"(见图209②),《武备志》亦称"头鍪"(见图210③);与盔体连在一起、主要保护脑后颈肩部位的防护部件称为"顿项"。二者合称为"兜鍪顿项":"其制有甲身,上缀披膊,下属吊腿,首则兜鍪顿项。"④

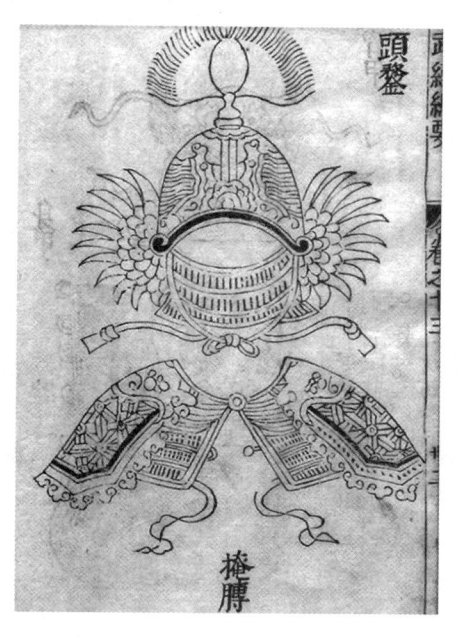

图209　　　　　　图210

对于盔之种类,《大明会典》卷一九二《军器军装一》有记载:

---

① (明)王圻、王思义撰辑:《三才图会·衣服卷一》,明万历三十七年原刊本,第二十四页。
② (北宋)曾公亮、丁度等撰:《武经总要》卷一三《器图》,明万历二十七年刊本,第三十二页。
③ (明)茅元仪辑:《武备志》卷一〇五,明天启元年刻,清初莲溪草堂修补本,第二页。
④ (北宋)曾公亮、丁度等撰:《武经总要》卷一三《器图》,明万历二十七年刊本,第三十四页。

今兵仗局造：抹金凤翅盔；镀金护法顶、香草压缝、六瓣明铁盔；镀金十字铃杵顶、香草压缝、六瓣明铁盔；镀金宝珠顶、勇字压缝、腰箍口箍、六瓣明铁盔；镀金宝珠顶、勇字腰箍口箍、铁压缝、明铁盔；黄铜宝珠顶、香草压缝、六瓣明铁盔；黄铜宝珠顶、勇字压缝、腰箍口箍、六瓣明铁盔；黄铜橄榄顶、勇字腰箍压缝、六瓣明铁盔；黄铜十字铃杵顶、勇字压缝、明铁盔；黄铜勇字腰箍口箍、铁压缝、六瓣明铁盔；黄铜宝珠顶、勇字口箍、铁压缝、六瓣明铁盔；黄铜四勇字明铁盔；一把莲八瓣、黄铜腰箍口箍明铁盔；一把莲明铁盔；镀金护法顶、压缝、六瓣铁盔；黄铜宝珠顶、勇字朱红漆铁盔；黄铜宝珠顶、口箍、浑贴金铁盔；红顶缨、朱红漆铁盔；四瓣明铁盔（下五样盔，皆一年一修造）；玉簪瓣明铁盔（有二等。一紫花布火漆丁钉顿项，衬盔、黑缨花皂绢盔旗；一青纻丝顿项，青绵布衬盔、盔襻、黑缨花皂绢红月盔旗）；摆锡尖顶铁盔；朱红漆贴金勇字铁盔；朱红漆贴金勇字皮盔。①

由以上可见明代头盔样式之繁多，以至于明代《武备志》中，因为头盔的创造与发展太多，直言对古之传统样式已经难以准确地考证："盔，即古之鍪牟也，其式甚众，见于《武经》者几五，而今所用者六，又续图之，其说则今之制也，古不可考矣。"②

在黄辉《中国历代服制服式》中，该有翅头盔又被称为"凤翅盔"："头戴战盔，战盔由胄发展而成，在胄的前面饰有围圈称为颅，后将围圈装饰为凤翅，又名凤翅盔，为秦汉及历代将帅的典型战盔。"③该著中但凡涉及者皆以"凤翅"称呼。但其所言"为秦汉……典型"，笔者并不赞同，经查阅资料，笔者认为"凤翅盔"始于唐末，主要存于宋朝和明朝。而"凤翅"与"凤翅"比较而言，所用较多者还是凤翅，如中国十大畅销古典小说之一《说岳全传》中有多处此类装扮的

---

① （明）李东阳等撰、申时行等重修：《大明会典》卷一九二，明万历十五年内府刊本，第七至八页。
② （明）茅元仪辑：《武备志》卷一○五，明天启元年刻，清初莲溪草堂修补本，第一页。
③ 黄辉著：《中国历代服制服式》，南昌：江西美术出版社，2011年，第89页。

描写："头戴凤翅银盔，身穿鱼鳞细甲"[1]等，所用均为"凤翅盔"，而未见"凤翅盔"。而此描述也与明陵武将头盔装饰是完全一致的。作为宋代最为华丽的凤翅盔，无疑是艺术观赏和防护实用融合得最佳的一种造型，不过由于制作工艺较为烦琐，至明代时也仅有少数高级将领和担任仪卫任务的首领将军，才有此盔。《大明会典》卷一四二《侍卫》载："凡大朝贺，御殿，掌领侍卫官俱凤翅盔、锁子甲、悬金牌、佩绣春刀。一员殿内东，一员殿内西。"[2]说明了凤翅盔在明代的应用是有一定的要求的。同时也可以看出，朝贺时御殿侍卫首领东西站位的方式与明陵神道东西两侧亦是一致的。而明之后，则再无此类凤翅盔，因此，明代是中国汉式盔式凤翅盔最后留存的时期。

关于盔的制作材料，在《武备志·器械》亦有所交代："造盔式，每项用净铁五六斤，加钢一斤重围，起细皮为止，如连围脑重二斤，其制诸如此。顶样不一，有名一块铁，有四明盔，有六叶盔，有皮穿柳叶盔。南方用旧绵花作盔，以水湿为利。"[3]此处所言主要是指兵士所戴之盔，而凤翅盔主要为高级将领及仪式、仪卫的将军所戴，如明代帝陵之武将等，故该制作材料的记载中列举的是"六叶盔"等，而未列举凤翅盔。

通过以上的了解，对凤翅盔的铸造结构亦可以大体推测如下：铸以围架，围架两端带有凤翅装饰，将其与兜脊以弧形合围为一体，成为"兜"形之架，兜架两耳处即为凤翅位置，兜体附于兜架之内，二者紧密结合形成盔体，此即为兜鍪。兜鍪整体都有花纹装饰，尤其以兜架处为多。当兜鍪饰以"双耳凤翅"时，即称为凤翅盔。

明长陵前后两对武将的头盔造型一致、结构相同，皆为左右尖圆对称式造型，形状较为圆润，由盔缨、盔体、凤翅、抹额、顿项等组成（见后图211）。前后两对武将凤翅盔仅在装饰及用材细节方面有所不同。如抹额正中处所饰团云

---

[1] （清）钱彩著、金丰编著：《说岳全传》，北京：中华书局，2009年，第278页。
[2] （明）李东阳等撰、申时行等重修：《大明会典》卷一四二，明万历十五年内府刊本，第一页。
[3] （明）茅元仪辑：《武备志》卷一〇五《器械四》，明天启元年刻，清初莲溪草堂修补本，第七页。

纹样略有不同，左右盔体拼接处的盔脊所饰纹样也略有不同。盔体后部下连长及肩部的披幰，披幰外缀甲片，组成顿项，以保护脑后及颈部。两对武将顿项所用甲片不同：一为等宽之长条形甲片，称为"条形甲"；另一为上缘宽圆下缘窄方之圆头形片，称为"乌锤甲"（见图212）。凤翅盔具体结构详见本书插图比对。

图211

图212

头盔之下即为身甲。此处身甲乃指周身之甲，包括上肢、躯干、下肢等部位所着铠甲。

二、铠甲

《武备志》卷一〇五《器械四》载："许氏《说文》：铠，甲也。釬，臂铠也。钾锻，颈铠也。三者字皆从金，则可知其必以金铸矣。"[①]可见甲乃为金属材质，在明代一般应为铁甲。

明长陵武将内着衬里，包含衬衣衬裙，衬里之外穿挂全套护甲。其上肢铠甲包括肩、臂等部位，具体组成有兽首护肩、护髆、护臂等几部分（见后图213）。其形态也很明确，护肩兽首兽口全开，牙齿齐露，獠牙外龇，护髆甲衣由兽口吐

---

① （明）茅元仪辑：《武备志》卷一〇五，明天启元年刻，清初莲溪草堂修补本，第二十一页。

出，长及肘部。肘部大袖袖口向后上翻为倒琵琶状。小臂束有臂鞴，上缀甲片。对于护臂，《武备志·器械四》中记载了其做法："臂缚式，一名臂手，每一副用净铁十二三斤，钢一斤，折打钻铿，重五六斤者，以熟狗皮钉叶，皮绳作带，以绸布缝袖肚，务要随体宛转活便。"①

图 213

---

① （明）茅元仪辑：《武备志》卷一〇五，明天启元年刻，清初莲溪草堂修补本，第十四页。

其躯干铠甲首先是指胸、背之甲。胸口正中处缀护心镜,镜后为护身胸甲,对应着后背之护身背甲,统一固定在环扎勒甲绦之中。其次也包括腹、腰、腿甲:腹部置兽首护腹,左右两腿边各配护腿甲裙。腹下正中配护裆甲,对应着后面之鹘尾甲。甲裙之外罩护腰。这几处先以帛带束扎,再以革带加固,紧勒腹部兽首(见图214)。

图214

其下肢铠甲主要指胫甲、足甲。一般来说,武将小腿处扎护胫(胫甲),但长陵武将腿部被战袍所遮挡,露出部分无法确定是属于胫甲还是战靴靴勒,仅见波纹甲片横向编缀,下缘一条横向束带,胫骨处一条竖向束带。足着高勒战靴(此处称高勒乃以忽视胫甲为前提),靴头以团云装饰,称为"云头靴",靴面横铺波纹甲片,中间一条竖向皮带,起到加固甲片的作用。

我国古代称普通鞋子为"履"或者"舄",只有高式连胫之履才能称为"靴"。《中国历代服制服式》讲道:

> 履,以皮或厚锦制之,履头皆有装饰,有平头、高头、云头、如意等等形式,并有各种绣纹,花履则为妇女所专用,古代高底称为"舄",薄底称为"履"。
>
> 靴,是胡制,隋唐以来,为历代沿用,有"长勒靴""短勒靴""皂靴"等几种形式,"长勒靴"与"短勒靴"多为革制,"皂靴"多以厚锦制之,为文武百官朝服时穿用,武将勇士出征作战亦好穿用。[1]

说明了靴之所用,与明陵神道之象征属性相符合。

以上所言身甲构件均可见本书插图标注。

前后两对武将盔甲服饰除以上共性之外,又有差异。

其一,披肩不同。

前对武将肩披方形巾帕,其上绣祥云纹饰,缘边直平,巾角打结,系于胸前,称为"肩巾"(见前图213)。后对武将披肩满绣缠枝花卉纹饰,下缘为弯曲花边状,以宝相花扣将其系于肩部,上缘为领,只是其领并未立起,而是翻折平压,若竖起则具有保护项部之效,故该披肩应称为"护项",只是其为低领,故应称为"低领护项"(见前图214)。胡汉生在《明十三陵》中将后者称为"云肩",笔者以为并不合适,且不论其形制相似与否,仅从云肩多为女性装饰而言,将其应用于明代帝陵武将就有点牵强。这一点从《中国历代服制服式》所说可以证

---

[1] 黄辉著:《中国历代服制服式》,南昌:江西美术出版社,2011年,第49页。

明:"披肩是一种披在肩上的装饰,多织有纹饰,亦称'云肩',为贵妇与名流仕女所披用。"①《画说中国历代甲胄》中说"五代时期护项逐渐被取消,取代它的是系在颈间的肩巾,肩巾在以后的宋、元、明时代更为流行"②。后对武将低领护项,应该是弱化了护项的立领,强化了护肩的披巾,而出现的样式。因此,两对武将肩披之物不同。

其二,身甲之组装甲片种类不同。

对于甲制,《唐六典》卷一六将其归为十三类,并对其材质做了说明:

  一曰明光甲,二曰光要甲,三曰细鳞甲,四曰山文甲,五曰乌锤甲,六曰白布甲,七曰皂绢甲,八曰布背甲,九曰步兵甲,十曰皮甲,十有一曰木甲,十有二曰锁子甲,十有三曰马甲。甲,似物之浮甲以自卫也。《史记》曰:"楚人鲛革以为甲。"《汉书》曰:"魏氏武卒衣三属之甲。"谓上身一,髀裈一,兜鍪一,凡三属也。今明光、光要、细鳞、山文、乌锤、锁子皆铁甲也,皮甲以犀兕为之,其余皆因所用物名焉。③

如上文所述之长陵顿项,其中就有乌锤甲。明时甲类繁多,《大明会典·军器军装一》对兵仗局所造之铠甲有所记载:

  今兵仗局造:抹金甲;青织金云绦丝裙襕、鱼鳞叶明甲;青织金界地锦绦丝裙襕、红绒绦穿、匙头叶齐腰明甲;红绒绦穿齐腰明甲;绿绒绦穿齐腰明甲;绿绒绦穿方叶齐腰明甲;绿线绦穿鱼鳞叶齐腰明甲;匙头叶齐腰明甲;青绦丝镀金平顶丁钉齐腰甲;青绦丝黄铜平顶丁钉齐腰甲;青绦丝镀金丁钉齐腰甲;红绒绦穿齐腰甲;青绵布火漆丁钉齐腰甲;青绦丝黄铜平顶丁钉曳撒甲;紫花布火漆丁钉圆领甲;黑缨红铜镜马甲;大叶明甲;青绦丝火

---

① 黄辉著:《中国历代服制服式》,南昌:江西美术出版社,2011年,第42页。
② 陈大威著:《画说中国历代甲胄》,上海:上海书店出版社,2009年,第144页。
③ (唐)李林甫等撰、陈仲夫点校:《唐六典》,北京:中华书局,2014年,第462页。

漆丁钉齐腰甲；青纻丝绦穿齐腰甲；青绵布绳穿齐腰甲。①

此处对甲之分类主要依据材料及质地，且主要是用于战事的铠甲分类。对主要用于仪卫的高级将领盔甲并未列出，但从中依然可以看出明时铠甲种类样式之多。

此外，根据《大明会典》所载"凡盔甲，洪武七年，令线穿甲悉易以皮。十六年，令造甲每副，领叶三十片，身叶二百九片，分心叶十七片，肢窝叶二十片，俱用石灰淹里软熟皮穿"②，亦可看出明时甲片数量之巨。

随着甲片增多，加上各部分盔、甲构件，其周身盔甲之重量自然可以想象。明人唐顺之所著军事著作《武编前集》卷六《边军劳苦》就有记载："各边军士役战，身荷锁甲、战裙、遮臂等具，共重四十五斤，铁盔、脑盖重七斤，顿项、护心铁、护胁重五斤，弓撒、箭袋重十斤，腰刀三斤半，蒺藜骨朵重三斤，箭筒一斤，战勾连绵皮上下衣服共八斤，通计八十八斤半。"③可见明时盔甲重量之巨，穿戴者负重之巨。

明长陵两对武将之身甲所用甲制不同。前对武将全身甲片一致，为三棱形，凸起如山，称为"山文甲"（见前图213），此类甲片在很多资料中都可以找到，如《画说中国历代甲胄》等著述多次提及，可以确定无误。另一对武将身甲为混搭，前护裆用鱼鳞形甲片，称为"鱼鳞甲"（见前图214），其余部位皆用站立人形之甲片组成，此甲还未曾在现有资料中找到，故本书以其形命名称之为"人形甲"（见后图215）。

其三，某些服饰组件样式不同。

两对武将之服饰烦琐，其组件自然不会完全相同，除上文所述披肩外，尚体现在护腰、护裆及战靴等方面。

---

① （明）李东阳等撰、申时行等重修：《大明会典》卷一九二，明万历十五年内府刊本，第九页。

② （明）李东阳等撰、申时行等重修：《大明会典》卷一九二，明万历十五年内府刊本，第一至二页。

③ （明）唐顺之撰：《武编前集》卷六，《文渊阁四库全书》本，第七十一页。

图 215

　　前后两对武将护腰样式、所用纹样均不同。前者为两端方形、后部中间内切半圆形的样式,绣缠枝宝相花纹饰(见后图 216);后者为两端螺旋弧形,后腰中间为外凸尖形样式,绣江水海马图(见图 215)。

　　前后武将护裆亦不同,主要体现在样式上。前者为圆形山文甲,较短,中间配圆形转轮纹饰(见前图 213);后者为倒三角形鱼鳞甲,较长,中间竖以铜状甲脊压制(见前图 214)。

　　战靴之不同主要体现在脚背处之装饰上。前者战靴云头保存较为完整,靴

图 216

面甲纹也较完整,至靴勒转折处为花边纹样装饰,皮带压于花边下;后者战靴云头已损,靴面甲纹完整,至靴勒转折处则增加了兽首装饰,且靴面皮带与鼻环相连接(见后图217)。

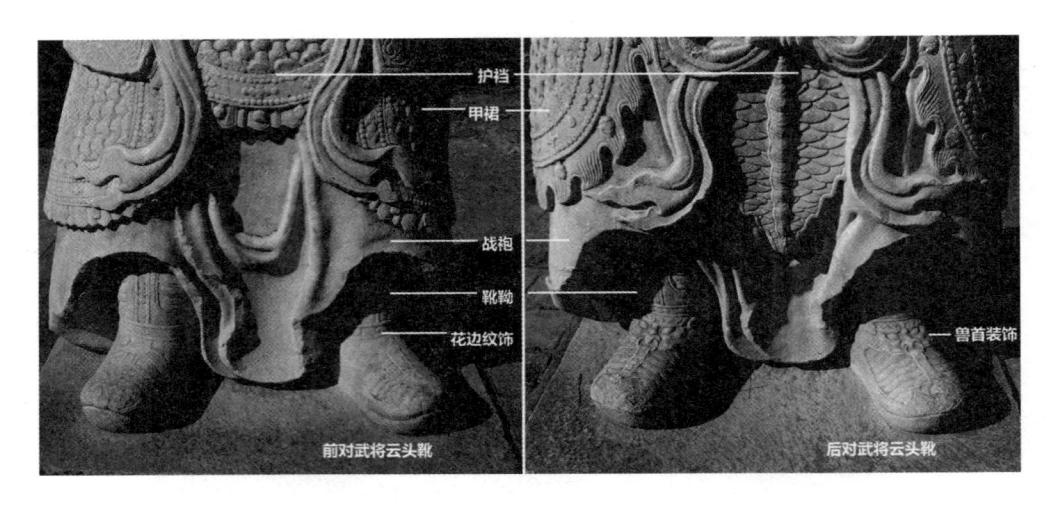

图 217

三、武将服制及身份

经过上文对盔式、甲制的分析,亦可梳理出长陵武将的服制服式。《中国历代服制服式》在论及明代武职将帅服制服式时讲道:

> 明代武职将帅的戎服,继承了元代的汉制将帅服式,实质是以唐、宋两代的平巾帻与战袍铠甲制为基础,综合了元代汉制的兜鍪制、衬甲制、云肩制、两裆制、战袄制、士卒袄制等等,形成了丰富多彩的武将服式。明制将帅主要戎服有衬袍制、衬甲制、袒臂战袍制……①

此处言及了武将的几种服制,经过对所述各类制式的比对,其所述之明制将帅衬甲制与明陵武将服制较为符合:

> 头戴凤翅战盔,顶饰以红缨,身穿战袄,外披铠甲,有盘领雍颈,身穿战袄或胸背两裆甲,上臂有臂甲,手束有臂鞲,腰束革带,围以护腰包肚,下身有膝甲、吊腿、战靴,外可穿缺胯战袍,袒右臂,为出征或讲武时的将帅服

---

① 黄辉著:《中国历代服制服式》,南昌:江西美术出版社,2011年,第258页。

式,也可作朝服,但一般皆作为武职常服而用。

明制的全身披甲,外穿祖臂战袍,为武职将帅所好,具有朝代的特征。但明制铠甲多属于一种软甲,以皮革制之,外饰有薄铜、铁甲片,有金荔枝,有铜钉,有锁子纹,有鳞片等纹饰,尤以"人"形交叉饰为多。[①]

可以看出,此处所述与明陵石刻武将之盔甲装扮是较为一致的,由此亦可总结出明陵武将的服制服式即为衬甲制。

随着对明陵武将盔甲服制的了解,可以看出设置在明陵神道上的武将不是普通的身份,不是随便一个兵将就可以出现在这个位置上的。那么究竟是何身份?有人认为其原型可能是负责御前侍卫的"锦衣卫大汉将军"或"神枢营红盔将军",但本书并不认同。本书以为其身份应该是"掌领侍卫官",是管理"锦衣卫大汉将军"或"神枢营红盔将军"的更高级别的官员。《大明会典》卷一四二"侍卫"部分载:

> 朝廷侍卫将军等项人员,各该官统领,凡圣节、正旦、冬至、三大朝会、大祀、誓戒、册封、遣祭、传制、御殿,则用全值。常朝,则更番。其衣甲、器仗及陈列位次,各有定制。凡掌领侍卫,侯伯驸马等官六员。一员管锦衣卫大汉将军及勋卫、散骑舍人、府军前卫带刀官。四员管神枢营红盔将军。一员管五军营义刀将军。[②]

此处说明了"掌领侍卫官"是管理"锦衣卫大汉将军"或"神枢营红盔将军"的高级官员,且参加重大节日或仪式时,"衣甲、器仗及陈列位次,各有定制"。那么此"定制"又是何制?

《大明会典》记载了各类仪卫将领在值班时的装扮之制:

[①] 黄辉著:《中国历代服制服式》,南昌:江西美术出版社,2011年,第262页。
[②] (明)李东阳等撰、申时行等重修:《大明会典》卷一四二,明万历十五年内府刊本,第一页。

凡大朝贺,御殿,掌领侍卫官俱凤翅盔、锁子甲、悬金牌、佩绣春刀。一员殿内东,一员殿内西。……凡常朝,御皇极门,掌领侍卫官,俱凤翅盔、锁子甲、悬金牌、佩绣春刀,置左右阑干首。锦衣卫将军二十四人,明盔甲、悬金牌、佩刀、执金瓜,列阑干内(阑干二十四扇,每扇一人)。①

由此可见,此处所载"掌领侍卫官"及"锦衣卫将军"之装扮,前者为"凤翅盔",后者"执金瓜",这与长陵神道石刻武将装扮之凤翅盔及持瓜锤最为接近。可能有人会说,长陵武将乃是佩剑,而非绣春刀,此处并不一致。对于这一点也可以解释,即《大明会典》的记载也并不完全准确,因为它对"长陵神道石像生"的记载,就是以"带刀执瓜盔甲将军"②来称呼石刻武将的,如此一来,其所言"带刀"也就与"佩绣春刀"不冲突了。

由此可以总结出,明陵石刻武将的造型应该来源于"掌领侍卫官"或"锦衣卫将军",抑或是二者之组合。当然这个结论不是绝对的,而是相对而言的。而从"凡掌领侍卫,侯伯驸马等官六员"亦可以看出,"掌领侍卫"是属于"侯伯驸马"这一个等级的,那么长陵武将即是或者相当于这一级别的,这就是长陵武将的身份及品级。

第三节 总结及余问

古代衣冠服饰作为我国悠久的传统文化之一,对周边国家影响巨大,现今古装影视题材作品对古代衣冠服饰文化的需求更甚,可惜研究的力度始终不够,客观深入的研究更是稀少,又因出土文物多为残缺,古籍书画亦不够详细清楚,以致要准确地了解其服饰结构甚为困难,其中尤以古代武将之盔甲为最。为突破这一局限,本书以长陵武将为对象,考证各类资料,以探析明代武将服饰。值得庆幸的是还有明陵石刻这一绝佳载体和直观参照物,可以与各类记载

---

① (明)李东阳等撰、申时行等重修:《大明会典》卷一四二,明万历十五年内府刊本,第五页。
② (明)李东阳等撰、申时行等重修:《大明会典》卷二〇三,明万历十五年内府刊本,第二页。

相互验证比对,使我们能从中一窥当年的服饰规制。而明代帝陵作为当时的官方工程,其武将服饰之制无疑体现了当时的主流形态,并对应于史籍记载,因此明陵武将服制基本即可视为明代武将服制。

现今对古代服饰的研究多限于官员等级服制或文臣服饰领域,而对武将盔甲的具体研究很少,这主要是因为盔甲服饰层次多、结构复杂,且记载较少,较难考证。为了深化该领域的研究,本书依据实证与论证相结合的原则,以保存情况较好的长陵武将为载体,对其盔甲之制与服饰做了深入的分析。明确其盔甲之式,如凤翅盔、山文甲、人形甲、鱼鳞甲等不同形制;深入其服饰细节,包括头盔、身甲等组成构件;分析其服制服式,应为衬甲制;详尽地比对长陵两对武将服饰之不同,将长陵武将极为完整的盔甲形制展现出来。这些对于研究明代武将服饰具有重要的参考价值。

本书虽然基本分析了明陵武将之服饰结构,也将实证和论证做了较深入全面的结合,但对于能否成功穿于身还有待试验,因为这牵涉服饰构件之间的组装(如胸甲与背甲是如何组装的,这些组装部件一般在甲内,从外面难以看到),如果无法组装,那么这些构件即使穿着在身也无法起到紧密的保护作用,还会因为易于脱落而起到妨碍行动的副作用,这一点也显示出对古代盔甲的研究必须注重考证与试验的有效衔接。而仅有的史籍记载并不完整,即便按照其记载也难以穿戴舒适。比如按《武经总要》《武备志》中对盔甲的记载,是难以穿戴的或即使能穿也是不够合理的,更不要说现今的研究多为纸上谈兵,无法实际穿戴了。而古人却能够将其合理地穿戴于身并实践于战场,这种差距给了古代盔甲这一领域极大的研究空间。

总结本章所述,可见长陵武将所着服饰结构非常复杂,具体包括头盔、披肩、掩膊、臂韝(护臂)、勒甲绦、护心镜、胸甲、背甲、腹部兽吞、护腰、甲裙、护裆、鹘尾、战裙、胫甲、战靴等部件。其中某些部件又可细分,如头盔包含顿项,掩膊包含吞肩兽首与护膊等;而武将之甲制也有多种,如山文甲、人形甲、鱼鳞甲、条形甲、乌锤甲等,亦相互组合使用;将帅服制亦有多种,如衬袍制、衬甲制、战袍制等,而长陵武将与衬甲制最为接近,此即为长陵武将盔甲服制。

通过对其盔甲装扮的分析,推测出其身份品级,应为掌领侍卫官身份,与侯、伯、驸马同一品级。

在雕刻艺术处理方面,虽然武将全身都有比较深入的雕刻或装饰,但是雕刻艺人在整体造型上控制合理,在很多细节上运用了对比的艺术手段,使雕刻层次和图样在精美的基础上丰富而不繁杂。例如布衣与盔甲不同材质的对比处理,从宽袖衣褶的长线条之软与身甲的短线条之硬的质感以及布衣线条稀疏与铠甲图案密集的疏密两个方面都做了对比,显示了当时艺人非常成熟的雕刻处理技巧。

从雕刻的精美细致以及繁杂的细节把握上来看,武将在所有神道石刻中无疑是最耗费工夫的,因此,武将的造型及雕刻效果在明陵所有人物石刻中是最突出的。

在本章末,仅提出几个疑问,以抛砖引玉。

一、本章所言之护腰,有称为"销金白汗裤"(《大明衣冠图志》)者,也有称为"抱肚""袍肚"(《画说中国历代甲胄》)或"包肚"(《中国历代服制服式》)者,还有称为"悍腰"者,此几种是否为一物?

二、大袖后翻为倒琵琶状,是否可以称为琵琶袖?若不是,古代所说琵琶袖应是何物?

三、在陈荫荣版《兴唐传》中关于古代武将服饰常如此描述:"三叠倒挂吞天兽,口内衔金环",明代帝陵武将倒置的护腹兽首是否就是吞天兽?正常向下的是否为吞地兽?护腹兽首是单独构件还是与护裆一体?

此外,对于护臂,有称"臂缚"者,有称"臂鞲"者,有称"臂甲"者,所指"臂"之区域是否单独针对小臂?对于护膊,有称"掩膊"者,有称"披膊"者,其构造是否与"吞肩兽首"连为一体?又是否包括肩部在内?对于山文甲,有称"山纹甲"者,有称"人字形甲"者,有称"山字甲"者,皆以外形而分,是否与所说的"锁子连环甲"属于一物?还是说"锁子连环甲"是所有编织甲类的统称?对于前裆甲,通俗的理解即为保护裆部的那一部分结构。查阅资料,有称"裈甲"者,有称"鹘尾"者,有称"裲裆甲"者,此几种称呼的界定范围,是单指前裆部分还是包含前后裆?

如护胫,有称"吊腿"者,有称"胫甲"者,有称"行藤"者,此类所指是否包含战靴之靴靿部分？如果不包含,护胫与战靴高筒靴靿之结构又是如何的？

还有,甲裙,有称"腿裙"者,有称"膝甲"者,这几种称呼所指是否一致？肩巾,与"项帕"是否一致？托泥鳞,与被称为"卫足"者,是否指同一处？

希望以此类问题为后引,期待更多有志于此的研究者加入。

第九章　明代帝陵石刻内使与功臣

在皇、祖二陵神道之末,各有2对石刻,位于武将之后,离陵寝最近。对于该石刻,俗称为"内使""内侍",又有称其"近侍""内官""内臣""太监""宦官"者,名称繁多,但意思都接近,就是专职侍奉皇家的近身人员,这些称呼应该都可以使用。但还有将其称为"宫人"的,笔者以为此称并不恰当。因为"宫人"主要是用于女性的一种称呼。《明史·舆服二》记载"后宫女性"服制时说:"宫人冠服,制与宋同。紫色,团领,窄袖,遍刺折枝小葵花,以金圈之,珠络缝金带红裙。弓样鞋,上刺小金花。乌纱帽,饰以花,帽额缀团珠。结珠鬓梳。垂珠耳饰。"①此处将宫人归属于"后妃女性"这一范围,加上对其服饰的描述,显然说明其为女性。故用"宫人"称呼明陵该类石刻并不合适。

《明太祖实录》《皇明典礼志》《明史》将此"近身侍奉"称为"内使",因为对明代的研究离不开此类古籍,故本书据此采用"内使"一称。

明代帝陵五处神道,设置有内使的仅为皇陵、祖陵,其他三陵陵寝最近处,孝陵为2对文官,长陵、显陵则为功臣,其中长陵2对,显陵1对。

对于此功臣,又有称为"勋臣"者,如顾炎武《昌平山水记》、梁份《帝陵图说》;有称为"朝衣冠武像"者,如《大明会典》。明朝规定建有一定军功的官员可以封爵,爵位分为公、侯、伯三等。本书依据"有功之臣"之意称其为"功臣"。

之所以把内使与功臣放在这一章中,是因为二者都位于神道之末,比较其他石刻而言又位于陵寝最近处,从某种意义上来说,此二者最为帝王所亲近或者信任。

---

① (清)张廷玉等撰:《明史》卷六六,北京:中华书局,1974年,第1625页。

第一节　明皇陵内使现状

皇陵石刻内使,共2对4件,东西并置于神道两侧,位于神道石刻最南端,距陵寝最近处第三十一对、第三十二对位置。内使双手笼于袖内,两袖连成一体,拱于胸腹间。内使比文官、武将略为矮小,高冠长袍,袍端及地,仅露脚尖,造型以圆为主要特征,双腮圆润,下巴丰圆,双耳圆长,嘴角微翘,姿态温和,似在静候旨令。内使除了衣褶及腰带配饰在整体圆雕基础上又运用浮雕使其具有较多层次之外,其他修饰较少,不似文官、武将那般华丽,因为内使毕竟是服侍内宫的,估计当时的雕刻艺人也不一定亲眼见过,缺少对内使的具体了解,故只能雕刻其较为含蓄的形象。由此估计,当时的雕刻主要也是建立在写实的基础上。

皇陵内使石刻下部连接两层石座,上层石座与内使主体为整体石料雕刻而成,下层石座置于土中起固定作用。主体石刻左右宽1米,前后纵0.7米,石刻整体高3米左右,内使高约2.6米。第三十一对东、西内使颈部断痕明显,头部俱为新补(见后图218)。第三十二对东侧石刻耳、鼻有残,西侧石刻耳残,鼻头为较深的石灰色,其他部位除风化所留痕迹之外应为原始雕刻之面貌(见后图219)。

按照王剑英先生《明中都研究》1973年9月对明皇陵石刻的调查来看,其"顺序31内臣,东、西石刻俱缺头,32东侧石刻缺头,西侧帽少残"[1]。现阶段的实地考察显示第三十二东侧内使头部为原始雕刻,与王先生所记不符,不知何故,其他3件与其所录是相符合的,说明该石刻所显示的信息具备反映明初内使具体情形的客观条件。

通过对该石刻细节的仔细观察,可以看出:皇陵内使戴纱帽,软带后系,弯曲下垂于肩背之上,帽顶隆起方中带圆,帽山高耸呈拱形,侧面看前直平后弧圆。外穿圆领窄袖长衣,领缘清晰,双袖相连,双手笼于袖内,拱于胸腹前。腰

---

[1] 王剑英著:《明中都研究》,北京:中国青年出版社,2005年,第422页。

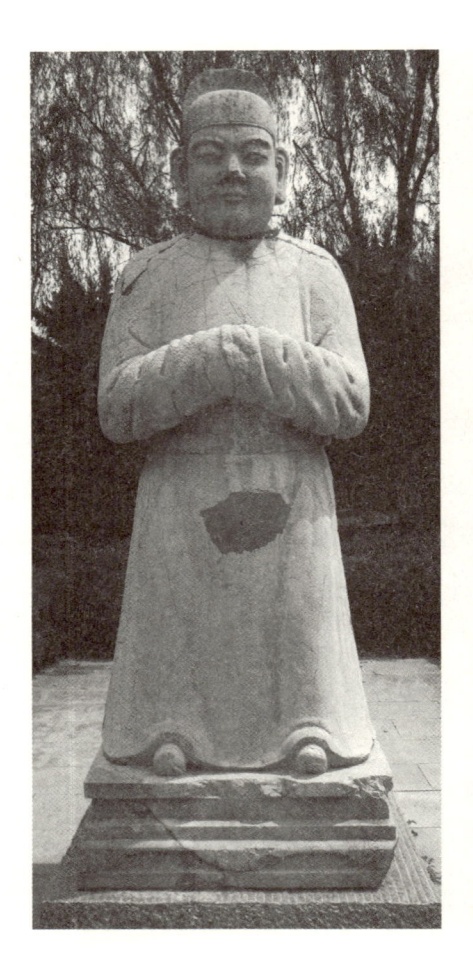

图 218　　　　　　　　　　图 219

束革带,带宽约 7 厘米,革带上面圆桃等带饰造型轮廓清晰,浮雕于革带之上,中间前合口宽约 13 厘米,合口两侧对称分布着浮雕圆桃 3 对,桃尖朝向左右两侧,圆桃直径为 5 厘米,大小统一,造型圆润。袍长覆履,仅露鞋尖(见图 218)。后背挺直,长衣领缘明显,中缝可见。革带后部带鞓均匀分段,分为七排方,每个排方宽度约为 14 厘米。

东三十一、三十二内使后背风化较严重,无图样显示,正面拱臂之上胸部位置依稀可见刻有花纹(见后图 220),纹样已不清,仅花瓣纹、叶纹可见,具体何种花样难以分辨。

西三十一、三十二内使正面风化较严重,无雕刻图样显示,背部革带之上肩

图 220

部之下位置显示有缠枝花样（见后图 221），虽然风化较严重，但比胸部花样清晰得多，可见纹样面积也较胸部大。依稀可见该缠枝花样并不规则，下端为根基部，较粗，随着分枝的增多往枝梢方向逐渐变细。叶片掌状，大小不一，3 至 5 裂，叶尖心形或卵形，叶脉以细密的线条雕刻，表示遍布全叶，叶片通过叶柄与枝相连，使叶始终以枝为出发点。大团花处于花样中心位置，视觉冲击感强，直径约为 14 厘米，团花边缘已不清晰。花朵中间为花蕊，花瓣以波浪形细线表示，线条比叶脉更加粗长，刻痕亦更加清晰。花蕊中心部空白为圆形，隐约可见有太极阴阳图案，整朵花以此为旋转中心。整体来看，虽然枝繁叶茂，但枝与叶皆处于从属地位，聚集在花朵周围，衬托的是花朵的中心地位。其花瓣、花蕊因细密的波形刻线填充也具有"精描细刻"的优势，在疏密对比上属于"密"的一方，故成为视觉中心。

以上内使雕刻面貌的现状可以再一次验证皇陵石刻所处的自然环境，石刻东面风化严重，图样无存，向西的一面图样则或多或少地留存下来，说明了该处东风强于西风。另外，从胸背花样来看，北边刻痕模糊，南边较为清晰，图样亦较完整，说明该处北风又强于南风。

皇陵内使革带纹饰清晰。明代著作《通雅》卷三十七《衣服·佩饰》记载："今时革带，前合口处曰三台，左右排三圆桃。排方左右曰鱼尾，有辅弼二小方。

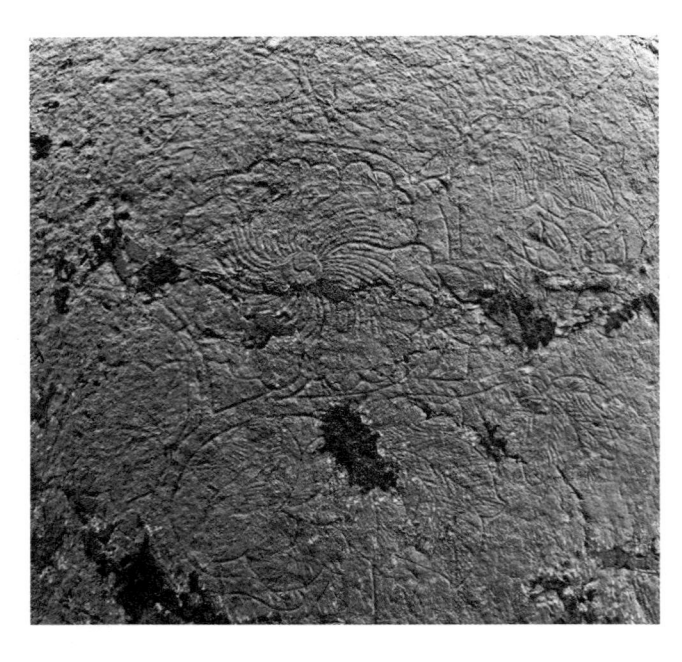

图 221

后七枚,前大小十三枚。唐之十三胯即此式之初式也。"①此处不但说明了明时革带之构造,也说明了其对唐制的传承延续。

所谓"十三胯",乃指革带所装饰的十三块不同形状的板状带饰,这些带饰被称为"带版"或者"带銙"。至明代,革带一般由前后两条带组装而成,前带一般饰有大小十三块带銙,正中者为前合口,亦称"三台",由一块长方形带銙及两旁各一块小带銙组成。这一结构从皇陵内使革带就可以较为完整地体现出来,只不过其两侧小带銙为花边形(见后图222)。三台的两侧各有三块桃形带銙,称为"圆桃"。圆桃之后,有一块小长条形带銙,左侧称为"左辅",右侧称为"右弼"。左辅右弼之后为前带之尾,两端各一块,一般为弧首长方形带銙,称为"鱼尾""铊尾"或者"挞尾",与左辅右弼分别组成一组。

革带后带一般排列有七块长方形的带銙,称为"排方"(见后图223)。

故明代革带所用带銙一般为二十块,参见董进《大明衣冠图志》图示(见图

---

① (明)方以智撰:《通雅》卷三七,《文渊阁四库全书》本,第三页。

224[①]），乃以上前带、后带之合计：三台三块、圆桃六块、辅弼两块、挞尾两块、排方七块。

可见明陵内使革带款式与此制度相符合。

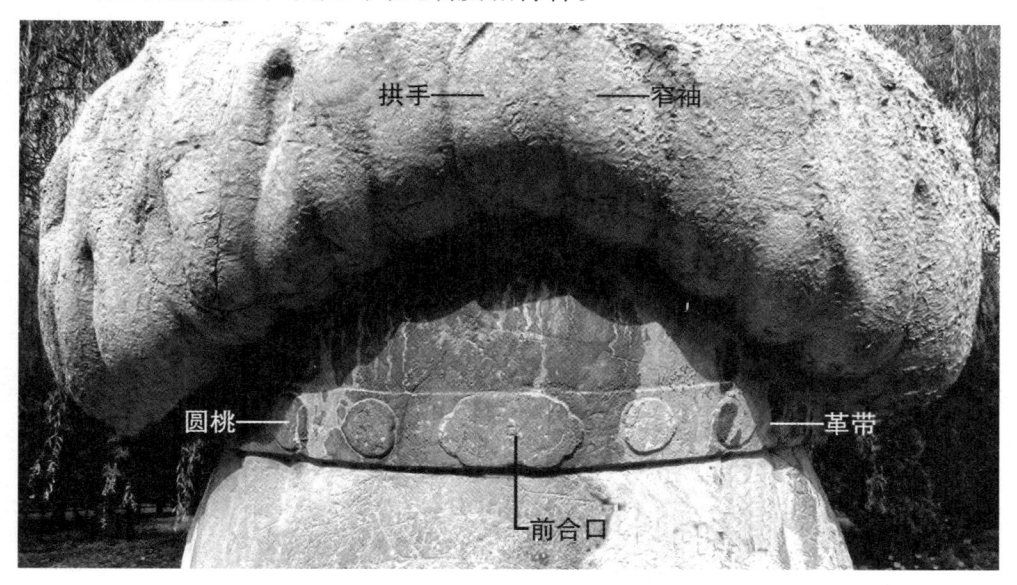

图 222

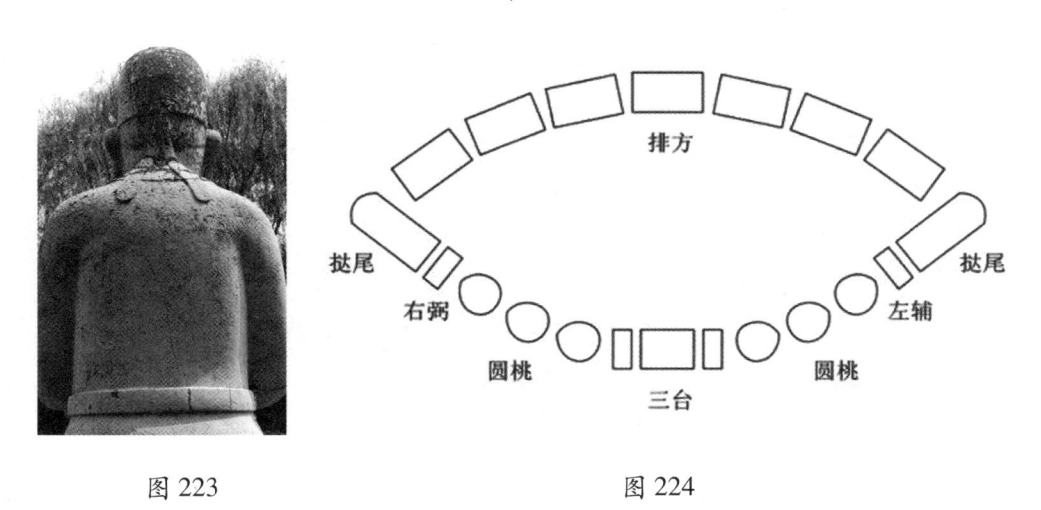

图 223　　　　　图 224

---

① 董进著：《大明衣冠图志》，北京：北京邮电大学出版社，2011 年，第 543 页。

第二节 明皇陵内使服饰及职位分析

明皇陵石刻内使的保存情况虽然不尽如人意,但是其毕竟设于明代洪武初期,对于我们了解当时的内官制度而言,该内使石刻就成为"稀有"的珍贵资料,亦体现出了明初内使的服制服式及职位品级。

一、皇陵内使服制

《明史·舆服三》记载了"内使冠服"的制度及变革:

> 明初置内使监,冠乌纱描金曲脚帽,衣胸背花盘领窄袖衫,乌角带,靴用红扇面黑下桩。各宫火者,服与庶人同。洪武三年谕宰臣,内使监未有职名者,当别制冠,以别监官。礼部奏定,内使监凡遇朝会,依品具朝服、公服行礼。其常服,葵花胸背团领衫,不拘颜色;乌纱帽;犀角带。无品从者,常服团领衫,无胸背花,不拘颜色;乌角带;乌纱帽,垂软带。年十五以下者,惟戴乌纱小顶帽。[①]

此处记载显示了两个时间段的内容:一为明初内使服制,二为洪武三年所定内使服制。其他古籍记载与此基本相同,但时间更加具体。如《皇明典礼志·冠服志》载:

> 吴元年十二月,定内使冠服制。凡内使,冠用乌纱描金曲脚帽,衣用胸背花团领窄袖衫,乌角束带,靴用红扇面黑下桩。外人不许相同。洪武三年冬十月壬戌,重定内使服饰之制。上谕宰臣,凡内使监未有职名者,当别制冠,以别监官。礼部定拟,内使监凡遇朝会,依品具朝服、公服行礼。其常服,葵花胸背团领衫,不拘颜色;乌纱帽;犀角带。其内使无品从者,常

---

① (清)张廷玉等撰:《明史》卷六七,北京:中华书局,1974年,第1646—1647页。

团领衫,无胸背花,不拘颜色;乌角束带;乌纱帽,垂软带。年十五以下者,惟戴乌纱小顶帽。从之。①

而以上记载之源头,应是大明各代之实录。《明太祖实录》中明确记载了明初内使冠服的具体制定时间,为吴元年(1367)十二月和洪武三年十月,与以上几个版本一致:

> 吴元年十二月……丙寅……定内使冠服制。凡内使,冠用乌纱描金曲脚帽,衣用胸背花团领窄袖衫,乌角束带。②
> 洪武三年冬十月……壬戌,重定内使服饰之制。上谕宰臣,凡内使监未有职名者,当别制帽,以别监官。礼部定拟,内使监官凡遇朝会,照依品级,具朝服、公服行礼。其常服,葵花胸背团领衫,不拘颜色;乌纱帽;犀角带。其内使无品从者,常服团领衫,无胸背花,不拘颜色;乌角束带;乌纱帽,垂软带。年十五以下者,惟戴乌纱小顶帽。从之。③

故《明太祖实录》才是各类古籍所载之来源。

比对史载与实地考察所得信息,可以来验证一下皇陵内使所用之衣冠制度。

明初内使监服制规定:"冠用乌纱描金曲脚帽,衣用胸背花团领窄袖衫,乌角束带",基于此点,可以分别判断"衣""冠"。对于明陵内使之"衣","胸背花"及"盘领衫"是没有疑问的,这从本书插图可见。而对于"冠"却不那么容易判定,由于风化及石刻属性,"乌纱描金"这种材质及颜色无法显示,故起不到证据之作用。因而,"曲脚"这一"造型"类的证据就显得尤为重要,因为这正是石刻类遗产的优势。作者在之前的研究判断中,曾依据其帽后打结下垂的"软

---

① (明)郭正域撰:《皇明典礼志》卷一八,《四库全书存目丛书》本,济南:齐鲁书社,1996年,第34—35页。
② 《明太祖实录》卷二八下,台北:台湾"中央研究院"历史语言研究所,1962年,第467页。
③ 《明太祖实录》卷五七,台北:台湾"中央研究院"历史语言研究所,1962年,第1116—1117页。

带垂脚"判断皇陵内使为曲脚,但随着研究的深入,经过不断的、反复的查阅、比对各类资料,此处不得不否定这一点。

董进《大明衣冠图志》中对曲脚帽的解释是"乌纱描金曲脚帽,形制同乌纱帽,帽前饰金额,帽后两脚上折相交,饰描金纹样"[①],并配有曲脚帽图示,可见"帽后两脚上折相交"才是"曲脚"的准确理解。据此而言,则皇陵内使仅为"圆顶乌纱帽",并无"曲脚"(见图225)。

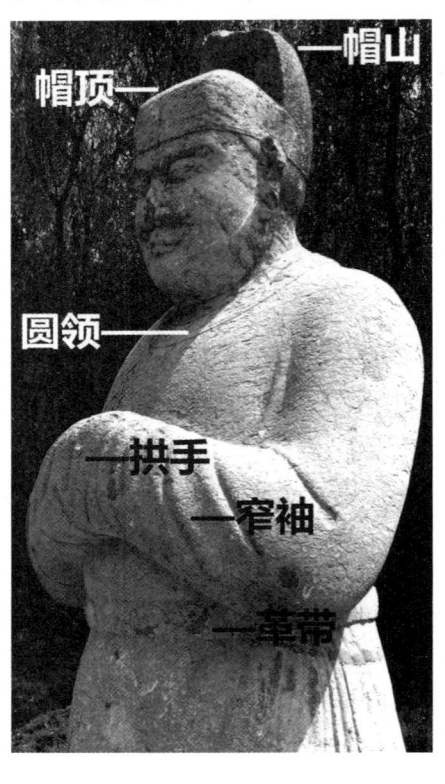

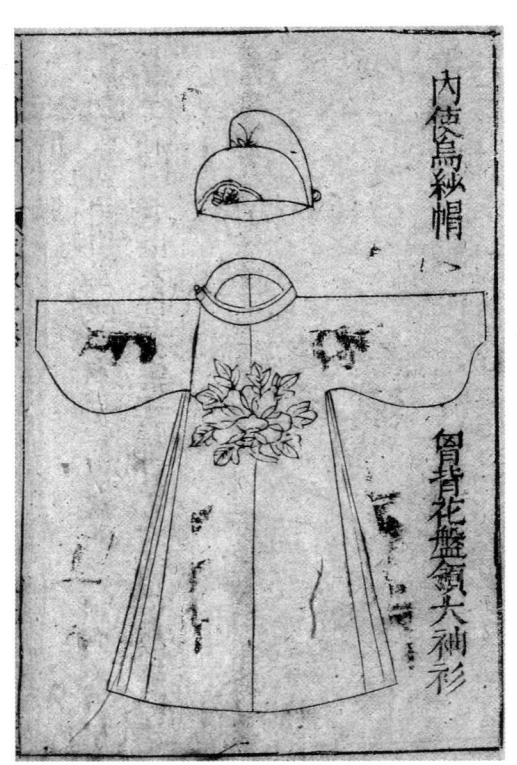

图 225

图 226

故此处皇陵内使乌纱帽不符合吴元年所定之内使衣冠之制,倒是与洪武三年重定之制相符合,即"葵花胸背团领衫,不拘颜色;乌纱帽;犀角带",因为此处对帽的规定仅为乌纱帽,而不再要求曲脚。

---

① 董进著:《大明衣冠图志》,北京:北京邮电大学出版社,2011年,第106页。

在明代奇书《三才图会》中也有内使乌纱帽①的配图(见图226),可以明确看出,其与皇陵内使帽式一致,故可判断皇陵内使之帽仅仅为乌纱帽。同时,此图中亦有"胸背花盘领大袖衫"的配图,与吴元年"胸背花团领窄袖衫"所言"窄袖"不同。故此处"盘领衫"与吴元年之制是否相符合亦值得推敲。

洪武三年重定内使服制:"葵花胸背团领衫,不拘颜色;乌纱帽;犀角带",这成为有品级内使的标准配置。对于乌纱帽、团领衫是没有疑问的,皇陵内使是符合的。对于犀角带,虽然因石刻无法显示材质,故难以验证其具体用料,但是革带前合口、圆桃、挞尾等造型方面的内容保存完整,显示其结构及样式都与明代革带要求相符合,故革带此点亦可以予以肯定。独"胸背葵花"尚未验证,而这一点却很重要。如果明陵内使前胸后背所刻花样被验证为葵花的话,则说明其为洪武三年所定之服制,反之则不然。

在笔者之前对皇陵内使胸背花样的研究中,因对植物生长特征及规律了解不透彻,故错误地依据其分枝及花蕾造型,将其判断为牡丹花样。但明代内使"胸背牡丹"尚未见有史书记载,仅当代研究之《大明衣冠图志》对此有所提及:"胸背花盘领窄袖衫,胸背所饰花为大朵牡丹花叶。"②该处虽未说明其依据为何,但这一关于明代初期内使冠服的论述正符合笔者之前对该花样的判断,加深了笔者对牡丹花样的肯定性判断,故之前笔者一直认为该花样为牡丹花样。牡丹是我国常见花植,在笔者的判断中理应不会出错,但皇陵内使花样风化太严重,极不清晰,故对笔者的判断产生了影响。

随着研究的深入和本书撰写的需要,为了确定该花样的真实种类,笔者近期对皇陵内使衣服花样重新考证。再次考证时,笔者抓住了植物的标志性特征作为判断依据。关于牡丹,最重要的标志应该是叶与花,其叶一般为一柄分三叶,其花一般为重瓣卷折、花瓣多而小,而这两点最主要的标志与皇陵内使服饰花样均不符合。皇陵内使服饰花样主枝明显,为一柄一叶片,是单叶,花瓣大而瓣数少,瓣面直平且纹脉清晰,这就推翻了其为牡丹花样的结论(见前图221)。

---

① (明)王圻、王思义撰辑:《三才图会·衣服卷二》,明万历三十七年原刊本,第三十六页。
② 董进著:《大明衣冠图志》,北京:北京邮电大学出版社,2011年,第106页。

皇陵内使花样不是牡丹，那么是不是史籍记载之葵花呢？毕竟史料中明确提出的内使花卉纹饰仅此一种。此处首先要对葵花有一个正确的认识。所谓"葵花"，并非今天我们所指之结出瓜子、名为"向日葵"的那个葵花。经查阅资料，明时尤其是明初，尽管向日葵已经有所栽植，但其时并未用到"葵"字，也就是并未用"葵花"来称呼。《摛藻堂四库全书荟要》本《御定佩文斋广群芳谱》卷五十一《花谱·菊花四》记："丈菊，一名西番菊，一名迎阳花。茎长丈余，干坚，粗如竹，叶类麻，多直生，虽有旁枝，只生一花，大如盘盂，单瓣色黄，心皆作窠，如蜂房状。至秋渐紫黑而坚，取其子种之，甚易生。花有毒，能堕胎。"[①]此处所言之"丈菊"估计才是现今之向日葵，在古代因其花瓣与菊花花瓣类似而以"菊"称之。

　　排除掉向日葵，史料所载之"葵花"应为我国原产并且久有记载的"蜀葵"这一品种。蜀葵，主干挺拔，花朵大而外形圆，单瓣者居多，花瓣数量少而又脉纹清晰，一叶一柄（见图227）。这些特征与皇陵内使花卉纹饰非常一致。

　　为了更准确地验证，笔者将皇陵内使胸背花样尽量还原，并绘制成线描稿，从画稿（见图228）观看，利于排除掉石刻表面其他因素的干扰，便于更清晰地辨认。

图227　　　　　　　　　　　图228

---

① （清）汪灏等编修：《佩文斋广群芳谱》卷五一，《摛藻堂四库全书荟要》本，第三十四页。

另外，还可以从留存下来的古代相关题材画作来验证，同时也可以比对一下蜀葵与牡丹之区别。

明末清初著名书画家恽南田（恽寿平）所作之蜀葵与牡丹皆有留存，正好可以比较。

其《蜀葵图》（见图229）题曰："蒲绿天中醉玉觞，蜀葵花似美人妆。墨华自得淋漓趣，不数包山与白阳。"《牡丹图》（见图230）题曰："神女温香笼翠袖，铢衣新制翦红云。疑是霓裳渡神女，却将颜色妒姮娥。"明确地点明了此两种花的主题与属性。其《蜀葵图》中所画之蜀葵虽然亦为重瓣，但从叶、花瓣等处依然可以清晰地看出与牡丹花叶的不同。

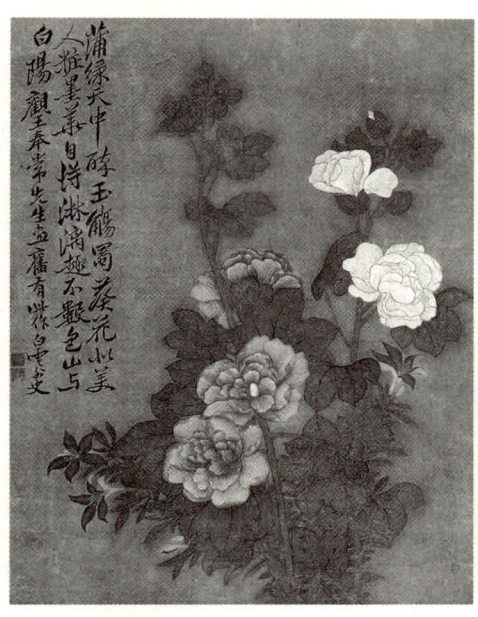

图229　　　　　　　　图230

经过比对，从皇陵内使衣饰花样的枝干、花蕾等处来看，特征与蜀葵接近；从其叶片、花瓣等较为清晰的纹样来看，特征与蜀葵也相一致（参看插图比对）。从纹样来看，甚至能看出其前胸之花样（见前图220）为重瓣葵花，与恽南田所作之蜀葵极其接近；后背之花样（见前图228）为单瓣葵花，与蜀葵实物照片很接近。故推测皇陵内使衣饰花样为胸背葵花。

依据以上对皇陵内使花样为胸背葵花的推证过程，再加上"乌纱帽""团领衫"等要素,可以判断出皇陵内使服制服式,与洪武三年记载之"内使服制"相符合,即为"葵花胸背团领衫,不拘颜色;乌纱帽;犀角带"之制。这一结论应该是客观的、中肯的。

二、皇陵内使设立时间

确定了皇陵内使服制服式及其年代之后,可以此反向推测、论证皇陵内使的设置时间。

皇陵石刻的设置,因史籍中的记载时间不同而争议不断,一直难以拿出有说服力的证据来断定哪一个记载更准确。而皇陵内使服制服式或许可以成为一个证据。

对于明皇陵神道石刻设置时间,其记载分别为:《凤阳新书》卷二《刘继祖传》所记之"洪武……二年,命临濠府加修寝园,厚封广植,崇列华表,始称皇陵"[1],及《七修类稿》载洪武二年立皇陵碑所记"列以石人石兽,以备山陵之制而已"[2]。洪武二年列华表(石望柱)及石人石兽,此为第一个设置时间。而《凤阳新书》卷四又记载"洪武十一年……四月,命江阴侯吴良督建殿宇、城垣、植冢木、立华表,树石人、石兽,勒石建亭"[3],此处说到洪武十一年竖立华表及石人石兽,此为第二个设置时间。故皇陵石刻设置时间,出现了洪武二年和洪武十一年两个不同的说法。

对于此二种说法,如果没有新的证据出现,很难打破其争论之局面。而皇陵内使或许会成为一个突破口。如果皇陵内使服制已确定为洪武三年之制,从这一角度来说,该内使就成为皇陵石刻设置时间的最佳物证,即石刻设置时间为洪武三年之后。因为洪武三年之前所遵循的内使服制是吴元年十二月所制定的"凡内使,冠用乌纱描金曲脚帽,衣用胸背花团领窄袖衫",而皇陵内使服制与该制并不完全符合,虽然胸背花未明确指出是何种类,但曲脚帽不符合是

---

[1] (明)袁文新撰:《凤阳新书》卷二,天启元年刻本,第四十五页。
[2] (明)郎瑛撰:《七修类稿》卷七《国事类·皇陵碑》,上海:上海书店出版社,2009年,第72页。
[3] (明)袁文新撰:《凤阳新书》卷四,天启元年刻本,第五十六页。

肯定的。故此,也就否定了皇陵石刻设置于吴元年至洪武三年的可能。如果按照史籍所记载之石刻设置时间,要从洪武二年和洪武十一年来二者择一的话,以上所述意味着洪武二年设置石刻之说已经遭到淘汰,较可信的就是洪武十一年之说。

明史专家王剑英先生在学术巨著《明中都研究》中的《明皇陵遗址》一文中说:"洪武二年二月丁丑,荐号'英陵',五月甲午朔,更名'皇陵'。因此,皇陵陵墓未曾改葬,石人、石兽、皇陵碑等到洪武二年,都已竖立。"[①]这成为很多现有研究将皇陵石刻设置时间确定为洪武二年之观点的来源。而本书依据内使胸背葵花所推测之洪武十一年却与此结论不同,至于正确与否,期待可以发现更多的证据以及更多的研究来论证。

因为皇陵内使使用的衣冠制度符合洪武三年所定的"葵花胸背团领衫,不拘颜色;乌纱帽"之制,本书将皇陵内使设置时间推论为洪武三年或其后。由于历史的真相不见得完全按照记载的时间脉络来发展,故这一推论是否具有严格的因果关系,是否能形成完整的证据链,谁也不知道。尽管本书因此所推之洪武三年或之后设置石刻这一结果不见得一定准确,但毕竟找到了一个新的突破口,为之后更多的质疑与论证打开了大门。这也再次说明了雕刻艺术遗产在研究中具有直观性的便利优势和说服力。

确定了皇陵内使的服饰及时间之后,再来分析一下其职位。

三、皇陵内使职位

明代沈德符《万历野获编》补遗卷一《内官定制》记载:

> 太祖定宦官之制,亦历五次而始有成规:其初吴元年,内史(使)监至有正三品者;洪武四年降为正五品,其长曰令;十七年又降其长为正六品,盖爵秩逊女官之六尚焉;至二十八年始定为十监,以太监为之长,秩正四品,不复更矣。监曰神宫,曰尚宝,曰尚膳,曰尚衣,曰司设,曰内官,曰司

[①] 王剑英著:《明中都研究》,北京:中国青年出版社,2005年,第405页。

礼,曰御马,曰印绶,曰直殿。又增御用监凡十一,至三十年又增都知监,掌内府各监行移一应关支勘合,其设官品秩,一如各监,今通呼为十二监云。①

此处说明吴元年至洪武四年(1371)之间内使最高等级为正三品,洪武四年至洪武十七年为正五品。而皇陵内使设置时间,本书的判定为洪武十一年,那么其体现的只能是洪武四年至洪武十七年之制。

按照洪武三年所定内使服制:有品级者,"葵花胸背团领衫","其内使无品从者,无胸背花",说明皇陵内使有品级,再结合皇陵其他官员石刻的品级要求,我们可以判定内使的等级。皇陵所刻之马官、文官、武将都是按照"高配"的标准来的,也就是说都是条件允许下的最高等级。按照这个规律分析,那么皇陵内使也应为当时宦官中的最高等级——正五品。只有这样,才能与文武官员等级相统一,也才符合侍奉帝王列于神道的要求。

此外《明太祖实录》卷二五载:"丁亥,置内使监,秩正四品。设监令正四品,丞正五品,奉御从五品。内使正七品,典簿正八品,皇门官秩正五品,设皇门使正五品,副从五品。后改置内使监,御用监秩皆正三品,各设令一人正三品,丞二人从三品,奉御正六品,典簿正七品,皇门官秩正四品,门正正四品,副从四品。"②结合《万历野获编》所载,可见明初内使部门仅有内使监一监,洪武十七年以前,其长曰"令",至后期撤销内使监,逐渐形成十二监,其长曰"太监"。而这一最早设置的内使部门,也具有最为重要的作用。

由《洪武朝内府官制之变与明初的宦权》可知:

明初,内府最重要的衙门是设立于吴元年九月的内使监,首领为监令,下设监丞、奉御、内使、典簿等官。内使监地位重要,监官"凡遇朝会,照依品级,具朝服、公服行礼"。该监职掌不见于史籍,梳理史料可知有以下几点:

其一,预礼仪。据洪武三年所修《大明集礼》知,内外诸大礼,如天子

---

① (明)沈德符撰:《万历野获编》补遗卷一,北京:文化艺术出版社,1998年,第875页。
② 《明太祖实录》卷二五,台北:台湾"中央研究院"历史语言研究所,1962年,第365—366页。

加元服、祀天地、册封后妃太子、接见蕃王蕃使以及太庙荐新等祭仪，仪注中皆有监官当行之事。

其二，提调、监督内府宫殿造作工匠。

其三，掌管内外文移。

……

作为内府最为重要、地位最为突出的衙门，内使监可能还掌握有内职管理及开缺奏补等权。①

以上可见内使监权力之大及内使监官作用之大，尤其是掌有礼仪这项重要职权，乃各类祭祀仪式的直接参与者，而帝陵石刻具有像生象征及仪卫属性，可与廷殿、朝会相对应，说明皇陵内使之身份即为"凡遇朝会，照依品级，具朝服、公服行礼"的内使监官，而其中之最高职位者，即为内使监监令。

总结以上，依据记载推理而言，皇陵内使应为正五品，其具体身份应为内使监监令。而此说是否正确，还需要以后进行更加细致深入的考证，也欢迎各位有志者继续讨论。

第三节　明祖陵内使

祖陵内使为2对，列于神道最北端，陵寝最近处，高约3.1米。明祖陵内使整体保存情况不佳。从现存来看，圆顶高帽，衣着团领衫，窄袖长袍，双手拱袖，腰扎革带，脚踩云头履。其造型、状态等与皇陵内使基本一致。

前一对的东侧内使头戴圆顶帽，依据对皇陵内使的考证，祖陵内使之帽应该也称为"乌纱帽"。其脸部五官脱落成平面（见后图231），背面整片脱落。

前一对的西侧内使，面部亦成片脱落为平面（见后图232），背部除有竖向裂痕外，其形体及纹样保存尚完整，背刻花卉纹饰尤为清楚。

后一对的东侧内使损缺较多，其上半身包括头部、左肩部等断裂缺失，身躯

---

① 胡丹著：《洪武朝内府官制之变与明初的宦权》，《史学月刊》，2008年第5期，第43页。

图 231　　　　　　　　　图 232

正面亦成片整体脱落,且上部还有三个突显的钻孔(见后图233)。背部除下袍有横裂外,其他保存尚好,其革带及背饰纹样较清晰。

比较而言,后一对的西侧内使保存情况是最好的,但也有残缺,大的缺损位于头部左后侧,缺损近一半,主要是乌纱帽整个左侧帽山缺失,小的问题是五官有残,尤其是右耳残缺,除此之外,其他各处基本完整(见后图234)。所以从内使右侧观看,其形体还是完整的,但纵向裂痕较多。

图 233　　　　　　　　　图 234

从石刻保存较好、较完整的部位来看,祖陵内使头戴圆顶帽,上有圆拱形帽山,软带系于后脑,打结下垂至肩,与皇陵内使之帽形一致。双手笼于袖内,拱于胸前,与皇陵内使动作基本一致,但袖纹雕刻比皇陵内使更自然。祖陵内使脚着云头履,而皇陵内使鞋头大多有缺损,难以判断是否有云纹,推测二陵应该一致。

内使革带结构与皇陵内使一致,但前合口造型与皇陵不同,皇陵内使革带"三台"左右为弧形花式对称,祖陵为长方形。此外,祖陵内使革带还保存了一个细节,即带身表面刻有五道环带横线,中间刻三道,上下各一道。这与《大明衣冠图志》中所说"革带带身,用皮革或硬纸板、布帛等制成胎,外裱以一层或两层绫、锻等织物,表面饰描金线五道"[①]相吻合。

祖陵内使最具特色的地方,亦是其独一无二之处,乃其胸背之缠枝花卉纹饰。皇陵内使胸背花饰纹样四周不设具体边界,而祖陵之花卉有方形边界。该缠枝花卉有一根主枝左向弯曲成圆形,枝蔓两边生满尖叶,叶缘有裂,枝尾一端卷至中心处,生出一朵较大的圆形花,花瓣有卷曲,带有竖向条纹。如果单从叶形来看,与菊花接近,易判为菊类;如果从花朵外形及花瓣来看,与牡丹最为接近(见图235),与大丽花也较为相似(见图236),与蜀葵也较为类似(见图

图235　　　　　　　图236　　　　　　　图237

---

①　董进著:《大明衣冠图志》,北京:北京邮电大学出版社,2011年,第544页。

237)。总结祖陵内使服饰花样,如果非要将其确定为一种类别的话,将其归为蜀葵最为适合,这不但是菊花之叶形、牡丹之花形的最佳融合,也与史籍所载"葵花胸背团领衫"相符合。

如果从该衣服花样来看,易与明代公服花样相混淆,而将其服式归为公服之范畴。因为公服才有花样大小之说:

> 文武官公服。洪武二十六年定,每日早晚朝奏事及侍班、谢恩、见辞则服之。在外文武官,每日公座服之。
> 其制,盘领右衽袍,用紵丝或纱罗绢,袖宽三尺。一品至四品,绯袍;五品至七品,青袍;八品、九品,绿袍;未入流杂职官,袍、笏、带与八品以下同。公服花样:一品,大独科花,径五寸;二品,小独科花,径三寸;三品,散答花,无枝叶,径二寸;四品、五品,小杂花纹,径一寸五分;六品、七品,小杂花,径一寸;八品以下无纹。幞头:漆、纱二等,展角长一尺二寸;杂职官幞头,垂带,后复令展角,不用垂带,与入流官同。笏依朝服为之。腰带:一品玉,或花或素;二品犀;三品、四品,金荔枝;五品以下乌角。鞋用青革,仍垂挞尾于下。靴用皂。[1]

此处可见,公服花样中的独科花未言明边界造型,与祖陵内使服式花样易混为一谈,从而陷入大、小独科花的比较考究之中。但实际情况是公服花样乃暗织花样,亦即衣纹之底色,若是实物可能还可以比对,但是石刻无法显示。《大明衣冠图志》言及公服时说:"洪武时定衣身用暗织花样,公、侯、驸马及一品用大独科葵花,径五寸;二品用小独科葵花,径三寸;三品用散答花无枝叶,径二寸;四品五品小杂花纹,径一寸五分;六品七品小杂花纹,径一寸;八品以下无纹。"[2]此说与《明史》所载"公服花样"一致,但说明了其公服之纹为"暗织"。

祖陵内使服式花样非公服花样,按照此纹样的形制分析,则应为补子纹样。

---

[1] (清)张廷玉等撰:《明史》卷六七,北京:中华书局,1974年,第1636页。
[2] 董进著:《大明衣冠图志》,北京:北京邮电大学出版社,2011年,第138页。

所谓补子,乃常服之装饰,即在其所穿官服的前胸后背,各缀有一块形状、图案内容及象征意义相同的绣织物。补子多为方形,此补子既起到装饰作用,又起等级区别的作用。《明史·舆服三》载:

> 文武官常服。二十四年定,公、侯、驸马、伯服,绣麒麟、白泽。文官一品仙鹤,二品锦鸡,三品孔雀,四品云雁,五品白鹇,六品鹭鸶,七品鸂鶒,八品黄鹂,九品鹌鹑;杂职练鹊;风宪官獬豸。武官一品、二品狮子,三品、四品虎豹,五品熊罴,六品、七品彪,八品犀牛,九品海马。又令品官常服用杂色纻丝、绫罗、彩绣。官吏衣服、帐幔,不许用玄、黄、紫三色,并织绣龙凤文,违者罪及染造之人。朝见人员,四时并用色衣,不许纯素。三十年令致仕官服色与见任同,若朝贺、谢恩、见辞,一体具服。①

此处所言之文官绣禽、武官绣兽即为补子纹样。由此可知补子是区别官员等级的重要标志,通过补子上的纹样,便可判断其官阶品位,因此可以说常服补子服式是带有品级标识的官服。在明代服饰制度中,常服也是最能反映封建等级制度的一种服式。常服补子之制,与文武官员朝服、祭服及公服三类官服皆有一个不同之处,即常服之补子纹样不但可以区别官员品级,还可以明确地以禽与兽来区分官员是文是武,而其他三者则仅区别品级。

《大明会典》中有"文官补子花样"②和"武官补子花样"③的明确配图;在《三才图会·衣服卷二·群臣冠服》中亦有"文官补"(见后图238④)与"武官补"(见后图239⑤)之配图。根据配图之特征亦可确定明代补子为方形纹样。而此记载也说明,作为区别官员等级的标志,真正代表官员品级的补子制度定

---

① (清)张廷玉等撰:《明史》卷六七,北京:中华书局,1974年,第1638页。
② (明)李东阳等撰、申时行等重修:《大明会典》卷六一,扬州:广陵书社,2007年影印本,第1060页。
③ (明)李东阳等撰、申时行等重修:《大明会典》卷六一,扬州:广陵书社,2007年影印本,第1062页。
④ (明)王圻、王思义撰辑:《三才图会·衣服卷二》,明万历三十七年原刊本,第三十页。
⑤ (明)王圻、王思义撰辑:《三才图会·衣服卷二》,明万历三十七年原刊本,第三十三页。

型于明代洪武二十四年。

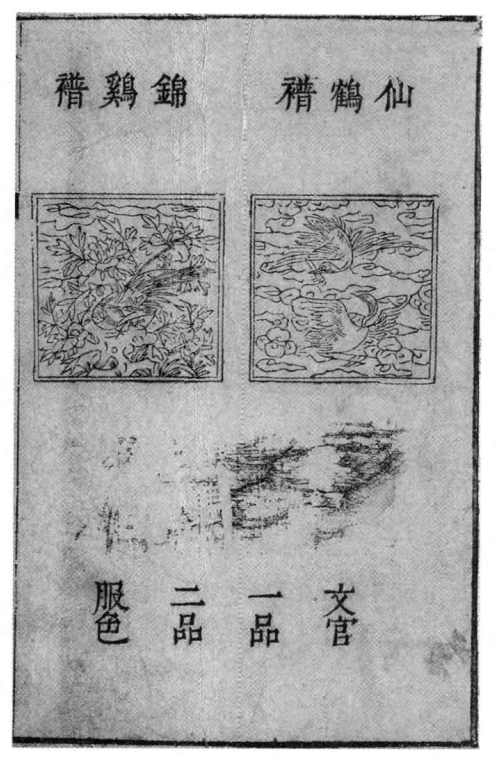

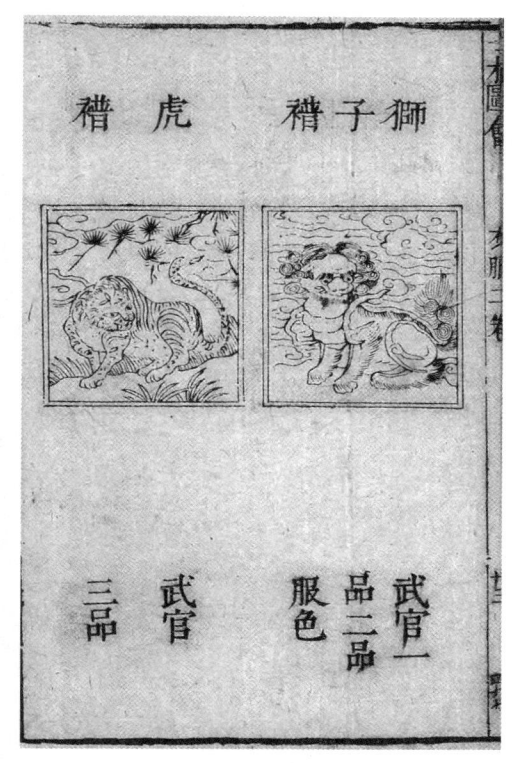

图 238

图 239

祖陵内使方形边界说明了其属于常服补子纹样,加之史籍《明太祖实录》卷五七所载之"内使监官凡遇朝会,照依品级,具朝服、公服行礼。其常服,葵花胸背团领衫,不拘颜色;乌纱帽;犀角带。其内使无品从者,常服团领衫,无胸背花,不拘颜色;乌角束带;乌纱帽,垂软带"[1],也强调其葵花属于常服。

由此可以断定,祖陵内使是有品级的宦官,至于其为几品,应该与皇陵一致,且所着衣冠属于明代常服样式。但要明确地说出祖陵内使的身份和等级尚有一定困难,因为其毕竟设置于嘉靖朝。《明世宗实录》卷一六九记载:"嘉靖十三年十一月己卯,先是洪武中建祖陵……至是奉祀朱光道具疏,请用故积黄

---

[1] 《明太祖实录》卷五七,台北:台湾"中央研究院"历史语言研究所,1962年,第1116—1117页。

瓦更正殿庑,及增设陵前石仪,与凤阳皇陵同制。礼部复如其奏,上从之。"①说明祖陵石刻虽然与皇陵同制,但二陵毕竟间隔久远,皇陵之洪武时期的规制与祖陵之嘉靖时期的规制已经不同,即便同制也不好界定祖陵内使的身份及等级。就如祖陵内使出现了补子纹样,且是独一无二的花卉补子,这有可能就是以上规制不同造成的。

第四节 明陵内使的特殊价值

在对明陵神道石刻的现有研究中,涉及内使的研究较少,这可能缘于这一角色的特殊性。在这种情况下,对明陵内使的了解仅限于最为浅显的层面,即现今所统称的太监或者宦官这一身份(早期此二者与内使并不是一码事,约从清代起始混为一谈),其他却概莫能述。明陵内使所显示出来的信息显然不止这一点,而是具有特殊的价值和重要性。

首先,明陵内使石刻的"存在"具有独特的重要性和价值。

与文武官员相比较而言,相关史料中对明代内使这一角色记载较少,正因为少,才使这些能查阅到的不管是著作还是画作的资料都很珍贵。本书所涉及之史籍就体现出了记载"稀少"或者"散碎"的特点。如《明史》中宦官传部分对比较有名的宦官有所记载,但记述不详,除个别传记字数过百外,其他仅寥寥几句;《明通鉴》《大明会典》以及《明史》中刑法志、职官志、食货志等几部分对内使之事略有涉及,但属于附带记述,非常散碎;《万历野获编》内监部分对内使机构、制度、处罚等有概括性的记载;《明实录》对内使也有零散记述;其他如《皇明典礼志》《礼部志稿》及《大明集礼》冠服、《明史》舆服、《明宫史》内臣服佩等内容对内使服饰有所记载。这些成为本书考证明代内使的主要文献资料。其他史料及诗、剧、小说等有相关记述者,鉴于其演绎的可能性较大,本书涉及较少。由于这些能够查到的资料中对内使记载的信息量很少且局限于几个领域,故极大限制了现在的研究者们对相关问题的分析深度。而明陵内使石像作

---

① 《明世宗实录》卷一六九,台北:台湾"中央研究院"历史语言研究所,1962年,第3699页。

为最直观的载体,体现了明初内使的某些细节,并以立体的方式显现了出来,使明陵内使成为反映明初内使官制尤其是服制服式的最佳载体,弥补了历史资料中对明初内使记载的某些空白或缺漏。明陵内使石刻所体现的服饰、图样可以直观地验证史料中对明代初期内使的记载,为现在的研究者解读史料记载、解读明代内使服制等提供了具体参照物,如乌纱曲脚帽、衣胸背花、盘领窄袖衫等雕刻呈现就是最好的注释和最确凿的证据。因此,明陵内使具有独特的文献价值。

内使作为侍奉皇家的一个特殊官员类别,只能服务皇家,别处是不存在的。明代五处皇家陵园神道中设有内使的仅皇、祖二陵,而按照《明世宗实录》"增设陵前石仪,与凤阳皇陵同制"①的要求,可知祖陵石刻的设立遵循的是皇陵的规制,皇陵内使一定早于祖陵,是明代帝陵中时间最早的官方作品,是承接宋元与明清帝陵之制的连接点,是封建君权制度的一个缩影,具有独一无二的重要价值。

更为重要的是,皇陵石刻设立于明初——洪武前期,据上文考证,设置于洪武十一年,甚至有可能提前到洪武二年。洪武二年诏立的旧皇陵碑碑文记载:"始积土厚封,势若冈阜,树以名木,列以石人石兽,以备山陵之制。"②故有洪武二年设置石刻之说,而史书或画作所载内使事宜关于明初者尤少,皇陵内使从某些角度来说弥补了这一不足。同时,祖陵内使补子花卉纹饰更是不同于文武官员之禽与兽的补子图案纹饰,极有可能为国内所仅存。因此明陵石刻所显示的关于明初内使的信息,具有独特的重要性。

其次,对明陵内使的研究弥补了当下基础研究的缺陷及漏洞,具有重要的意义。

内使作为古代社会尤其是中国封建社会的产物,对当今大众而言等同于所称之宦官,其出现并活跃在中国历史舞台上两千余年,除个别内使对社会或朝代有所贡献外,其他为众所知者,多因其负面作用。内使之机构,更是开"法外之法、法外执法"之特例(如明代之东厂、西厂),严重干扰了社会、律法的正常秩序,于

---

① 《明世宗实录》卷一六九,台北:台湾"中央研究院"历史语言研究所,1962年,第3699页。
② (明)郎瑛撰:《七修类稿》卷七《国事类·皇陵碑》,上海:上海书店出版社,2009年,第72页。

社会、经济、政治、军事、司法、监察的发展为害至甚,给当时人民带来巨大灾难。

宦官作为一个政治群体,虽然对不少朝代产生过重大影响,但因其特殊性而多为历史所忌讳,与文臣、武将等其他群体相比较,正史所载较散碎。在宦官早已退出历史舞台一个多世纪的今天,由于其在中国社会、历史中无法回避的影响、地位、作用,无论是以史为鉴还是探究历史真相,宦官都不可避免地成为历史、社会研究中一个重要领域。但是,由于客观资料的缺少及主观等各种原因,历来研究者多从宦官专权、宦官危害等角度入手,多为理论阐述性的研究成果,内容形式较为空泛,有纸上谈兵之感,不够具体,使之失去了应有的应用价值。这也是很多文史类研究的通病。

总的来看,现有研究对内使历史及文化的考证没有形成体系,对明陵石刻内使没有具体地、深入地触及,多为附带叙述,如仅仅是"神道石刻第某某对为内使",或者"内使几对,位于陵寝最近处"之类的简单介绍,而缺少具体考证,这也恰恰表明了内使领域研究的空白。在本书的研究过程中,对明陵内使的具体考察就是从这一空白开始的,前期基础非常薄弱,甚至某些内容只能从零开始。所幸本书的研究主要是建立在实勘与史籍比对的基础上的,以实践和行动弥补了理论的欠缺,才使研究得以深入下去。

通过对明皇陵内使胸背花样的详细观察比对,可以确定其为蜀葵之花样;通过对祖陵内使胸背花样的比对,其亦接近蜀葵花样;通过对纱帽造型、圆领衫等元素的考察,可以确定其与明初所定服制相符合。因此可以断定该石刻体现的是洪武三年所定的内使服制面貌:"洪武三年冬十月壬戌,重定内使服饰之制。……其常服,葵花胸背团领衫,不拘颜色;乌纱帽;犀角带。其内使无品从者,常服团领衫,无胸背花,不拘颜色;乌角束带;乌纱帽,垂软带。"[①]而祖陵"补子"形状的葵花纹样,说明其衣冠乃为常服样式。

为了与神道石刻文武官员最高品级的要求相统一,石刻内使级别也必须为内使中的最高等级,而其时,品级最高、权力最大、最为重要的内使机构乃内使

---

① (明)郭正域撰:《皇明典礼志》卷十八,《四库全书存目丛书》本,济南:齐鲁书社,1996年,第34—35页。

监,其首领曰"监令"。故明陵石刻内使的原型极有可能是从内使监脱胎而来,其身份应为内使监监令。

通过以明陵石刻内使为考察对象的明初内使服饰、官制的考证,可以确定地说,皇陵内使展现了明初内使的真实形象,是反映明代初期内使面貌、内使文化的最佳参照物,其作为明初内使服制、官制的立体的载体,弥补了此类领域记载及研究的空白,无论从石刻文化方面,还是社会历史方面来说,都具有重要的学术研究意义和价值。

第五节 明长陵功臣

长陵功臣为2对,位于神道第十八对、第十九对位置,高3米左右。长陵功臣皆为长须中老年形象,相貌堂堂、气势沉稳,双手持笏附于胸前。身着宽袖长袍,袍身及地,袖宽过膝,前蔽膝后锦绶,大带垂锦,环佩左右。佩戴方心曲领,方心垂于胸前(见后图240),曲领后背打结。脚穿如意卷云厚底鞋。

两对功臣皆头戴七梁冠,冠额前后饰以蝉形装饰,外加方形笼巾,称为"貂蝉笼巾"。此冠式亦称为"貂蝉冠",乃承袭宋代冠制发展而来。《宋史》卷一五二《舆服四》载:"貂蝉冠,一名笼巾,织藤漆之,形正方,如平巾帻。饰以银,前有银花,上缀玳瑁蝉,左右为三小蝉,衔玉鼻,左插貂尾。三公、亲王侍祠大朝会,则加于进贤冠而服之。"[①]此处可见笼巾的基本样式为正方形,貂乃指左侧所插之貂尾,蝉即为所缀之附蝉,故后来合称为"笼巾貂蝉"或者"貂蝉笼巾"。貂尾,古时即为显贵者所用,以做饰品。附蝉,古时取其"居高食洁"之意。《艺文类聚》卷第六十七《衣冠》载:"貂蝉。应劭《汉官仪》曰:侍中左蝉右貂,金取坚刚,百陶不耗。蝉居高食洁,目在腋下,貂内劲悍而外温润。"[②]

至明代时,宋制笼巾貂蝉之左右三小蝉已经省略,而改以梁冠额前后各一附蝉(见后图241),笼巾左侧附插之貂尾亦为禽羽(一般为雉尾)所代替。《大

---

① (元)托克托等修:《宋史》卷一五二,《摛藻堂四库全书荟要》本,第二十五页。
② (唐)欧阳询编:《艺文类聚》卷六七,明嘉靖时期天水胡缵宗刊本,第一页。

图 240

《明会典·文武官冠服》对朝服服式有记载：

  凡大祀庆成正旦冬至圣节及颁降开读诏赦进表传制，则文武官各服朝服。其武官应值守卫者不拘此服。洪武二十六年定，文武官朝服，梁冠，赤罗衣，白纱中单，俱用青饰领缘，赤罗裳，青缘，赤罗蔽膝，大带用赤、白二色绢，革带，佩绶，白袜，黑履。一品至九品，俱以冠上梁数分等第。

  公冠八梁，加笼巾貂蝉，立笔五折，四柱，香草五段，前后用玉为蝉；侯冠七梁，加笼巾貂蝉，立笔四折，四柱，香草四段，前后用金为蝉；伯冠七梁，加笼巾貂蝉，立笔二折，四柱，香草二段，前后玳瑁为蝉。俱左插雉尾。驸马冠与侯同,不用雉尾。①

图 241　　　　　　　　图 242

此处可知,笼巾貂蝉是加在梁冠上的,这与之前宋代附加在进贤冠上如出一辙,且说明了雉尾替代了貂尾。且明代笼巾貂蝉又有了"立笔""香草"这类饰物,比前朝更加"豪华"。

《三才图会·衣服卷二·群臣冠服》有"笼巾与梁冠"②之配图(见图242),正与明长陵功臣"笼巾及梁冠"一致。

此外,网络上可以寻找到戴有笼巾貂蝉的官员画像,主要表现对象为宋、明官员,可惜这些画像存在较多不足之处。例如,画作中对明代功臣笼巾冠的表述缺少立笔、香草等内容,皆不够令人满意。比较而言,宋代官员画像较为完整地描绘出了笼巾侧面附有的三小蝉及貂尾等细节,对宋代笼巾貂蝉冠的表述反而比明代更加符合史籍记载。而由于网络上的这些画作无法确定其真实性,对出处亦是难以追溯源头,故本书不再采用。

此外,明制笼巾所定之立笔,结合《三才图会》笼巾图,还是易于理解的,即为笼巾顶部所饰之缨穗状物。从图中可见其具体做法,就是将一似毛笔之饰

---

① (明)李东阳等撰、申时行等重修:《大明会典》卷六一,明万历十五年内府刊本,第一页。
② (明)王圻、王思义撰辑:《三才图会·衣服卷二》,明万历三十七年原刊本,第二十二页。

物,固定在笼巾顶部一处底座上,该底座多为圆凸形。其缨穗饰物上端向上,似毛笔笔头状,故称为"立笔";下部弯曲成折,按规定此折之数量即为区别公、侯、伯的标志。而明制所言"香草"到底是何物,笔者一直没有找到相关的影像资料来验证,故无法得知其具体样式,也无法确定其置放于笼巾何处。仅《大明衣冠图志》中略有言及:"洪武时在笼巾上饰香草,公用五,侯四,伯二。"①

长陵功臣除了冠式比文官更加复杂外,其衣裳样式是与文官一样的,即由上衣、下裳、中单、革带、大带、蔽膝、佩、小绶、大绶、丝网、履(靴)等构成,此外还持笏,以及佩戴方心曲领。值得再次强调的是,明代朝服与祭服样式基本一致,仅存在些微区别,从构造来说祭服更加复杂一点,即佩戴了方心曲领。《三才图会·衣服卷二·群臣冠服》载:

> 凡贺正旦、冬至、圣节、国家大庆会,则用朝服。一品七梁冠,衣赤色,白纱中单,俱用皂领饰缘。赤罗裳,皂缘。赤罗蔽膝。大带用白、赤二色,革带用玉钩䚢;白袜,黑履;锦绶上用绿、黄、赤、紫四色丝,织成云凤四色花样,青丝网,小绶二,用玉环二。二品六梁冠,衣裳、中单、蔽膝、大带、袜履同上,革带用犀钩䚢,其锦绶同一品,小绶二,犀环二。三品五梁冠,衣裳、中单、蔽膝、大带、袜履同上,革带用金钩䚢,其锦绶用绿、黄、赤、紫四色,织成云鹤花样,青丝网,小绶二,金环二。四品四梁冠,衣裳、中单、蔽膝、大带、袜履同上,革带用金钩䚢,其锦绶同三品,小绶二,金环二。五品三梁冠,衣裳、中单、蔽膝、大带、袜履同上,其革带用度金钩䚢,其锦绶用绿、黄、赤、紫四色,织成盘雕花样,青丝网,小绶二,银环二。六品、七品二梁冠,衣裳、中单、蔽膝、大带同上,革带用银钩䚢,其锦绶用绿、黄、赤三色丝,织成练鹊花样,青丝网,小绶二,银环二。八品、九品一梁冠,衣裳、中单、蔽膝、大带、袜履同上,其革带用铜钩䚢,锦绶用黄、绿二色织成鸂鶒花样,青丝网,小绶二,用铜环二。其笏五品以上用象,九品以上用槐木。②

---

① 董进撰:《大明衣冠图志》,北京:北京邮电大学出版社,2011年,第130页。
② (明)王圻、王思义撰辑:《三才图会·衣服卷二》,明万历三十七年原刊本,第二十八页。

以上所引即是朝服的诸多构件,与长陵功臣服饰是相符合的。而方心曲领才是朝服与祭服的区分标志。《大明会典·文武官冠服》对祭服之制亦有所说明:

> 祭服。凡上亲祀郊庙社稷,文武官分献陪祀,则服祭服。洪武二十六年定,文武官陪祭服,一品至九品,青罗衣,白纱中单,俱用皂领缘。赤罗裳,皂缘。赤罗蔽膝。方心曲领。其冠带佩绶等第,并同朝服。
>
> 嘉靖八年定,上衣用青罗皂缘,长与朝服同;下裳用赤罗皂缘,制与朝服同;蔽膝、绶环、大带、革带、佩玉、袜履俱与朝服同。去方心曲领。①

可见明代朝服与祭服相比,除了某些颜色不同之外,最大的不同在于方心曲领,有之为祭服,无之则为朝服。这一主要区别至嘉靖八年随着"去方心曲领"之制而消除。

而长陵功臣明确佩戴方心曲领,故其服式为祭服。

因为长陵功臣梁冠之上加有笼巾貂蝉,我们可以确定其为有爵位之官员。"明朝规定凡有军功的功臣可封爵,爵位有公、侯、伯三等,都给诰券,所穿朝、祭服与群臣相同,但在梁冠上加笼巾貂蝉。"②但是具体是公、侯、伯中的哪一个爵位,则需要根据相应的规制来判断。明代规定:"公冠八梁,加笼巾貂蝉,立笔五折,四柱,香草五段,前后用玉为蝉;侯冠七梁,加笼巾貂蝉,立笔四折,四柱,香草四段,前后用金为蝉;伯冠七梁,加笼巾貂蝉,立笔二折,四柱,香草二段,前后玳瑁为蝉。俱左插雉尾。驸马冠与侯同,不用雉尾。"③由此可知,判断其等级及爵位的标志就是冠梁数、立笔折数及香草段数。而长陵石刻功臣头戴七梁冠,则将八梁冠的公排除在外,余之侯、伯俱为七梁,就需要以立笔及香草来区分二者了,但长陵功臣笼巾上的立笔已损、折数缺失,加之"香草"又不知为何

---

① (明)李东阳等撰、申时行等重修:《大明会典》卷六一,明万历十五年内府刊本,第九页。
② 董进著:《大明衣冠图志》,北京:北京邮电大学出版社,2011年,第130页。
③ (明)李东阳等撰、申时行等重修:《大明会典》卷六一,明万历十五年内府刊本,第一至二页。

物,故无法判断长陵功臣之具体爵位。

在《明朝帝王陵》中对长陵功臣之身份有分析:

> 最后四尊石人像,也作身着朝服形象,但其七梁冠上雕有笼巾貂蝉,笼巾之上雕有立笔(作二折),左侧雕雉尾(翎毛)。按《大明会典》卷六一记文武官员朝服制度:"公冠八梁,加笼巾貂蝉,立笔五折,四柱,香草五段,前后用玉为蝉;侯冠七梁,加笼巾貂蝉,立笔四折,四柱,香草四段,前后用金为蝉;伯冠七梁,加笼巾貂蝉,立笔二折,四柱,香草二段,前后玳瑁为蝉。俱左插雉尾。驸马冠与侯同,不用雉尾。"则此四尊石人像按所雕冠服形制当属功臣中"伯"一级功臣的形象。[①]

此处言长陵功臣立笔二折,并依据《大明会典》记载之制判断其爵位为伯。这个依据是没有问题的,只是不知其立笔二折由何而来。因为该书作者是胡汉生先生,其从事的即为明十三陵相关工作,故有可能接触到一些其他资料,是以有所判断。此外,此处言长陵功臣"身着朝服",估计也是就"朝廷所规定之服饰"这一广义而言,而非专指朝服这一款服式。

总结以上,长陵功臣头戴七梁冠,外加笼巾貂蝉,佩戴方心曲领,身着祭服,手持笏板,其大绶所织云鹤纹饰与长陵文官绶织纹样一致。按照明代相关规定,笼巾貂蝉是公、侯、伯之有爵位者的配制,说明其是高于长陵文官一品级别的功臣,而功臣冠七梁,说明其属于侯、伯二者之一,而侯与伯的区别需要对立笔、香草考证,但其已缺失,故在现有的条件下,长陵功臣是侯是伯难以下结论,还需要新的证据出现。

第六节 明显陵功臣

显陵功臣仅有1对,高2.6米左右,下巴处一绺长须,为中老年形象。功臣

[①] 胡汉生著:《明朝帝王陵》,北京:北京燕山出版社,2001年,第83—85页。

头戴梁冠,外罩笼巾,仅露五梁,冠笄(冠簪)头尾皆已损失,从外部看仅笼巾方形构架较为完整;脖颈处佩戴方心曲领,方心压于胸前,略显宽扁,曲领背后打结下垂;上衣下裳,长袍宽袖,袖垂过膝,双手持笏。其衣饰结构与显陵文官一致,其后下裳之外所配之云禽纹饰也与显陵文官一致。

显陵东侧功臣,其鼻头有残,眼部模糊,笼巾两侧也有损缺(见图243),其他部分较为完整。西侧功臣,胸部以上霉灰色较重(见图244),笼巾右侧有残缺,左侧有些许雉尾痕迹,正面品相较为完整,背面风化明显,装饰纹样基本不清。

图 243　　　　　　图 244

显陵功臣脚部所穿鞋子与其他帝陵造型不同,鞋头两侧饰卷云纹,鞋面前段中间部位不再向外凸起,而是较大深度地下凹,下凹处呈圆弧形(见前图244)。对于古时鞋子的称呼区分,简单来说,鞋筒高者称为"靴",鞋筒低者称为"履"或"舄"。而履、舄之不同有两点:其一,鞋底薄者称为"履",鞋底厚者称为"舄";其二,履更为大众一点,舄则更为官方一些。按照《三才图会·衣服卷二·群臣冠服》配图所示,其应该称为"舄"(见图245①)。如果以此而言,则明陵所有官员所着低筒鞋子皆应称为"舄"。

显陵功臣身上还有一处非常独特,即正面蔽膝之上雕满了云禽纹饰,这与后面大绶处云禽纹饰是对应的,且其禽都为鹤类。此种身前背后皆为云鹤纹之服式,仅在显陵文官及功臣身上出现,其他几处帝陵皆不曾见。通过笔者采集的资料可见其鹤为飞翔姿势,羽纹精美(见图246)。而且其背后云鹤纹饰所处

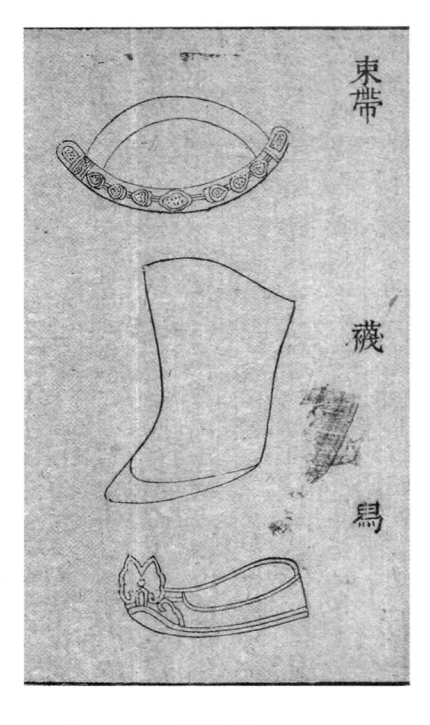

图 245　　　　　　　　图 246

---

① (明)王圻、王思义撰辑:《三才图会·衣服卷二》,明万历三十七年原刊本,第二十六页。

之大绶与显陵文官样式也是一样的,无丝网,下端边缘造型曲折,与其他帝陵之直边、结丝网的样式不同(见图247)。

显陵功臣之冠式与长陵功臣相同,俱为梁冠外罩笼巾,但细节又有不同。长陵功臣为七梁冠,额前后饰以飞蝉,外罩笼巾,笼巾左侧插雉尾。而显陵功臣为五梁冠,前额饰有三朵纹饰,纹样不是很清晰,类似"米"字形或者菱形与"十"字形的交叉(见图248),应该可以确定不是蝉形,且其冠后部也没有蝉饰;其笼巾顶部圆凸形底座还保留着,可以判断立笔是有的,只是亦不知有几折;笼巾左侧上部有插雉尾的痕迹,可见这一构件是没有缺少的。总结而言,显陵功臣之冠因无蝉饰,故不应该再称为"貂蝉冠",而应仅称为"笼巾"。

图247　　　　　　　　　　　图248

对于显陵功臣之梁冠,有言其为七梁冠者,《明显陵探微》说:

勋臣一对,高2.58米,头戴七梁冠,身穿朝服,手扶朝笏,但七梁冠上雕有笼巾貂蝉(貂蝉为笼巾上的饰物:貂,即貂尾,原本笼巾上挂有此物,明朝时均以雉尾代替。蝉,为蝉形饰物),则此二尊石人像所雕冠服形制当属功臣中一级功臣的形象。[1]

对于该处所言"七梁冠""朝服"等,本书是不支持的,原因前文已述。

而如果确定其为五梁冠的话,那么就打破了七梁冠以下不能加笼巾的规制。《礼部志稿》卷十八《仪制司职掌·冠服》记载:

文武官冠服。朝服。凡大祀庆成正旦冬至圣节及颁降开读诏赦进传制,则文武官各服朝服。其武官应值守卫者不拘此服。洪武二十六年定,文武官朝服:梁冠,赤罗衣,白纱中单,俱用青单饰领缘,赤罗裳、青缘,赤罗蔽膝,大带用赤、白二色绢,革带,佩绶,白袜,黑履。一品至九品,俱以冠上梁数分等第。公冠八梁,加笼巾貂蝉,立笔五折,四柱,香草五段,前后用玉为蝉。侯冠七梁,加笼巾貂蝉,立笔四折,四柱,香草四段,前后用金为蝉。伯冠七梁,加笼巾貂蝉,立笔二折,四柱,香草二段,前后二瑁为蝉。俱左插雉尾。驸马冠与侯冠同,不用雉尾。一品七梁,不用笼巾貂蝉,革带与佩俱用玉,绶用绿、黄、赤、紫色四,织成云凤四色花锦,下结青丝网,绶环二,用玉。笏用象牙。二品官,冠六梁,革带绶环用犀,余同一品。三品冠五梁,革带用金,佩用玉,绶用黄、绿、赤、紫四色织丝,成云鹤花锦,下结青丝网,绶环二,用金。笏用象牙。四品冠四梁,革带用金,佩用药玉,余同三品。五品官三梁……

祭服。凡上亲祀郊庙社稷,文武官分献陪祀,则服祭服。洪武二十六年定,文武官陪祭服。一品至九品,青罗衣,白纱中单,俱用皂领缘。赤罗裳,皂缘。赤罗蔽膝。方心曲领。其冠带佩绶等第,并同朝服。[2]

---

[1] 周红梅著:《明显陵探微》,香港:中国素质教育出版社,2011年,第54页。
[2] (明)俞汝楫等编:《礼部志稿》卷十八,《文渊阁四库全书》本,第三十五至三十七页。

此处所载与《大明会典》《明史》所载基本一致。可见按照规制，一品以下不再加"笼巾貂蝉"，而显陵为五梁冠，即为三品，却加戴"笼巾"，不知何故。

结　章

明代帝陵陵寝最近处的石刻，五陵设置不一，皇陵、祖陵为内使，孝陵为文官，长陵、显陵为功臣。文官在本书前面章节已论，此章仅论内使及功臣。

经过对皇陵、祖陵内使的分析，可见二陵主体造型等大的外形特征基本一致，但其不同之处也很明显，主要是所着团领衫装饰的花卉纹样不同。皇陵内使花卉纹样绣织在前胸后背上，无具体外框边界；祖陵内使花卉纹样也是绣织在胸背上，但其织于方形边框之内，是典型的补子图样。而花卉补子图样又不同于文武官员之禽、兽补子图样，故祖陵内使的身份及级别难以断定。

长陵、显陵之功臣亦有异同。长陵、显陵功臣皆戴笼巾，皆插有雉尾以代替貂尾，但长陵功臣冠前冠后附有蝉饰，显陵则无蝉饰。《大明衣冠图志》对笼巾貂蝉总结说：

> 用梁冠，公冠八梁，侯、驸马、伯七梁，冠额前后都饰以蝉，公为玉蝉，侯金蝉，伯玳瑁蝉。梁冠外加笼巾，方顶，底部微撇，正面有横梁，梁上装立笔，在笼巾顶部固定，公立笔五折，侯四折，伯二折。洪武时在笼巾上饰香草，公用五，侯四，伯二。除驸马外，都在笼巾左侧插雉尾一根。[①]

此处所言及前面所引"一品七梁，不用笼巾貂蝉"，说明梁冠七梁以上者才能佩戴笼巾，七梁以下者无笼巾貂蝉。

因为长陵功臣梁冠七梁，加雉尾、貂蝉，故其属于侯、伯之中的一种；因为立笔已损，立笔折数无法确定，故难以判断长陵功臣为侯、伯之具体哪一种。而显陵功臣之冠虽然仅为五梁，却依然加戴了笼巾且插有雉尾，但并无貂蝉。这种

[①] 董进著：《大明衣冠图志》，北京：北京邮电大学出版社，2011年，第130页。

搭配未见史籍记载,却出现在了显陵,不知何故。由于这种梁冠、笼巾之样式不同于长陵,不同于史料记载,故显陵功臣之身份品级等无参照或者依据,也就难以确定。

第十章　明代帝陵石刻本体价值

明代五大帝陵石刻哪一个设置时间最早？哪一个最晚？其先后关系如何？对于这些最基本的问题，现有研究却没有一个统一的答案。

在前面《明代五陵石刻规制袭变》一节中，笔者依据史料记载考证了明代五处帝陵石刻的设置时间，即皇陵石刻设于洪武二年或洪武十一年，祖陵石刻设于嘉靖十三年，孝陵石刻设于洪武十四年至永乐十一年之间，长陵石刻设于宣德十年，显陵石刻设于嘉靖六年，从而将明五陵石刻先后顺序确定为皇陵、孝陵、长陵、显陵、祖陵。

但这一结论毕竟全靠石刻之外的信息得来，石刻本身的作用却完全没有发挥，难道石刻本身就不能给出有价值的信息吗？如果有，就会对石刻所属时间的判断增加重要的证据，使论证视野更加全面，所得结论更有说服力。

现有研究对明代五大帝陵石刻设置的先后顺序一直没有统一的说法，这当然有客观原因，如史籍记载的缺少、石刻制度的更改等，都影响了对五陵石刻设置时间先后的判断。具体分析如下。

一、文献考证的局限性

对明代帝陵的研究主要集中在对所涉及的几部史籍的查阅上，可是史籍记载有其局限性：一是古籍记载语焉不详，前后不一；二是史籍多毁于朝代更迭或者战乱，幸存者也多遭篡改。如《明史》所记，即被清朝统治者所曲笔，不但几经易稿，且在清大兴文字狱之时将所缴明代史籍原稿付之一炬，使清所修之著成为孤品，而所记之是非曲直无证可考。尤其是考察明初之事，史书难以成为判断或者考证的唯一标准，也无法据其得出准确或者一致的结论。例如关于皇陵石刻时间的记载，《凤阳新书》卷二、卷四有所不同。《凤阳新书》卷二载："洪武……二年，命临濠府加修寝园，厚封广植，崇列华表，始称皇陵"，说到了华表

（即石望柱）的设立；而之后卷四又载："洪武十一年……四月，命江阴侯吴良督建殿宇、城垣，植冢木，立华表，树石人、石兽，勒石建亭"①，又把华表、石刻等所立时间记为洪武十一年。如此一来，石刻时间的记载出现了洪武二年和洪武十一年之说，前后并不一致。因此，本书只能将石刻设立归纳在一个时间段以内，如此，才能说是全面的。据上所述，明皇陵神道石刻设置于洪武二年至洪武十一年。

关于明孝陵石刻设置时间，文献尚没有明确的记载，但其肯定归属于孝陵整体营建之内，即洪武十四年至永乐十一年："明孝陵建于洪武十四年，……永乐十一年建成大明孝陵神功圣德碑。因此，整个孝陵建设工程前后延续了30多年时间才完成"②，"从洪武十四年搬迁蒋山寺和宝公塔开始，到永乐十一年明成祖朱棣增建大明神功圣德碑亭完成，才结束孝陵的修建工程，为时33年"③。

长陵石刻设置时间的记载很明确，也较统一，即为宣德十年四月。《明英宗实录》卷四载："宣德十年夏四月……辛酉……修葺长陵、献陵，始置石人石马等于御道东西。"④顾炎武《昌平山水记》载："宣德十年四月辛酉，修长陵、献陵，始置石人、石马等于御道东西。十月己酉，建长陵神功圣德碑。是时仁孝皇后之葬二十有三年，太宗文皇帝之葬亦十有一年矣。"⑤但也有言其设于正统元年至三年者："正统初年（1436—1438）又陆续修建陵园神道石像生等墓仪设施，陵园建置基本完备。"⑥综合而言，其为宣德十年较为可信。

明显陵营建于正德十四年，其石刻添设于嘉靖六年至八年："嘉靖六年，特敕修理，各项规制，俱照天寿山，添设石像生、碑亭。八年，工完。"⑦说明其石刻

---

① （明）袁文新撰：《凤阳新书》卷四，天启元年刻本，第五十六页。
② 束有春著：《南京明孝陵》，《寻根》，2003年第5期，第92页。
③ 季士家著：《明孝陵的历史地位》，《江苏地方志》，2004年第5期，第35页。
④ 《明英宗实录》卷四，台北：台湾"中央研究院"历史语言研究所，1962年，第87页。
⑤ （清）顾炎武撰：《昌平山水记》，北京：北京古籍出版社，1980年，第5页。
⑥ 胡汉生著：《明十三陵探秘160问》，北京：北京燕山出版社，2004年，第53页。
⑦ （明）李东阳等撰、申时行等重修：《大明会典》卷二〇三，明万历十五年内府刊本，第三页。

时间为嘉靖六年至嘉靖八年。

四大帝陵石刻虽然不是都有明确的设置年月,但是都处于明确的某一时期,有明显的时间差,可以确定先后顺序。

而明祖陵石刻的设置时间依据史书所载不同出现了不同观点,有洪武、永乐、嘉靖三个时期,现有研究主要集中在洪武中后期与嘉靖十二年至十五年的辩论上。持洪武中后期观点的如:

> 祖陵石象生立于洪武中期以后。……祖陵前石象生的建置年代介于皇陵与孝陵之间。从祖陵营建时间来看,既然洪武十九年于其地建祖陵,次年建享殿,永乐十一年建棂星门及围墙,那么祖陵神道石象生显然是洪武十九年或以后所置。①

持嘉靖十二年至十五年观点的如:

> 明祖陵从洪武十八年始建,到永乐十一年规模大致完备,整整花了28年的时间,可见祖陵营建工程浩大。但是祖陵规模真正完备,还应该追溯到嘉靖十年至十五年。……嘉靖十一年修建碑亭两座,一座为《基运山碑》,一座是刻有祭文的《祭告碑》。嘉靖十二年祖陵奉祀朱光道……请求增设陵前石仪。世宗准奏,命南京工部修建,南京工部差主事督修。……仅这21对石刻,就花了3年时间,耗资巨大。②

洪武中后期和嘉靖前期的时间跨度太大,前后时间差约150年,致使五陵石刻先后关系的确立受到影响。

二、石刻制度的约束性

从上文来看,因为明祖陵石刻的设置时间出现了争议较大的不同结论,影

---

① 孙祥宽著:《凤阳明皇陵及其石刻研究》,《东南文化》,1991年第2期,第235—236页。
② 宋立本著:《朱元璋修建明祖陵》,《江苏地方志》,2007年第2期,第46—47页。

响到了明代五大帝陵石刻设置先后顺序的排列，于是就有不少研究者从石刻制度方面入手，通过分析石刻数量、种类、排列布局等来论证祖陵石刻所属时期。可是，数量、种类等规制因素也无法作为有效标准，因为这种规制不是修建帝陵的统治者所必须遵循的，只是将其作为参考而已。各个时期的统治者主要是依照自己的意愿制定相应的石刻规制。其中比较显明的例子就是朱元璋孝陵神道采用了先东西再南北的曲线走向，体现了对北宋帝陵神道南北直线走向的重大改革；明代诸帝陵的石刻种类、数量与之前北宋帝陵石刻的规制有显著不同，北宋石刻有瑞禽、角端等神兽，而明代帝陵石刻则有麒麟、獬豸等神兽，体现了朝代不同，对神兽功能的要求也不同；此外，明显陵由王制到帝制的升级改建，充分说明了显陵是当时的统治者嘉靖帝个人意愿的体现，也说明了对帝陵制度传承关系不见得必须遵循。由此可见，制度的约束性也是比较有限的。

因为石刻制度是由以皇权为代表的统治阶级制定的，那么以现在客观存在着的、当时由统治者主观决定的石刻数量、种类、方向、排列等制度因素为标准来判断石刻设置的先后顺序则是不够准确的。比如以种类而言，明皇陵石刻立于洪武二年或者十一年，若将皇陵石刻的种类、数量作为参照的话，祖陵石刻与之更加接近：皇陵石刻包括望柱1类2对、石兽5类20对、人物4类10对，共10类32对；祖陵石刻为望柱1类2对、石兽3类10对、人物4类10对，共8类22对，二者最为接近。孝陵、长陵、显陵石刻，则与之差异较大。但不能以此证论祖陵石刻排列于皇陵石刻之后、其他帝陵之前，因为统治者要求设立什么种类、多少数量，工匠们就得雕刻什么种类、多少数量，石刻种类、数量的传承无法说明石刻设置的时间。

三、石刻表现"硬件化"

既然文献记载考证难以确定，以数量、类别、排列等制度性元素作为标准又不可取，那么最好的方法就是从石刻本身来寻找突破口，这包括石刻的表现手法、艺术造型等石刻本身呈现出的具体特征。将这些具有时代普遍性的因素作为标准来判断石刻所属时期显得更有意义，也有一定的说服力。原因如下：

当时没有影像设备，雕刻工匠们不可能把已有帝陵石刻的真实情况用拍摄的方式清晰具体地记录下来作为参考。此外,工匠们能否亲自到其他帝陵石刻跟前进行考察都很难说,以那时的交通条件,再加上工匠们被统治者的身份,难以有充足的时间、经济等条件来进行实地考察,故只能是首先依据本身所掌握的艺术水平、雕刻风格、造型特征来进行雕刻创作。如果可能的话,再通过各种途径参考之前帝陵石刻的风格,如果不可能那也是没有办法的事,也很正常,这就是艺术创作的差异性体现。

由此来说,石刻本身的艺术特征、风格、水平等倒是比石刻种类、数量等更加"硬件化",更能说明一个时期艺术创作的本质。这也正体现了石刻作为艺术本体所具有的价值。

四、石刻本体价值体现

对明代帝陵石刻设置先后关系的判定,关键在于明祖陵石刻设置时间的确认。如前所述,现有祖陵石刻时间的研究以洪武期与嘉靖期二者争议最大,且一直处于论证之中。如果处于洪武期,则祖陵石刻时间就位于五陵中靠前;如果处于嘉靖期,则祖陵石刻时间就位于五陵中靠后。因此,对祖陵石刻属于哪一时期的判断就至关重要。而当研究者从史料记载、石刻制度等角度无法更进一步地开展工作时,结合石刻本身所具有的特征来进行论证,也许是一个不错的突破口。因此,本书在查证文献的基础上加强了对明代帝陵石刻的实地考察,以石刻本体形态特征为对象,对祖、皇二陵石刻进行了深入的研究比对,将研究重点落在了石刻本体之上。

因为皇陵石刻设置于洪武初期,如果祖陵石刻也设置于洪武期的话,那么祖、皇二陵石刻的雕刻者们极有可能会是同一批工匠,或者说,参与皇陵石刻的雕刻者只要是身体状况允许,都应该会参与祖陵石刻的雕刻工程。因为当时的祖陵所在地泗州隶属于皇陵所在地凤阳府:

> 吴元年,朱元璋收复濠州后,即升濠州为临濠府。……此时的临濠府所管辖州县为:泗州、寿州两州,钟离、怀远、定远、五河四县。
>
> 洪武六年九月壬戌"改临濠府为中立府"。

洪武七年八月庚子"改中立府为凤阳府"。

泗州并盱眙、天长、虹县，滁州并全椒、来安以及和州的并入，使得营建中都时的凤阳府，先后管辖12州24县。

洪武二十二年二月，滁州并全椒、来安直隶京师。

自此，凤阳府只领4州14县：泗州、宿州、寿州、颍州、临淮、凤阳、定远、怀远、五河、虹县、盱眙、天长、灵璧、蒙城、霍邱、颍上、太和、亳县。弘治九年十月，亳县升为州，凤阳府变成了"领州五、县十三"。终明之世，成为定制，沿至清初，相因未改。①

针对同一辖区中的同类工程，统治者调集劳动力进行雕刻时，最合理的选择是优先考虑之前有经验的皇陵雕刻者。如果祖陵、皇陵雕刻者是同一批工匠，或者仅仅一部分人在参加皇陵雕刻工程后又参与了祖陵工程，那么祖、皇二陵石刻造型的风格、特征、手法接近的可能性就很大，可是实地考察所见却并非如此，二者风格差异较大，特征明显不同。

首先是作为整个神道石刻最重要组成部分的石狮。皇陵石狮共8对，占神道所有石刻数量四分之一；祖陵石狮共6对，占神道石刻四分之一多。二陵石狮都呈蹲坐姿，祖陵石狮整体粗壮，皇陵石狮整体流畅。祖陵石狮造型起伏感强烈，注重局部凹凸起伏，注重细部装饰，威武雄壮，其狮头巨大，五官精细，鼻头短宽粗壮，鼻头与上唇相连且整体凸起，鼻梁弱化短小，于鼻根处内凹，侧看嘴、眉外凸，双目圆睁，眼珠圆凸，龇唇闭齿，獠牙外翻（见前图35）；皇陵狮子注重头、胸、腹、背整体起伏，狮身装饰注重疏密对比，头部比例适中，五官粗犷，鼻梁凸出明显，与上唇相连，高高隆起，直通眉间，侧看高于或平于嘴，眉凸起，双眼自然前视，上唇微启，上齿微露（见前图27）。祖陵石狮华丽、夸张强烈；皇陵石狮质朴、憨态可掬。

其次为石柱。二陵石柱皆为2对，1对有装饰，1对素面，但在造型特征、雕刻内容及技法上差异较大，主要表现为以下两点：一是望柱柱身装饰图案的处

---

① 夏玉润著：《朱元璋与凤阳》，合肥：黄山书社，2003年，第533—538页。

理手法不同,皇陵望柱采用以单一团花为主的图案装饰,所有团花规格接近,比较工整,造型内容略显单调,强调了团花的单元个体及重复装饰手法;而祖陵花样打破了缠枝为团的界限,使花叶穿插为一体,强调了柱身整体琳琅满目的装饰效果。二是祖陵石望柱很多花样花蕾处饰以太极阴阳鱼(见前图59),突出强调了太极阴阳图案所代表的道家思想,而皇陵则难以见到。

最后为内使。二陵内使皆为2对,但其体现的服制特征不同。皇陵内使胸背花样乃散边装饰,无具体边界;祖陵内使却使用了罕见的矩形补子花样,将装饰花样限定在矩形边界之内,这显然说明了二陵并非一制。石刻本体的特征不同,说明二者不是同一时期。

前面说过种类、布局等制度元素可以根据统治者要求而改变,但是雕刻风格、艺术追求、造型特征等个体元素不是统治者所能改变的,至多就是施加一点影响,但绝不会改变石刻的主要风格趋向。因此石刻本体体现的造型特征、艺术风格就是石刻是否为同期设立的有力证据。以上对皇、祖二陵的实例分析,说明皇陵、祖陵石刻本体具体表现显著不同。

按照雕刻由浅刻到浮雕到半圆雕再到圆雕,最后到各种技法综合使用的发展轨迹,雕刻日益呈现出风格多样化、手法细致化、特征明显化的特点。上面狮子、望柱及内使本体特征不同的例子说明了皇陵、祖陵石刻处于不同时期,比较而言祖陵雕刻更精致、更复杂,难度也更大,风格更成熟多样,手法更深入细化,特征更纯粹明显,符合雕刻不断发展的特点。一般而言在时间上也就更靠后,因为这是符合雕刻艺术先简单后复杂的发展规律的。因此断定祖陵石刻比皇陵晚,二者成于不同时期。

上面石狮等例证说明祖、皇二陵石刻时期不同,祖陵应该居后,但还不能说明祖陵与其他帝陵的先后关系,在排除了其属于洪武时期之后,其就是属于嘉靖时期了,那么只有找到祖陵石刻符合嘉靖时期特征的证据才能验证史料记载。

前文已述,明祖陵望柱突出了太极阴阳图案的使用,而太极图也正是显陵的一个重要特征。有研究记述:

兴献王生前笃信道教,这对嘉靖皇帝的影响极大。体现在为其父修建的陵寝上,处处突出了崇尚道教的痕迹。……不论是琉璃质地,还是其他木石的构件,只要有图案、彩绘,就少不了阴阳太极图。①

明显陵原为兴献王朱祐杬之墓,营建于正德十四年,嘉靖帝即位后将其父朱祐杬尊为"献皇帝",并将王墓扩建为帝陵。

朱祐杬被追尊为皇帝后,原兴献王坟也相应按帝陵规制升级改建。嘉靖三年三月,王坟正式更名为显陵。嘉靖六年十二月,开始大规模的改建,"命修显陵如天寿山七陵之制",修建宝城、宝顶,重建享殿,增建方城明楼、睿功圣德碑亭、大红门,并在棂星门前的神路两侧建置了望柱和12对石像生等建筑。②

此处说明嘉靖帝按帝陵规格为其父修建显陵,那么显陵就毫无疑问体现出了嘉靖时期的特征。而太极阴阳图案这一嘉靖时期的特征与祖陵望柱石刻本体形态特征也相符合,这是祖陵石刻归属于嘉靖期的重要证据。

此外,嘉靖乙卯科朝列大夫胡文光(1521—1593)在明万历六年(1578)修建有"胡文光牌坊"(位于今安徽省黄山市黟县西递村口,笔者曾前往实地考察),牌坊周身遍刻石狮。经仔细观察,其石狮具有"环眼凸腮、鼻根低陷、造型夸张、华丽精美、气势强烈"的形态特征。该石狮虽不是刻于嘉靖时期,但间隔时间不长,应该是比较明显地传承了嘉靖时期的雕刻风格,且与祖陵石刻所处区域也相距不远,其体现出的这种造型特征及风格与祖陵石狮比较接近,因此也可以作为祖陵石刻属于嘉靖时期的物证。

以上几处例证的比对,比较有说服力地证明了石刻本体对于其所属时期的判定。皇、祖二陵石狮、望柱、内使等石刻本体的不同,说明了二者不是同一时

---

① 李小文著:《湖北明显陵》,《寻根》,2005年第2期,第69页。
② 周红梅著:《明显陵探微》,香港:中国素质教育出版社,2011年,第9—10页。

期的可能性较大;祖陵、显陵都重视太极图这一特征,以及祖陵与"胡文光牌坊"石狮本体形态的比对,说明祖陵石刻归属于嘉靖时期的可能性较大。一舍一取之间,为祖陵石刻的时间归属界定了一个比较具体的范围,即祖陵石刻当属于嘉靖时期。再结合文献记述,《明世宗实录》载:"嘉靖十三年十一月己卯,先是洪武中建祖陵,……至是奉祀朱光道具疏,请用故积黄瓦更正殿庑,及增设陵前石仪,与凤阳皇陵同制。礼部复如其奏,上从之。"①言明了"陵前石仪"的设立时间为嘉靖十三年。可见石刻本体的证明结论与记载相符合,二者相互验证,增加了结论的可信度。按此时间,则祖陵石刻当为五陵之尾。而这一时间归属的论证过程,也体现了石刻本体不可更改的属性与不可取代的价值。

章　结

石刻形制的改变和延续风格的不统一,给其设立时间的确定增加了难度及辩论的空间,也促使我们从具有时代普遍特征的石刻本体层面来进行细节考证,从而提升了对石刻全方位的认识以及对石刻更高、更深的关注,当然也有利于认识石刻遗产的价值。

综合本书所言,如果祖陵石刻设立于嘉靖时期,那么结合史料记载,明代帝陵石刻就有了各自所属时间,依次为:皇陵石刻立于洪武二年至洪武十一年,孝陵石刻立于洪武中期至永乐初期,长陵石刻立于宣德十年,显陵石刻立于嘉靖六年至八年,祖陵石刻立于嘉靖十三年。

这就不同于很多研究所持的观点,即祖陵石刻位于孝陵石刻之前,具有唐宋遗韵,是孝陵石刻形制成熟之前的一个过渡,如:

> 惟当时孝陵,还是太祖生前寿陵,陵前石象生尚未制作,因而祖陵神道上设置的石象生、石望柱等物,则完全抄袭宋仁宗明道二年(1033)葬章献刘皇后时所定的山陵制度。所以祖陵神道石刻与孝陵风格异趣,犹具有过

---

① 《明世宗实录》卷一六九,台北:台湾"中央研究院"历史语言研究所,1962年,第3699页。

渡阶段的遗迹。①

从石刻组合不难看出皇陵与宋陵相近,而孝陵、十三陵、显陵已作了调整,祖陵则具有过渡阶段的遗迹。②

笔者结合文献记载,实地考察了皇陵、祖陵和孝陵的神道石刻,经过分析比较,发现三者存在明显的传承关系,尤其是前二者正是北宋帝陵神道石刻和明孝陵神道石刻之间的过渡性产物,为明孝陵神道石刻的进一步革新奠定了基础。③

甚至它们(指孝陵石刻)还不如明祖陵和明皇陵的石刻那样有磅礴的气势,在某种程度上明祖陵的石刻还具有唐、宋的遗韵,比如明祖陵神道上石狮6对12只排列严谨,野性十足,挺拔向上,在某些方面其气势和制作的精美还可与唐代的石狮媲美。④

以上都是持祖陵石刻在孝陵之前的观点的(从以上来看持此种观点的研究还不少)。之所以出现这种情况,主要是因为此类研究多为纯粹的理论论述,缺少对石刻艺术本体表现、形态特征等方面的分析与判定。

还有其他研究以形制为标准将祖陵石刻列于最早,如"明祖陵、明皇陵修建时间相隔较短,而且题材布局都效仿唐宋,因此形制比较相近"⑤,本书曾论述过若单纯以石刻形制为标准,可能会判断失误。当然,对于以主观臆断、缺少具体证据的"艺术风格"为标准所得的结论,本书也是不认可的。如以下观点:

既然孝陵的营建时间介于洪武和永乐年间,那么孝陵神道石象生究竟何时所置就值得考虑了。文献没有确切记载,就实物资料比较来看,目前

---

① 张正祥著:《明祖陵》,《考古》,1963年第8期。
② 秦士芝著:《明祖陵的营建及其神道石刻》,《东南文化》,1999年第2期。
③ 夏寒著:《论明代帝陵神道石刻制度的形成》,引自南京大学文化与自然遗产研究所编:《世界遗产论坛(三)》,北京:北京科学出版社,2009年。
④ 赵天智著:《略论明孝陵神道石刻》,《雕塑》,2012年第4期。
⑤ 冯祖光著:《神道夕阳——明代神道石刻研究》,《艺术与设计》(理论版),2011年第5期。

可以定为洪武年间的陵墓石象生有江苏泗洪祖陵前的神道石象生,孝陵附近常遇春、李文忠、徐达等墓前的石象生等。这批石象生无论是雕琢技法还是艺术风格,都与河南巩县宋陵前的石象生相近似。可见明初的石象生基本上仍是沿袭了宋代的风格。而明孝陵前的石象生与它们迥然有别。却与昌平明十三陵前的石象生风格相一致。①

对于该文以"实物资料"将祖陵石刻定为洪武年间,认为无论雕刻技法还是艺术风格都与宋陵相似,笔者以为值得商榷,也试问有何具体证据?如果只是臆断,则需再行论证。因为根据笔者对北宋帝陵石刻实地考察的结果来看,北宋帝陵石刻与明祖陵帝陵风格存在明显差异,宋陵风格还不如明皇陵成熟,更别说与祖陵相比较。

综上,现有研究对明代五大帝陵神道石刻设置的先后顺序一直没有统一的说法,主要是因为明祖陵石刻的设置时间存在分歧,且时间差距大,影响到帝陵石刻的前后关系。史料的缺少及记载内容的不统一,使以史料为标准来判断石刻设置时间的准确性大打折扣。加之石刻规制因为当时统治者的主观意愿而更改的可能性极大,因此即便能够从现实存在的石刻实物中推断石刻制度的传承关系,但将其作为判断石刻先后的标准仍然不够确切。

石刻本身的存在也许会带有一些关于时间的信息,会对其所处时期的判定起到一些作用。这也是石刻本体的价值体现。这就如各类收藏品的鉴定一样,很多重要的信息都是由藏品自身带来的,很多关键的问题都是由藏品自己给出答案的。

依据文献记载及现有研究,结合对明陵石刻本体形态特征的具体分析,尤其是突显了石刻本体对其时间归属的判定作用,本书得出明代五处帝陵石刻设置时间的排列顺序依次为:皇陵、孝陵、长陵、显陵、祖陵。

恰当与否,请各位有志者指正。

---

① 秦浩著:《明孝陵神道石象生考》,《东南文化》,1987年第3期,第92页。

结　　语

本书的总结，主要归纳到两个方面，即明代帝陵石刻形成的原因，以及本书论证解决了哪些问题或者重点研究了哪些内容。

一、石刻形成原因

明代帝陵大型石刻群的矗立，引人注目，让人感叹其规模之庞大、视觉之震撼，同时也引人思索，让人追问这些石刻的由来、设置的原因。

其原因不外乎以下几点：

一为因袭。这是对长久以来形成的一种仪制传统的沿袭，这种传统已经得到了公认或者默认，故为后世所沿用。前朝帝王都有设置神道石刻的传统，之后各朝代也就难以避免。这也是对前代规制的一种传承。明朝的建立是包含"灭元兴宋"的影子的，故对宋陵规制有所因袭，明朝初期的皇陵石刻就有很多地方受到了宋陵石刻的影响。大明建国后，朱元璋以孝治国，其后代帝王对朱元璋孝陵的石刻规制自然又有因袭，或者说直接采用了孝陵之制。

二为兆吉。兆示吉利、意图吉祥，是人类思想所具有的共性。在明代，草根出身的朱元璋开国伊始，便注重对"意必吉祥"的要求。比如朱元璋在出生之地建立中都城时，就在东侧鼓楼这一重要的建筑物上亲书"万世根本"。"万世根本"的内涵很丰富，兆示吉祥也是其中的一种含义，意图以自己龙兴之地为根本，建万世之基，兴不朽伟业。这只是现存的建筑所能显示的冰山一角，损毁的中都城中不知曾有多少类似的建筑。同理，帝陵神道石刻自然也带有兆示祥瑞的寓意，寓示着护陵守卫、侍死如生、帝系长存。

三为示尊。帝陵石刻的设立，其规模是最高级别的，其种类是最为繁多的，有些种类是帝王专用的，这些具体内容可以参见前文所述。总之，石刻显示了陵主的身份，成为皇家陵园尊崇地位的象征。

四为宗教。宗教的影响力不容小觑,即使有时不是明确的信教者,但宗教存在于这一时代的大氛围,还是会对人的思想产生一定的影响。更不用说朱元璋当过和尚,本身就带有较重的宗教意味。嘉靖帝一心问道,行事自然也带有较重的宗教痕迹。这对于他们建立帝陵时的思想一定会有影响。而石刻相应地也会体现出他们的思想。或者说帝陵石刻也是营建者思想上的一种寄托。

五为慕古。对祖先追思与怀念,有条件的人自然会将这种怀念"形式化",以"物化"的方式体现出来,并且越有条件的人越会注重这种形式,更不用说"视全天下为自己所有"的古代封建君主了。因为神道石刻一般是由后代所设立的。如皇陵是朱元璋给其父母设立的,显陵是嘉靖给其父母设立的,用石刻这种方式来显示对祖先的追思。同时石刻也是对历史的追溯和文化的延续,如明陵对宋陵石刻规制的沿用,说明明陵石刻延续了历代君主"正统"习俗;如显陵对长陵规制的沿用,说明其与天寿山诸帝陵为一制,显示了自身的承续性。

以上这些就是石刻设立的基本原因。其他的不外乎是这些因素的外化表现。

经过以上章节对明陵所有石刻的论述,我们对各类石刻产生的缘由及其所拥有的广泛的社会基础有了一定的了解,尤其是石刻所蕴含的厚重的传统文化底蕴,为现在的我们打开了探寻中国古代文明的大门。可见不同石刻的设置,都是不同领域艺术文化的缩影,体现了中华文明的灿烂辉煌。

二、重点研究内容

回顾以上,本书对明陵石刻的造型特点、表现手法、表现题材、文化基础、内涵外延、象征寓意、设立缘由、功能作用、本体价值等做了较为深入的研究考证,也解决了一些实际问题。具体内容主要如下:

第一,明代五处帝陵及其神道石刻的先后关系。

经过查阅大量文献,尤其是对相关史籍记载的考证,本书论证了五陵及石刻之先后顺序。这是研究明代五处帝陵的基本问题。

1. 五陵先后顺序。皇陵始建于至正二十六年,孝陵始建于洪武十四年,祖陵始建于洪武十九年,长陵的营建时间为永乐七年至永乐十一年,显陵初建于正德十四年,改建于嘉靖六年。

明代五陵营建的时间顺序依次是:皇陵、孝陵、祖陵、长陵、显陵。

2. 神道石刻的设置先后。经过考证,其神道石刻的设置时间分别为:明皇陵石刻建设于洪武二年或洪武十一年,祖陵石刻设于嘉靖十三年,孝陵石刻设于洪武十四年至永乐十一年之间,长陵石刻设于宣德十年,显陵石刻设于嘉靖六年。

明代五处帝陵石刻设立的顺序依次为:皇陵、孝陵、长陵、显陵、祖陵。

第二,明代帝陵石刻本体呈现。

明陵石刻共有13个类别、103对、206件,本书将其分门别类予以分析、探讨,主要从以下几个方面进行:

1. 同类石刻呈现出来的造型特征之异同。比对同一帝陵同一种类石刻的造型异同,比对不同帝陵同一种类石刻的异同,包括造型特征、具体结构、装饰内容、样貌特征、精神状态等各个方面,这是一项烦琐的工作。

2. 各类石刻所蕴含的文化底蕴。每一种石刻的出现都不是偶然或者随便的,尤其是出现在代表皇家级别的帝陵神道上,都与历史和时代有着深刻的关系。不同种类的石刻体现的是不同的文化内涵和思想,也折射出人类智慧和思想的光辉。

3. 石刻所代表的各种祥瑞的寓意。每一类石刻的选择必然有其寓意,而寓意必须吉祥。石刻凝聚着长久以来传统文化所形成的丰富寓意,拥有广泛的社会基础。揭示这些寓意,对于了解石刻设立原因、了解其所代表的古代传统文化显然是很重要的。

4. 石刻本体验证价值。作为古代遗产,石刻本身就带有各自所属时期的痕迹,这些都是客观、真实的信息。这些信息对于验证很多现有研究的结论或观点是最有说服力的论据。同时,石刻本体带有的信息也为现在的我们了解石刻的真相,还原历史的真实,提供了方法和途径。这些都体现出了石刻本体的价值。

5. 人物类石刻身份及职位品级判定。石刻人物主要包括马官、文官、武将、内使、功臣。本书将其分别考证,通过其衣冠样式、装饰纹样等细节,考证当时的服饰制度,判断其职位、等级、身份等具体内容。这是石刻本身隐藏的时代信息。要研究这些内容,需要查阅大量的古籍,结合当时的制度来验证比对。

6.对现有研究成果的质疑、否定。对明代帝陵石刻进行研究,自然要尽可能地查阅更多的资料,在这一过程中,难免会发现很多矛盾的观点,甚至有些关于石刻客观性的论述都与实际情况不符。对此,石刻本身就给出了否定的答案,这揭示出了很多研究的考证不够严谨。对现有研究成果的质疑、否定也有一定的价值,从某种意义来说,这对于石刻研究走向深入也产生了作用。

第三,明代帝陵石刻纹饰解析。

因为明陵石刻数量庞大,精美纹饰繁多,考虑到研究的深度,本书选择典型性的、非常稀少的,或者特别具有价值的纹饰作为重点解析对象。主要包括以下几种:

1.明陵石柱柱头纹饰。涉及皇陵、祖陵火珠式柱头与孝陵、长陵、显陵官帽圆柱式柱头之纹样。

2.明陵石柱柱础纹饰。涉及皇陵、祖陵覆盆式柱础纹饰,及孝陵、长陵、显陵须弥座式柱础纹饰。

3.明陵石马之诸器纹饰。对皇陵、祖陵石马之鞍辔纹饰做深入剖析。因孝陵、长陵、显陵石马为裸马雕刻,故没有鞍辔纹饰。

4.明陵文官绶织纹饰。涉及五陵文官背后革带所束大绶上的绣织纹样,此纹样皆为祥云与飞禽的组合,称为"云禽纹饰",其中飞禽主要为鹤类。同时该部分还包括马官及功臣绶织纹饰,因其也雕刻有统一的云鹤纹饰。

5.明陵武将盔甲纹饰。涉及明代五陵武将所戴之凤翅盔纹饰,及其所着铠甲纹饰,此部分又包含复杂的结构和不同的样式,如甲的样式就有"十三甲"之说,其皆使用不同的纹样来表现。

6.明陵内使花样纹饰。涉及皇陵、祖陵内使所着衣冠之纹饰,尤其是二陵内使胸背花样纹饰,对于辨别内使服制、身份、等级等是最好的物证,具有很强的说服力。

三、一点说明

本书所引内容多为著作,极少为论文,并非开始即是如此。对于某些论文的观点及论述,本书开始也对其有所引用,但最后又删除。原因如下:一是其观点非首次提出。如果本书认为所引论文观点乃对之前文献或资料的重复或者演绎,而非首次提出,本书则弃之不用。本书尽量追寻所引观点最初记述之文献,加以采用。二是对同一内容有不同观点的讨论。有些内容不同学者会有不同的观点,这很正常,本书开始时也大多引用,以扩展篇幅并充实章节,但后期尽量舍弃,直接以本书之研究思路及需要进行必需的本体论证,从而得出本书之结论。本书原本将有争议的论述集中于一章,拟对其进行再次探讨分析。但为了不影响本书之构架,同时不再针对他人观点做无谓的再次讨论,故本书将此章删除,而将问题的解答贯穿于每一章节之中。

之所以有此说明,皆因现今诸多研究之论皆是对以往文献的重复及改头换面。

四、几多感触

经过这段时间的写作,感触颇多。

其一,现有研究的严谨性有待加强。在所查阅的诸多研究成果、著述、文章中,很多内容表述混乱甚至前后矛盾,有些还出现了很多错误,比如本来是石马的,却标注为石羊,本来神道石刻的顺序很清晰,却硬是人为编号,还画示意图、附表等,导致整个章节错误百出,完全不知所云。真可谓故弄玄虚到画蛇添足的地步。

其二,表述内容与研究命题的紧密度有待加强。如本来命题是"某某某制度"或者"某某某艺术",结果其内容却基本是道听途说得来的,缺乏考证与比对,缺少学术规范,更不要说研究深度及价值。

本书虽然成书时间紧张,但尽量避免了以上低级错误的出现。

在所查阅的诸多近年著述中,王剑英先生《明中都研究》、刘毅先生《明代帝王陵墓制度研究》可谓名副其实的学术巨著,考证史籍与实地勘察并重,尤其值得后来者学习;董进先生《大明衣冠图志》亦是注重古今结合的学术创新典范,融理论与实践于一体,亦给有志于此者以启示。

本书以这几位先生及其著作为榜样,力求在注重学术性的基础上提高可读性,为此,本书自校后又删除了大量文字,以突出研究主体,契合研究命题,使文本架构、内容思路更加清晰,利于阅读及领会。如果本书能引起更多读者对我国古代文化艺术的重视或些微兴趣,那么对我国古代艺术文化的宣传推介及对我国古代文化遗产的保护传承就起到了一定的促进作用,本书价值就得到了体现。

考虑到现今数据时代的需求,为了提高阅读的效率,提升读者的兴趣,本书在保证学术性的基础上,力求缩减字数,不做空泛之论,直接突出研究主体,便于读者快速抓住重点内容。毕竟,书籍是为了阅读,如果因为长篇大论、晦涩不通而无人问津,则书成又有何益?而本书正是以普及为目的的。

学术著作并不总是冗长晦涩,令人提不起劲的,亦可以通俗易懂,令人阅之有所乐。如果本书能达到或接近这一目标,则笔者心愿足矣。

鉴于各方面的原因,不足之处在所难免,恳请各位专家、读者指正,笔者必将虚心改正。

五、石刻保护与文化传承

当人们站在石刻面前,与石刻面对面地交流时,600多年前的石刻给了现在的人们多么深切的感受,这才是这些石刻艺术魅力的真正所在。

明陵石刻充分利用连续、重复、对称等多种艺术手法,在写实的基础上具有强烈的装饰美感,也具备了由"具象个性"上升到"抽象共性"的特征,包含了人类对石刻艺术和传统文化的普遍认知,涵盖了人们对石刻艺术认知的一般价值。

面对着这些体积庞大、承载了几百年人类文明的石刻群,其丰富细腻、精雕细刻的艺术表现带给观者的震撼是可想而知的。明陵石刻历经几百年而留存下来,其间遭遇几多破坏,很多石刻已破损不堪,然而即便如此命途多舛,明陵石刻依然让后代子孙感知到了古代的艺术语言,石刻本身的意义和价值已经得到很好的体现。

而今后的传承、保护就该由现在的人们去考虑、去实施,因为只有把这些石刻及其所展现出来的艺术魅力继续更好地传承下去,才无愧于祖先及后代。这就要求我们,在尊重历史的前提下论证石刻的影响及价值,对其有客观的认识,在符合科学与石刻艺术本身特点的前提下,对明陵石刻进行保护。只有这样,才能将石刻及其蕴含的历史文化更好地传承下去,也才符合未来发展趋势。

六、历史的绝唱

明代帝陵石刻作为中华文化艺术瑰宝,默默地矗立在历史的长河中。作为石刻研究工作者,笔者很幸运与它们相见相知,对话交流,忆及野外考察的一幕幕,不胜感慨。

笔者想通过几句话,纪念与石刻初见的那一刻,也纪念这一段煎熬痛苦、经常熬夜的日子。

以此,也作为本书的结束。

原野荒凉,你经历了苦难悲伤
世事无常,又留给你多少沧桑

奔到你的面前,我脚步踉跄
看着你的身影,我泪满眼眶

夕阳西下,我驻足不前
斜影斑驳,你无语凝望

黑夜白昼,你不改坚强
大地无言,我感怀感伤

被污被焚,你任风雨沧桑
被砸被抢,你任时光疗伤

时空苍茫,你注视着曾经的辉煌
百年风霜,终于迎来了新的希望

你是,民族的华章,历史的绝响!

参考文献

[1][战国]韩非撰:《韩非子》,《摛藻堂四库全书荟要》本,世界书局影印本。

[2][先秦]无名撰、[晋]郭璞注:《山海经》,明万历二十八年闽格古斋刊本。

[3][先秦]无名撰、[晋]郭璞注:《山海经》,清乾隆时期黄晟槐荫草堂写刻本。

[4][西汉前]无名撰、[晋]郭璞注:《尔雅》,日本天保十五年羽泽石经山房影宋本。

[5][西汉]刘安撰,[明]茅坤、茅一桂辑评:《淮南鸿烈解》,明刊朱墨套印本。

[6][西汉]刘向编、[宋]曾巩校:《说苑》,明嘉靖二十六年何良俊刊本。

[7][东汉]许慎记、[北宋]徐铉等校订:《说文解字》,同治十二年新刻附通检本。

[8][东汉]王充撰:《论衡》,宋孝宗时期浙江刊本。

[9][东汉]杨孚撰、[清]曾钊辑:《异物志》,上海:商务印书馆,民国二十五年。

[10][东汉]蔡邕撰:《独断》,明程荣校对刊本。

[11]《维摩诘所说经注》,鸠摩罗什金陵刻经处本。

[12][南朝宋]范晔编撰、[唐]李贤注:《后汉书》,同治癸酉岭东使署校刊本。

[13][北魏]郦道元撰:《水经注》,《文渊阁四库全书》本。

[14][南朝梁]沈约撰:《宋书》,北京:中华书局,1974年。

[15][南朝梁]周兴嗣编纂、[五代]李逻注释:《千字文》,江户初刊本。

[16][唐]封演撰:《封氏闻见记》,王云五主编《丛书集成初编》,上海:商务印书馆,民国二十五年。

[17][唐]徐坚等撰:《初学记》,明嘉靖十年锡山安国桂坡馆刊本。

[18][唐]欧阳询编:《艺文类聚》,明嘉靖时期天水胡缵宗刊本。

[19][唐]李林甫等撰、陈仲夫点校:《唐六典》,北京:中华书局,2014年。

[20][后晋]刘昫等撰:《旧唐书》,北京:中华书局,1975年。

[21][北宋]李昉等编纂:《太平御览》,《文渊阁四库全书》本。

[22][北宋]郭忠恕撰:《汗简》,清康熙四十二年(1703)汪立名一隅草堂刊本。

[23][北宋]曾公亮、丁度等撰:《武经总要》,明万历二十七年刊本。

[24][北宋]李诫撰:《营造法式》,《文渊阁四库全书》本。

[25][元]托克托等修:《宋史》,《摛藻堂四库全书荟要》本,世界书局影印本。

[26][明]王崇庆释义:《山海经释义》,明万历时期大业堂刻本。

[27][明]郎瑛撰:《七修类稿》,上海:上海书店出版社,2009年。

[28][明]陈循等撰:《寰宇通志》,《玄览堂丛书续集》,明景泰间内府刊初印本。

[29][明]袁文新撰:《凤阳新书》,天启元年刻本。

[30]《明太祖实录》,台北:台湾"中央研究院"历史语言研究所,1962年。

[31]《明太宗实录》,台北:台湾"中央研究院"历史语言研究所,1962年。

[32]《明英宗实录》,台北:台湾"中央研究院"历史语言研究所,1962年。

[33]《明世宗实录》,台北:台湾"中央研究院"历史语言研究所,1962年。

[34][明]王圻、王思义撰辑:《三才图会》,明万历三十七年原刊本。

[35][明]吴元满撰:《六书总要》,明万历十二年刊本。

[36][明]谭希思撰:《明大政纂要》,文海出版社《元明史料丛编第三辑》,清光绪思贤书局刊本。

[37][明]李东阳等撰、申时行等重修:《大明会典》,明万历十五年内府刊本。

［38］［明］李东阳等撰、申时行等重修：《大明会典》，扬州：广陵书社，2007影印本。

［39］［明］俞汝楫等编：《礼部志稿》，《文渊阁四库全书》本。

［40］［明］李时珍撰：《本草纲目》，《文渊阁四库全书》本。

［41］［明］方以智撰、［清］姚文燮校：《通雅》，清康熙五年立教馆刊本。

［42］［明］方以智撰：《通雅》，《文渊阁四库全书》本。

［43］［明］黄省曾撰、周履靖补：《兽经》，王云五主编《丛书集成初编》，上海：商务印书馆，民国二十五年。

［44］［明］茅元仪辑：《武备志》，明天启元年刻、清初莲溪草堂修补本。

［45］［明］徐一夔等撰：《大明集礼》，明嘉靖九年内府刊本。

［46］《出警图》，绢本设色，台北"故宫博物院"藏本。

［47］［明］唐顺之撰：《武编前集》，《文渊阁四库全书》本。

［48］［明］吴琯辑校：《增订古今逸史》，明万历时期刻本。

［49］［明］凌稚隆辑评：《史记评林》，明万历时期吴兴凌氏刊本。

［50］［明］王世贞撰：《弇山堂别集》，明万历十八年（1590）金陵刻本。

［51］［明］郭正域撰：《皇明典礼志》，《四库全书存目丛书》，济南：齐鲁书社，1996年。

［52］［明］郎奎金编：《五雅》，明天启六年（1626）郎氏堂策槛刊本。

［53］［明］沈德符撰：《万历野获编》，北京：文化艺术出版社，1998年。

［54］［明］王文禄撰：《龙兴慈记》，北京：中华书局，1985年。

［55］［明末清初］顾炎武撰：《昌平山水记》，北京：北京古籍出版社，1980年。

［56］［清］吴任臣注：《山海经广注》，金阊书业堂藏版，清乾隆五十一年（1786）刊本。

［57］［清］梁份撰：《帝陵图说》，汪鱼亭藏书本。

［58］［清］张英等编撰：《渊鉴类函》，清康熙四十九年序刊本。

［59］［清］夏燮撰：《明通鉴》，上海：上海古籍出版社，1990年。

［60］［清］谷应泰撰：《明史纪事本末》，上海：商务印书馆，1936年。

[61] [清]张廷玉等撰：《明史》，北京：中华书局，1974年。

[62] [清]徐珂编撰：《清稗类钞》，北京：中华书局，1986年（2003重印）。

[63] [清]钱彩著、金丰编著：《说岳全传》，北京：中华书局，2009年。

[64] [清]翟灏撰：《通俗编》，清乾隆十六年（1751）无不宜斋刊本。

[65] [清]汪灏等编修：《佩文斋广群芳谱》，《摛藻堂四库全书荟要》本。

[66] [法]维克多·谢阁兰摄：《谢阁兰的中国考古摄影集》，法国国家图书馆藏本。

[67] [民国]王焕镳撰：《明孝陵志》，南京：南京出版社，2006年。

[68] 王剑英著：《明中都研究》，北京：中国青年出版社，2005年。

[69] 刘毅著：《明代帝王陵墓制度研究》，北京：人民出版社，2006年。

[70] 安徽省凤阳县地方志编纂委员会编：《凤阳县志》，北京：方志出版社，1999年。

[71] 夏玉润著：《朱元璋与凤阳》，合肥：黄山书社，2003年。

[72] 程翔译注：《说苑译注》，北京：北京大学出版社，2009年。

[73] 河南省文物考古研究所编：《北宋皇陵》，郑州：中州古籍出版社，1997年。

[74] 黄晖编撰：《论衡校释》，北京：中华书局，1990年。

[75] 高一爷著：《帝王陵》，北京：世界知识出版社，2004年。

[76] 班昆著：《中国传统图案大观》，北京：人民美术出版社，2002年。

[77] 王瑛著：《中国吉祥图案实用大全》，天津：天津教育出版社，1999年。

[78] 楼庆西著：《柱子》，北京：清华大学出版社，2016年。

[79] 宋磊、鲁平著：《明十三陵》，北京：中国水利水电出版社，2004年。

[80] 田自秉、吴淑生著：《中国纹样史》，北京：高等教育出版社，2003年。

[81] 吴山编著：《中国纹样全集·宋元明清卷》，济南：山东美术出版社，2009年。

[82] 刘大可著：《中国古建筑瓦石营法》，北京：中国建筑工业出版社，2015年。

[83] 许康铭著：《中国古代吉祥图案》，长沙：湖南美术出版社，2008年。

[84]胡汉生著:《明十三陵探秘160问》,北京:北京燕山出版社,2004年。

[85]胡汉生著:《明朝帝王陵》,北京:北京燕山出版社,2001年。

[86]胡汉生著:《明十三陵》,郑州:大象出版社,2004年。

[87]华陆综注译:《尉缭子注译》,北京:中华书局,1979年。

[88]陈荫荣讲述:《兴唐传》,北京:中国曲艺出版社,1984年。

[89]黄辉著:《中国历代服制服式》,南昌:江西美术出版社,2011年。

[90]陈大威著:《画说中国历代甲胄》,上海:上海书店出版社,2009年。

[91]董进著:《大明衣冠图志》,北京:北京邮电大学出版社,2011年。

[92]周红梅著:《明显陵探微》,香港:中国素质教育出版社,2011年。

[93]南京博物院编:《明孝陵》,北京:文物出版社,1981年。

[94]张剑光著:《中国帝王后妃陵墓之谜》,西安:三秦出版社,2008年。

[95]汪元宏主编:《明文化研究》,南京:南京大学出版社,2013年。

[96]宋磊著:《明十三陵》,北京:中国水利水电出版社,2004年。

[97]凤阳县旅游发展有限公司编:《凤阳明皇陵建制与石刻艺术》,北京:文物出版社,2012年。

[98]袁邦建著:《江西明代藩王墓葬文化探究》,江西师范大学硕士论文,2011年。

[99]孟凡人著:《北宋帝陵石像生研究》,《考古学报》,2010年第3期。

[100]朱煊著:《明孝陵释疑》,《档案与建设》,2001年第1期。

[101]蒋中健著:《明祖陵浅探》,《东南文化》,1988年第1期。

[102]徐海晓著:《郭璞注书内容及体例》,《语文学刊》,2010年第6期。

[103]束有春著:《南京明孝陵》,《寻根》,2003年第5期。

[104]秦浩著:《明孝陵神道石象生考》,《东南文化》,1987年第3期。

[105]戴立强著:《〈明史·舆服志〉正误二十六例》,《辽海文物学刊》,1997年第1期。

[106]宋立本著:《朱元璋修建明祖陵》,《江苏地方志》,2007年第2期。

[107]胡丹著:《洪武朝内府官制之变与明初的宦权》,《史学月刊》,2008年第5期。

[108]季士家著:《明孝陵的历史地位》,《江苏地方志》,2004年第5期。

[109]孙祥宽著:《凤阳明皇陵及其石刻研究》,《东南文化》,1991年第2期。

[110]李小文著:《湖北明显陵》,《寻根》,2005年第2期。

后　　记

　　书稿的撰写过程确实是一个压力很大的过程,好在,我如期完成了既定的工作。究其原因,除了我对明代石刻研究的深切渴望之外,还与学校诸多领导和前辈的期望有关,这本书稿是我对学校的一份回报。

　　在长达三年的实地勘察、文献收集和书稿撰写中,不可避免地麻烦了很多人,他们对我有过不同程度的帮助,如:湖北美术学院硕导郝孝飞副教授、北京航空航天大学博导王文光教授、中国艺术研究院张志颖副研究员、文化部艺术发展中心王钟副教授等。同时,在各高校深造的研究生也帮我做了大量工作,如:北京大学研究生徐姗姗、武汉理工大学研究生李夏云、南京大学研究生陈果等等,在此一并感谢。

　　当然,书稿能如期完成,最重要的还是学校的鼎力支持,感谢学校党委书记蒋德勤、校长李震、校党委副书记韦文联、副校长郭亮、副校长黄远友、副校长李升和等领导的关心与照顾,感谢建筑学院院长张远兵、人文学院院长陈传万、校宣传部部长卫胜、校科研处处长顾有方、学报编辑部主任吴贵春、校图书馆馆长秦纪强、建筑学院书记傅友福、校科研处副处长鲍方印、资环学院院长肖新、资环学院教授汪建飞等领导的指导与帮助!

　　因为涉及明代这一研究领域,安徽蚌埠明文化研究会的各位专家也帮我解决了不少问题,如研究会副会长、人文学院副院长李晓东与研究会顾问、大明园顾问李廉民等;因为涉及自身的教学工作,研究团队的各位成员和教研室的诸位同事也对我支持甚多,如孙得东、王晔、肖晴、赵蕊、王寅寅、李若愚、简兴、杨瑞敏、吴燕、王雪娟等,借此感谢你们!

　　而书稿的最终付梓,要感谢安徽文艺出版社的领导和编辑,他们为该著的顺利面世做了大量工作。

　　在本书的攥写过程中,我虽然是以"突出石刻这一研究主体"为目的的,但由于时间原因以及自身学识所限,本书架构及部分具体内容不可能尽善尽美,难免存在一些遗漏或问题,我恳请各位读者予以指正(我的邮箱:x19y19@163.com)。

郑艺鸿

2020 年 10 月